Erika Schiele   Haltung des Reit- und Zuchtpferdes

In der Reihe BLV Pferdebuch:

Schiele	Pferdekauf
Fuchs	Umgang mit Reitpferden
Müller	Das kranke Reitpferd

Erika Schiele

Haltung des Reit- und Zuchtpferdes

Erfahrungen aus der Praxis

Dritte, neubearbeitete
und erweiterte Auflage

BLV Verlagsgesellschaft
München Bern Wien

Alle Rechte der Vervielfältigung und Verbreitung einschließlich Film, Funk und Fernsehen sowie der Fotokopie und des auszugsweisen Nachdrucks vorbehalten.
© BLV Verlagsgesellschaft mbH, München, 1976
Zeichnungen: Martha Schmetz, Anina Westphalen, Hans Zimmer und BLV Grafik
Titelbild: Erika Schiele

Satz und Druck: Gebr. Parcus KG, München
Bindearbeiten: Conzella, Urban Meister, München
Printed in Germany · 1. Auflage 1970 · ISBN 3-405-11537-X

Inhalt

Einleitung	8
Die Haustierwerdung	12
Die Planung	14
Der Stall	19
Grundsätzliche Überlegungen	19
Grundstück und Bauplatz	20
Stallklima	22
Die Luft, Das Licht	
Baumaterial	33
Holzschutzmittel, Wandstärke, Dach, Wärmehaushalt im geschlossenen Stall	
Aufstallung	40
Stalldecke	44
Stallboden	44
Einstreu	46
Einrichtungen	49
Krippen, Heuraufen, Heunetze, Selbsttränken, Fütterungseinrichtungen, Laufstalleinrichtungen, Boxenwände, Drehtüren, Schiebetüren, Sonstiges	
Zubehör	55
Zur Stallpflege, Zur Pferdepflege, Zur Sattel- und Geschirrpflege, Ausrüstung von Pferd und Reiter, Stallapotheke	
Nebenräume	58
Futterkammer, Sattelkammer, Putz- u. Geräteraum, Wasch-, Beschlagraum, Lagerraum für Rauhfutter	
Der Misthaufen	61
Der Auslauf	63

Reitbahnen	65
Gedeckte Bahn, Longierhaus, Offene Bahn	
Maße und Platzbedarf	67

Zucht und Aufzucht 69

Der Züchter	69
Auswahl von Zuchttieren	70
Zuchtbegriffe	72
Vor der Decksaison	78
Fruchtbarkeitsüberwachung, Genügend Bewegung	
Die Rosse	80
Normalfall, Anomalien	
Beste Zeit der Bedeckung	82
Das Probieren	84
Die Bedeckung	86
Vorbereitungen, Der Deckakt	
Das Decken in der Herde	88
Die Monate danach	89
Trächtigkeitsuntersuchungen, Abort	
Die Geburt	91
Vorbereitungen, Geburt auf der Weide?, Hygiene, Die erste Phase, Die zweite Phase, Die dritte Phase	
Nach der Geburt	95
Die Kolostralmilch, Darmpech, Tödliche Gelbsucht	
Die ersten Lebenswochen	97
Das gesunde Fohlen, Das kranke Fohlen	
Das erste Jahr	99
Fohlenerziehung, Absetzen	
Jungpferde	101
Hengsthaltung	102

Die Ernährung 105

Die Verdauungsorgane	107

Die Nährstoffe 108
Eiweiß, Kohlenhydrate, Fette, Vitamine, Mineralien, Spurenelemente

Der Nährstoffbedarf 116
DLG-Tabellen, Kraftleistung, Futteransprüche, Erhaltungsbedarf, Leistungsbedarf, Individualität, Zuchtleistung, StE/TDN, Bedarf an TDN, DE und Protein, Rohfaser, Wirkstoffe

Das Wasser 129

Die Deckung des Nährstoffbedarfs 131
Gehaltswerte, Heu, Trockengrün, Stroh, Hafer, Weizenkleie, Leinsamen, Zusatzfutter, Einseitigkeit/Vielseitigkeit, Fertigfutter, Futtermittelgesetz, Tips zum Fertigfutter, Fütterungspraxis

Weidegang 154

Die Fütterungstechnik 157

Gifte 163

Weiden 165
Bodenbeschaffenheit, Lage, Klima, Pflanzenzusammensetzung, Nutzung, Pflege, Düngung, Hinweise

Die Pflege 177
Putzzeug und Pflegemittel, Putzen, Hufpflege, Frisieren und Scheren, Vor der Arbeit, Bandagieren, Während der Arbeit, Nach der Arbeit, Sattel- und Geschirrpflege

Vorbeugen 196
Hygiene, Parasiten, Kotuntersuchung, Impfungen, Jahres-Gesundheitsprogramm

Das kranke Pferd 210

Unterwegs 212

Versicherungen 214

Pferdeverstand 215

Quellenverzeichnis 216

Stichwörter 219

Einleitung

Dieses Buch wendet sich in erster Linie an Menschen, die ihre Pferde am Haus halten oder halten möchten, um »hautnah« mit ihnen zu leben; an Menschen also, die sich ihnen meist mit Liebe und Begeisterung, oft auch mit großer Sorgfalt widmen, aber leider vielfach ohne die nötige Sachkenntnis. Der Glaube versetzt zwar Berge, und die Liebe vermag Wunder zu vollbringen, aber doch nur in Ausnahmefällen, nicht in der Regel. Etwas weniger Schwärmerei, dafür mehr Kenntnis wird dem Pferd gerechter. Selbst wenn das Pferd im Reitstall untergebracht ist, kann es nichts schaden, das Wissen um seine Bedürfnisse und sein Wesen zu vertiefen, um es dadurch besser zu verstehen. Der Reitstall nimmt zwar die Mühe der Pflege und Fütterung ab. Ob dies jedoch immer in der bestmöglichen Weise für das Pferd erfolgt, muß bezweifelt werden. Aus böser Absicht geschieht das wohl kaum, eher aus Personalmangel, Gedankenlosigkeit, Gleichgültigkeit, Unwissen, Bequemlichkeit, Festhalten am alten Zopf oder aus Ersparnisgründen. Mit ein wenig Taktgefühl, vielleicht auch etwas tätiger Mithilfe, ist es sicherlich möglich, dem eigenen oder den Verleihpferden so manchen Liebesdienst zu erweisen, ohne daß es zum Krach mit dem Reitstallbesitzer kommt.

Wie sehr auf dem Gebiet der Pferdehaltung gesündigt wird, geht aus den Zahlen der Tier-Versicherungsgesellschaften eindeutig hervor. Sie sprechen eine erschreckende Sprache. Franke berichtet, daß nach Angaben einer Tierversicherungsgesellschaft in den letzten Jahren mehr als 42% der versicherten Pferde wegen Ursachen entschädigt werden mußten, die auf unsachgemäße Haltung zurückgehen, dagegen nur etwa 8% wegen Ursachen, die auf das Alter zurückzuführen sind. Nach einer Aufstellung des Deutschen Bauerndienstes Wiesbaden vom 30. August 1968, die auch heute noch Gültigkeit hat, sterben nur 8,59% der versicherten Reitpferde an Altersschwäche, die übrigen 91,41% an Haltungs- und Gebrauchsschäden. An der Spitze steht die Hufrollenentzündung, die »Berufskrankheit« der Springpferde. Diese Statistik umfaßt lediglich die Reitpferde, für die eine Lebensversicherung abgeschlossen wurde. Aber das sind ja gerade die (preislich) wertvolleren Sport- und Leistungspferde. So mancher Stern am Turnierhimmel glänzte nur für kurze Zeit; plötzlich war er verschwunden, und niemand sprach mehr von ihm. Wo ist er geblieben? v. Fuchs schrieb, daß der Durchschnittsreiter vor dem Kriege sein Pferd etwa 10 Jahre unter dem Sattel hatte, heute dagegen nur noch 2–3 Jahre. Gibt das nicht zu denken? Höchstens 12% der Reiter betätigen sich im Leistungssport und stehen im Blickpunkt des Geschehens. Von dem großen Rest, der mit dem Pferd lediglich Entspannung und Erholung sucht, wurde bisher wenig Aufhebens gemacht. Immer mehr Erwachsene wählen sich zum Reiten ein anspruchsloses Pony, das einfach zu handhaben ist.

Jeder hat das Recht, sich das Pferd auszusuchen, das ihm die geringsten Schwierigkeiten und die größte Freude bereitet. Es ist weder unvornehm noch kompromittierend, auf einem Pony von etwa 1,35–1,45 m Stockmaß zu sitzen. Im Gegenteil: viel angenehmer beim Herunterfallen. Infolge des großen Aufschwungs der Ponyreiterei wird sie nun auch offiziell ernster genommen. Wußten Sie übrigens, daß nur 15–20% der Reiter in aller Welt auf Großpferden beritten sind?

Es soll nun ein Überblick über die Haltung all der Pferderassen gegeben werden, die in Mitteleuropa gewöhnlich als Reitpferde für Kinder und Erwachsene dienen. Ausgenommen sind die Englischen Vollblüter für den grünen Rasen; die Haltung von Rennpferden ist ein Spezialgebiet, das nicht in diesen Rahmen fällt. Fassen wir die Reitpferde in vier Gruppen zusammen:

I = Shetland-Ponys
II = Island-, Fjord-, Connemara-, New Forest-, Welsh-Ponys, Dülmener, Bosniaken, Reitponys und Haflinger
III = Araber
IV = Warmblüter, Halbblüter (Sportpferde)

I = Shetland-Ponys

II = Doppelponys

III = Araber

IV = Warmblüter

Gruppe I und II wurden jahrelang als Primitivpferde bezeichnet. Leider sah mancher darin eine Abwertung. Seit einiger Zeit nennt man sie Robustpferde und stellt sie in Gegensatz zu den Stall- und Großpferden. Sie sind aber nur deshalb so robust gegenüber Regen, Schnee und Kälte, weil sie sich bei der Haltung in ihrer Heimat seit vielen Generationen daran anpassen konnten. Denn: robust sind alle hart aufgezogenen und abgehärteten Pferde. Doch diese Robustheit ist relativ; sie erstreckt sich immer nur auf die Bedingungen der heimatlichen Umwelt.

Es gibt keine absolute, keine gleichzeitige Robustheit gegenüber allen Klimazonen der Erde. Fliegt man ein Island-Pony im dicken Winterpelz plötzlich nach Zentralafrika, so wird ihm seine Robustheit gegen eisigen Regen und Schnee wenig helfen, es dürfte mit Sicherheit krank werden. Nicht viel besser würde es einem saudiarabischen Wüstenpferd ergehen, das man im Winter nach Alaska fliegt. Bei allmählicher Umstellung und Eingewöhnung entwickeln alle Pferderassen eine gewisse Robustheit gegenüber der neuen Umwelt, das beweisen Araberzuchten in Alaska. Selbst die Mongolen haben ihren halbwild lebenden Pferdeherden, die ohne Stall und Zufütterung gehalten werden, Araber aus dem Orient einverleibt, die das ausgezeichnet vertrugen. Auf dem langen Fußmarsch zur Mongolei hatten sie genügend Zeit für eine allmähliche Akklimatisierung. Nur bei Überschallgeschwindigkeiten wird es schwierig.

Dennoch soll der Ausdruck Robustpferd für die Gruppen I und II hier beibehalten werden, da er sich inzwischen so eingebürgert hat, daß eine andere Bezeichnung lediglich Verwirrung schaffen würde. Vielfach wird eine »problemlose« Haltung der Robustpferde gerühmt. Dem muß entschieden widersprochen werden. Es gibt keine problemlose Tierhaltung. Bei genauerem Hinsehen entpuppt sich die Problemlosigkeit leider oft als völlige Verwahrlosung. Wie sagte doch der faule Knecht im Märchen?

> Ich hab' ein Pferd zu besorgen,
> aber ich laß ihm das Gebiß im Maul,
> und wenn ich nicht mag,
> so geb' ich ihm kein Futter und sage,
> es habe schon gefressen.
> Dafür lege ich mich in den Haferkasten
> und schlafe vier Stunden.
> Hernach stecke ich wohl einen Fuß heraus
> und fahre damit dem Pferd ein paar Mal über den Leib,
> so ist es gestriegelt und geputzt.
> Wer wird da viele Umstände machen!

Die Zeiten des anderen Extrems, in denen sich wie einst beim Militär ein Mann von morgens bis abends mit zwei Pferden beschäftigte, die dann noch ein anderer ritt, sind endgültig vorbei. Der Trend zur Vereinfachung der Pferdehaltung ist heutzutage nur zu verständlich; sie ist durchaus zu begrüßen, wenn sie sich im Sinne des Pferdes auswirkt. Ganz ohne Arbeit und Pflege geht es allerdings nicht; sie wachsen mit den Leistungsforderungen an des Pferd.

Die Haustierwerdung

Wildtier und Haustier

Seit Tausenden von Jahren steht das Pferd im Dienst des Menschen. Während das Wildtier nur die Aufgabe hat, sich und seine Art zu erhalten, verlangt der Mensch vom Haustier Leistungen: Höchstleistungen und Sonderleistungen. Dazu verbannte er das Geschöpf der weiten, unbegrenzten Steppe mit dem gleichförmigen Erscheinungsbild und dem gleichförmigen Lebenslauf in den Stall, fütterte es »zweck«mäßig und veränderte seine Farbe und seine Größe. Durch geplante Zucht und Selektion schuf er Spezialisten für unterschiedliche Zwecke. Gewiß, unsere heutigen Pferde vollbringen Leistungen, deren ihre wilden Artgenossen nicht fähig gewesen wären; Leistungen indes, die ihren Preis fordern. Das durchschnittliche Lebensalter sank von 30 auf $9^{1}/_{2}$ Jahre; Krankheiten entstanden, die das Wildpferd nicht kennt: Kolik, Dämpfigkeit, Rehe, Hufrollenentzündung, um nur einige wenige herauszugreifen. Und es braucht ständig die veränderte Umwelt, die Fürsorge des Menschen, wenn es als Spezialist weiter bestehen soll.

Dennoch steht unser Kulturpferd seinen wilden Ahnen noch viel näher, als wir gewöhnlich vermuten. Die Domestikation ist nur ein dünner Lack, der bei verwilderten Haustieren nach ganz wenigen Generationen zum größten Teil abplatzt. Die überdeckten und unterdrückten Urtriebe und Urinstinkte sind sofort wieder da und schütteln die jahrtausendealte Haustierwerdung im Handumdrehen ab. Wollen wir das Verhalten unseres heutigen Pferdes verstehen, so müssen wir uns auf die Lebensweise seiner Vorfahren besinnen. Wir müssen uns darüber klar sein, daß wir oft Handlungen von ihm verlangen, die ihm im Grunde genommen unverständlich und herzlich gleichgültig, wenn nicht gar zuwider sind. So bedeutet seit Urzeiten die Last im Rücken eines Einhufers einen lebensgefährlichen Feind: Wolf, Tiger, Bär. Ist es da verwunderlich, wenn junge Pferde beim Einreiten Schwierigkeiten machen? Wir nennen das Pferd dumm, weil wir es mit den Maßstäben unserer Intelligenz messen; dabei vergessen wir, daß die Natur alles zweckmäßig einrichtet und daher dem Pferd *die* geistigen Fähigkeiten gegeben hat, die es zum Überleben als *Steppen*tier braucht.

In den nachfolgenden Kapiteln werden wir jeweils auf die Lebensgewohnheiten der Wildpferde hinweisen, soweit sie für die Haltung des Hauspferdes von Bedeutung sind. Je mehr wir ihnen näherkommen, je natürlicher wir unser Pferd halten, desto wohler wird es sich fühlen. Ohne Kompromisse ist das allerdings nicht möglich; sie werden um so größer sein, je höher unsere Leistungsansprüche sind. Aber bei allem, was wir fordern, sollten wir bedenken, daß wir ein Verantwortungsbewußtsein der Kreatur gegenüber haben müssen, die ganz in unsere Hand gegeben ist und von uns abhängt. Die oberste Grenze sollte immer das Pferd sein und nicht der Mensch, der es benutzt.

Die wild lebenden Steppenpferde liefen gegen den Wind

Die Planung

Wer den Gedanken an eine eigene Pferdehaltung erwägt, der sollte zunächst ernsthaft mit sich selbst zu Rate gehen, alle Romantik um den vierbeinigen Kameraden fallen lassen und sich genau darüber klar werden, was er damit auf sich nimmt, und zwar auf die Dauer. Frischer Hummer ist zweifellos eine köstliche Delikatesse; setzt man ihn mir jedoch zehn Jahre lang täglich vor, so hängt er mir bald zum Halse heraus. Es ist so hübsch, einem Pferd mal etwas Heu und Hafer oder eine Möhre zu reichen; es aber regelmäßig Tag für Tag, Woche für Woche, Monat für Monat, Jahr für Jahr tun zu *müssen*, das ist eine andere Sache. Dabei ist die Fütterung nur ein Teil der Gesamthaltung.

Jedes Tier bedeutet Bindung. Nicht nur im Alltag. Wer versorgt das Pferd im Urlaub? Einen Hund kann man zur Not mitnehmen; aber selbst das ist oft problematisch, wie das Aussetzen zahlloser Hunde und Katzen während der Ferienzeit zeigt. Es ist also zunächst eine Gewissensfrage, die zu entscheiden ist, auch wenn man es sich leisten kann, einen Pfleger zu halten. Das Auge des Herrn läßt die Tiere gedeihen. Im übrigen kann der Pfleger krank werden, er geht in Urlaub, er kann sogar kündigen. Was dann? Ist alles Für und Wider reiflich erwogen und die Antwort fällt positiv aus, so wäre folgende Reihenfolge einzuhalten:

1. Umgang mit Pferden lernen
2. Sorgfältige Planung der Anlage
3. Prüfung der eigenen Finanzlage
4. Pferd, besser Pferde kaufen

Zu 1: Wer mit Pferden umgehen kann, braucht es nicht zu lernen; wer keine Erfahrung mit ihnen hat, nimmt am besten an einem mehrwöchigen Lehrgang einer anerkannten Reitschule teil, oder er arbeitet eine Zeitlang praktisch auf einem Gestüt.

Zu 2: Die Planung des Lebensraumes für das Pferd kann nicht sorgfältig genug geschehen. Viele glauben, mit dem Bau eines Stalles sei alles Erforderliche getan. Das ist ein großer Irrtum. »Wieso?« fragen sie. »Die großen Raubkatzen hält man im Zoo doch auch in verhältnismäßig kleinen Käfigen, und sie vermehren sich sogar: ein Zeichen für richtige Haltung.« Gewiß; aber die großen Katzen haben nur ein geringes Raumbedürfnis. Sie lauern ihrer Beute auf, kauern zum Fressen nieder, verdauen im Liegen und säugen ihre Jungen liegend; zum Losen hocken sie sich hin. Sie können sich das leisten. Welcher Feind bedroht sie schon? Anders das Pferd. Als fliehender Pflanzenfresser mußte es immer auf der Hut und stets zur Flucht bereit sein; es frißt, trinkt, lost und säugt im Stehen. Sogar ruhen kann es stehend. Warum äpfelt ein Pferd, wenn es erschrickt? Es macht sich »frei zur Flucht«, gibt Ballast ab, um schneller laufen zu können. Der Lebensraum der Wildpferde war die unendliche Weite der Steppe. Denken wir daher immer daran: das Pferd ist zum Laufen geboren, aber nicht zum Höhlenbewohner!

Das Pferd braucht also einen wesentlich größeren Lebensraum. Die Planung muß daher nicht nur seine Unterbringung berücksichtigen, sondern auch die Möglichkeit zu *ausreichender* Bewegung. Und zwar nicht nur an schönen Frühlings- und Sommertagen, sondern auch bei Regenwetter und im Winter. Ein kleiner Schrebergarten hinterm Haus genügt nicht einmal für ein Shetland-Pony, wenn es nicht regelmäßig täglich arbeitet.

Von vornherein sollte die gesamte endgültige Anlage geplant werden, auch wenn nicht alles auf einmal gebaut werden kann. Sie muß den Pferden gerecht werden, aber auch den Menschen, die für sie sorgen, d. h. zeit- und arbeitssparend, unter Vermeidung unnötiger Wege. Unsere Vorfahren waren ganz geschickt, als sie das Einhaus bauten, in dem sie mit ihren Tieren unter einem Dach lebten. Es hat den geringsten Arbeitsaufwand; je einfacher die Betreuung, desto eher wird sie durchgeführt. Der heutige Mensch ist übrigens nicht dümmer als seine Ahnen; nur heißt sein Stall gewöhnlich Garage, und er lebt mit seinem Auto unter einem Dach.

Der Ausgangspunkt für jede Planung ist die Anzahl und die Rasse der Pferde sowie der gedachte Verwendungszweck. Hochleistungs-Sportpferde stellen andere Ansprüche an den Stall als Ponys, die gelegentlich spazierengeritten, sonst aber auf Weide gehalten werden. Aber selbst da sind Unterschiede möglich. Eine für alle Fälle passende Patentlösung gibt es nicht.

Was muß die Planung alles bedenken?
Genehmigung und Baubewilligung
Lage, Art und Größe des Grundstücks
Einzäunung und Wege
Stalltyp (Massivbau, Holz)
Wasserzu- und -abfluß, Licht, Lüftung
Aufstallung der Pferde
Aufbewahrung der Futtermittel und Einstreu
Raum für Sattelzeug, Putzzeug, Stallapotheke
Aufbewahrung der Arbeitsgeräte
Platz zum Pferdeputzen
Arbeitsmöglichkeit für Schmied und Tierarzt
Platz für den Misthaufen
Möglichkeit zum Bewegen der Pferde: Auslauf, Weide, Reitbahn, Ausreitegelände
Feuer- und Diebstahlsicherung
Versicherungen
Finanzierung

Ohne Architekt, und zwar Facharchitekt, wird es in den wenigsten Fällen gehen. Denn: allgemeines Wissen über Tierhaltung genügt nicht, er muß ausgesprochenen Pferdeverstand mitbringen. Nach einer Untersuchung von teils recht bekannten Reitställen und Gestüten durch Horst Franke waren »die unterschiedlichen Anforderungen im allgemeinen nicht genügend berücksichtigt«. Vor Auftragserteilung schaue man sich Pferdeställe an, die der Architekt gebaut hat. Ratschläge erteilen die Landwirtschaftskammern, der Fachkreis »Reitanlagen und Stallbau« der FN, Postfach 640, 4410 Warendorf, und für Ponypferdeställe die »Freizeit im Sattel«, Venusbergweg 10, 5300 Bonn.

Wichtig ist die Gesamtkonzeption. Die Baufirmen sind meist nur auf Ställe oder Reithallen spezialisiert. So mancher Fertigstall entpuppt sich schließlich als Halb-Fertigstall, der lediglich Wände und Dach aufstellt. Für Fundament, Fußboden, Wasser, Licht und alles andere muß dann der Bauherr selbst sorgen. Unter allen Umständen sollte er das Kleingedruckte im Vertrag genau studieren, das für den Fall von Differenzen immer zugunsten der Firma abgefaßt ist.

Zu 3: Die beste Planung nützt nichts, wenn sie nicht finanziert werden kann. Die Vorstellung, daß die Haltung am Haus billiger ist als die Unterstellung in einem Reitstall, trifft anfänglich nur für die wenigsten Fälle zu, z. B. beim günstigen Kauf einer vorhandenen geeigneten Anlage. Bei jeder Neuanlage muß erst Kapital investiert werden. Die Frage nach den Kosten kann nicht generell beantwortet werden. Mit dem Preis für Grund und Boden fängt es an. Ein trockenes, baureifes Grundstück erfordert weniger Kosten als eines mit stauender Nässe, das erst drainiert werden muß; ein ebenes Gelände läßt sich einfacher bebauen und bewirtschaften als eines in Hanglage.

Genaue Kosten lassen sich hier nicht angeben, da sie von den örtlichen Gegebenheiten abhängen. Nach Dipl.-Ing. Ulrich Schnitzer muß man pro Großpferd von 60 cbm umbautem Raum für Box, Stallgasse sowie Futter- und Strohvorrat ausgehen. In dieser Zahl ist der Platz für Geräte, Sattelkammer, Putz- und Schmiederaum jedoch nicht enthalten.

An Futter- und Haltungskosten rechnet das »Taschenbuch für Vereine, Bereiter und Reitlehrer« der FN aus dem Jahre 1975 mit 1800,– bis 3600,– DM pro Sportpferd und Jahr. Hinzu kommen die Kosten für Schmied, Tierarzt, Versicherungen (Haftpflicht, Leben, Unfall, Feuer, Diebstahl, Sturm), für Strom, Wasser und Gebäudeunterhalt. Ponys mit vorwiegend Weideernährung kosten weniger. Rechnet man jedoch die sachgemäße Anlage und Pflege der Weide hinzu, so summiert sich der Betrag auch. Zumal für eine Pony-Zuchtstute $1/2$ ha und für eine Großpferde-Zuchtstute 1 ha Weide zur Verfügung stehen sollte.

Es ist also immer besser, alles *vorher* dreimal als einmal durchzurechnen und zu überlegen. Am Schluß kommt es sowieso teurer, als man dachte.

Zu 4: Das richtige Pferd für den gedachten Zweck! Wer unschlüssig ist, läßt sich am besten durch einen objektiven Fachmann beraten. Worauf beim Erwerb eines Pferdes alles zu achten ist, steht in den Büchern »Pferdekauf« und »Freizeitreiten und Pferdehaltung«, beide ebenfalls im BLV-Verlag erschienen.

Züchten Wer nicht oder nicht nur reiten, sondern auch züchten möchte und keinerlei Erfahrung auf diesem Gebiet hat, der sollte erst einmal das Tierzuchtgesetz studieren, sich mit den gebräuchlichen Pferderassen und der Vererbungslehre befassen und außerdem ein Jahr lang auf einem guten Gestüt praktisch arbeiten, um zu sehen, was er damit auf sich nimmt ... auch wenn er genügend Geld hat, um sich erfahrenes Personal zu leisten. Denn die Verantwortung und meist auch die Entscheidung liegen bei dem Eigentümer des Gestüts, vor allem aber das finanzielle Risiko, das um so größer ist, je weniger Kenntnisse vorliegen.

Wer als Nichtlandwirt eine Pferdezucht mit der Hoffnung auf Gewinn beginnen will, der braucht folgendes:

> ein klar umrissenes Zuchtziel
> Denken und Planen in Pferdegenerationen
> großes Wissen und Erfahrung
> Einsatzbereitschaft und Ausdauer
> genaue Kenntnis der Marktlage
> ein großes Startkapital für die Anschaffung wertvoller Zuchttiere und die Anlage von Ställen mit Zubehör (die umfangreicher sein müssen als für Reitpferde) und ausreichend Weiden (die für Reitpferde vorhanden sein sollten, für Zuchttiere aber da sein müssen)
> genügend Reserven für unausbleibliche Durststrecken
> und eine große Portion GLÜCK!

Denn: Paaren von Hengsten und Stuten ist einfach,
aber: erfolgreiches Züchten ist eine große Kunst!

Der Stall

Grundsätzliche Überlegungen

Daß der Stall keinen artgemäßen Lebensraum für die Pferde darstellt, sondern ein notwendiges Übel ist, wird bereits in der älteren Literatur festgestellt. Daran hat sich bis heute nichts geändert, wenn auch Erkenntnisse des modernen Wohnungsbaus teilweise auf den Stallbau übertragen wurden: mehr Licht und mehr Luft. Die Technik ist heute so weit fortgeschritten, daß sie alle Ansprüche an einen hygienischen Stall erfüllen kann, der auch dem Sozialverhalten der Pferde entgegenkommt. Was hingegen oft fehlt, ist entweder die Einsicht in solche Erkenntnisse und in die Untersuchungsergebnisse der Verhaltensforscher oder der Wille, sie auch in die Praxis umzusetzen. Es ist halt viel bequemer, am alten Zopf festzuhalten. Gäbe es sonst so viele dunkle und muffige Ställe, in denen Pferde wie Schwerverbrecher in Einzelhaft gehalten werden?
Schädigungen durch schlechtes Stallklima pflegen nicht plötzlich wie ein Unfall oder ein Brückeneinsturz aufzutreten; sie vollziehen sich allmählich und schleichend. Es ist erstaunlich, wie lange manche Pferde trotz menschlichem Unverstand zumindest scheinbar gesund bleiben. Die kleinen Anzeichen werden leicht übersehen, zumal sich die Pferde nicht beklagen, sondern stumm leiden. Erst wenn die Konstitutionsschäden und Gesundheitsstörungen so offensichtlich sind, daß sie auch ein Laie bemerkt, geschieht in der Regel etwas. Dann wird der Tierarzt geholt, der die Symptome heilen soll, nicht aber auch ein Facharchitekt, der die Ursachen beheben könnte.
Für das freie Tier der endlosen Steppe, das von Natur aus unempfindlich gegenüber Hitze, Kälte, Regen und Wind ist, das täglich große Entfernungen bei jedem Wetter zurücklegte, ist die reine

Stallhaltung völlig unnatürlich, insbesondere wenn es jeden Tag mindestens 23 Stunden, beim zusätzlichen Stehtag 47 Stunden hintereinander auf einem Fleck stehen und womöglich noch angebunden an eine Wand stieren muß. Aus dieser Sicht entpuppen sich sogenannte Stall»untugenden« als instinktiver Versuch, irgendeinen Mangel, ein körperliches Unbehagen auszugleichen. Schon der Name *Stall*untugend verrät ihren Ursprung. So erklärt Zell beispielsweise das Koppen als das Bestreben, durch Luftschlucken ein Leeregefühl im Magen zu beseitigen, das durch zuviel Körner- und zuwenig Ballastfutter entsteht.

Brauchen Pferde überhaupt einen Stall? Das kommt ganz auf die Ansprüche an, die an sie gestellt werden. Wer zu jeder Zeit gepflegte, sofort einsatzfähige Pferde – gleich welcher Rasse – griffbereit wünscht, kommt um eine Stallhaltung nicht herum. Leistung erfordert Gegenleistung.

Wie steht es mit den Robusten in dieser Hinsicht? Daß sie ganz ohne Stall auskommen können, sehen wir an der Dülmener Herde, auch Versuche von Ebhardt in Isernhagen zeigten es. Allerdings müssen diese Pferde nicht arbeiten, und ihr Lebensraum ist so groß, daß sie sich jederzeit unter Bäumen und Büschen vor Klimaextremen schützen und in der sommerlichen Mittagshitze Schatten aufsuchen können. Tiere sind in der Wahl ihres Standortes sehr vorsichtig, die gewöhnlichen Miniweiden geben ihnen dazu selten Möglichkeit. Ein dreiseitig geschlossener Primitivstall, in den sie nach Belieben ein- und ausgehen können, ist für sie das günstigste. Um Zug zu vermeiden, sollte die offene Seite entgegengesetzt zur Hauptwindrichtung liegen.

Grundstück und Bauplatz

Mit der Wahl des Grundstücks beginnt die Planung. Die Größe richtet sich nach der beabsichtigten Zahl der Pferde, ihrer Rasse und ihrer Verwendung. Für eine Pferdehaltung mit hauptsächlicher Weideernährung braucht man nicht nur ein entsprechend großes Gelände, sondern man sollte auch auf die Lage achten; auf trockenen, kalkreichen Böden wächst ein besseres Futter als auf sauren oder sandigen, armen Böden.

Wo soll der Stall stehen? Ebhardt beobachtete, daß Isländer in der Freiheit zum Schlafen und Ruhen trockene Bodenerhebungen mit durchlässigem Untergrund aussuchten, die etwas wärmer als die tiefer liegende Umgebung und dem Wind ausgesetzt waren. Der Wind trug ihnen die Witterung zu, hielt die Fliegen fern, transportierte die ausgeatmete, verbrauchte Luft ab und führte ständig frische zu. Tiefere Lagen kühlen nachts am Boden mehr ab und bilden »Kaltluftseen«, die Staub binden und Feuchtigkeit (Nebel) begünstigen. Auch Weidepferde suchen nachts gern höher gelegene Stellen auf. Ein solches Verhalten ist richtungweisend für die Auswahl des Bauplatzes.

ERWÜNSCHT	UNERWÜNSCHT
Trockener, durchlässiger oder gut drainierter Boden	Undurchlässiger Boden mit stauender Nässe, hoher Grundwasserspiegel
Bodenerhebungen	Mulden, Talsenken, Erdabhänge, Lagen an Flüssen und Weihern
Südwesthänge	Nordhänge
Freistehend mit genügend Sonnenbestrahlung und Windeinfall	Eingeengt durch hohe Gebäude, Bäume oder Berge
Gesunde Lage	Nähe von stark befahrenen Straßen oder Fabrikanlagen mit schädlichen Abgasen

Gelegentlich wird davor gewarnt, Ställe über sogenannten *»Reizzonen«* zu errichten, auf die Pferde mit Gesundheitsschädigungen reagieren sollen. Inwieweit das zutrifft, kann hier nicht entschieden werden. Notwendig wären einwandfreie Methoden zur Feststellung solcher Zonen. Nachprüfungen der Tierärztlichen Hochschule Hannover lassen die Wünschelrute als recht unzuverlässiges Meßinstrument erscheinen.

Welches ist die günstigste *Himmelsrichtung* für den Stall? Die oft gepriesene reine Südlage ist nach Schnitzer weniger günstig; er empfiehlt die Südwestlage, die im Sommer weniger heiß und im Winter weniger kühl ist. Am einfachsten läßt sich das bei einreihiger Aufstellung der Pferde verwirklichen. Aus arbeitstechnischen Gründen geht man hier bei einer größeren Anzahl Pferde gerne zu einer U-Form über. Bei der zweireihigen Aufstallung mit einer Stallgasse in der Mitte wird vielfach die reine Nord-Süd-Richtung der Längsachse bevorzugt; die eine Seite erhält dann die Vormittags-, die andere die Nachmittagssonne.

Immer wieder liest man, daß die Ställe windgeschützt liegen sollen. Warum eigentlich? Das Pferd ist ein *Wind*freund. Wilde Einhufer laufen mit Vorliebe gegen den Wind; so können sie auflauernde Feinde am besten wittern. Hinten besitzen sie ihre Hauptwaffen, die sie dann gebrauchen können, wenn ein nacheilender Feind einmal schneller sein sollte. Der Wind durchmischt die Atmosphäre, vertreibt die lästigen Insekten und wirkt als Klimareiz belebend auf den Organismus. Schon 1895 empfahl Graf Wrangel, die Ställe »behufs Förderung des Luftzutritts besser in parallelen Reihen aufzuführen«. Dazu schlug er zwei Arten von Anlagen vor, bei denen die Entfernung zwischen den Gebäuden doppelt so groß wie ihre Höhe sein soll. Ihre Längsachse verläuft am besten mit der Windrichtung, um Zugluft innerhalb der Gebäude zu vermeiden. In geschlossenen Räumen wird bewegte Luft, insbesondere kalte, leicht als unangenehme Zugluft empfunden, gegen die es keine Abhärtung zu geben scheint. Daher soll die Luftgeschwindigkeit im Bereich der Pferdekörper vor allem im Winter nicht höher als 0,2 m/sec sein.

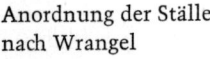

Anordnung der Ställe nach Wrangel

Stallklima

Welches ist der *beste* Stall? Diese Frage ist leicht beantwortet, denn der beste ist immer der Stall, in dem die Pferde auf die Dauer gesund und munter bleiben. Das ist heute, wo er für viele Reitpferde zum Daueraufenthalt geworden ist, viel wichtiger als für die Arbeitspferde früher, die den ganzen Tag in der frischen Luft verbrachten und den Stall eigentlich nur als Nachtasyl benutzten. Pinter von der Au forderte von dem Pferdestall,

Daß er im Winter warm und im Sommer kalt,
Allzeit mehr trucken als feucht,
Lüfftig und hell sey
Und reinlich gehalten werde;
Sonderlich daß die Knechte nicht zulassen,
Daß die Spinnen ihre sichere Wohnung darinnen auffschlagen,
Durch welche das Futter leichtlich vergifftet wird.
Mäusen / Ratzen / Wieseln und dergleichen Unziefer
Soll euserst nachgestrebt und keine Nester gestattet,
Sondern auf allerley Weise zerstöret werden,
Damit die Pferde nach Möglichkeit vor derselben
Ungemach verhütet seyn mögen.

Nahezu 400 Jahre alt sind diese Forderungen an einen hygienischen Stall: *trocken, luftig, hell, sauber,* und sie sind heute so gültig wie damals. Problem Nr. 1 im geschlossenen Stall ist das Raumklima. Hierzu sind einige Erläuterungen notwendig.

Luft und Licht bilden das Stallklima. Uns interessiert zunächst die Luft mit ihren chemischen und physikalischen Komponenten. *Die Luft*

Chemische:	Sauerstoff	Schwefelwasserstoff
	Kohlendioxyd	Stickstoff
	Ammoniak	Edelgase
Physikalische:	Temperatur	Luftbewegung
	Luftfeuchtigkeit	Staubgehalt

Mit Stickstoff und den Edelgasen brauchen wir uns hier nicht zu befassen, aber: ohne Sauerstoff kein animalisches Leben.

Frischluft enthält	21% Sauerstoff	0,03% Kohlendioxyd
Ausatmungsluft der Pferde enthält	16% Sauerstoff	4,00% Kohlendioxyd

Werden nachts, vor allem im Winter, Türen und Fenster sorgfältig verschlossen, kann also keine Frischluft eindringen und wird auch sonst keine zugeführt, so nimmt der Sauerstoffgehalt der Stalluft immer mehr ab, dafür reichert sie sich von Minute zu Minute mit Kohlendioxyd an. Ein ruhendes Pferd von 500 kg Gewicht atmet in 10 Stunden 1600 l Kohlendioxyd aus. Die Luft wird also laufend verbrauchter und schlechter, außerdem noch feuchter. Denn dasselbe Pferd atmet in 10 Stunden auch noch 3 l Wasserdampf aus. Doch nicht genug des Übels; durch die bakterielle Zersetzung des Harns bildet sich Ammoniak, ein giftiges, stechendes Reizgas. Die Riech- und Ekelstoffe aus dem Kot (Schwefelwasserstoff) seien noch am Rande vermerkt. Am nächsten Morgen ist die Stalluft dann zum Umfallen, leider ein Normalzustand in vielen Ställen.

Welche Auswirkungen hat die dauernde Anreicherung der Stallluft mit aggressiven Gasen und Wasserdampf?

0,2% Kohlendioxyd erschweren die Atmung
bewirken eine höhere Pulszahl
beeinträchtigen Stoffwechsel und Freßlust
machen müde

Manche Pferdeställe erreichen morgens sogar Werte von 0,4 bis 0,6%. Lediglich eine ausreichende Sauerstoffzufuhr könnte die Schädigungen solch hoher Kohlendioxydwerte mildern. Wenn Hühner – um ein anderes Beispiel zu nennen – erschrecken und in eine Ecke zusammenlaufen, atmen sie so viel Kohlendioxyd auf einem Platz aus, daß viele ersticken. Sie haben sich nicht erdrückt, wie es so oft heißt, sondern sie sind einfach erstickt.

Ammoniak reizt die Schleimhäute der Atmungsorgane, Augen, Nase und des Rachens. Ammoniakgeruch ist immer ein Zeichen schlecht gelüfteter, unsauberer Ställe.

0,01% Ammoniak schwächen die Widerstandskraft
rufen Husten hervor
verursachen Bronchialkatarrh
führen zu Dämpfigkeit

Schon bei 0,003% beginnt die Schädlichkeitsgrenze. 0,01% schädigen auf die Dauer unweigerlich, 0,05% bereits nach kurzer Zeit. 0,03% sind in Pferdeställen leider keine Seltenheit.

Schwefelwasserstoff entsteht bei der Fäulnis des Kotes; mehr als 0,05% Schwefelwasserstoff soll die Stalluft nicht enthalten.

In unserem Klimabereich enthält die Atmosphäre durchschnittlich 65% relative *Luftfeuchtigkeit,* was dem für das Pferd angenommenen Optimum von 65–70% entspricht. Unter 60% sollte sie nicht absinken, weil zu trockene und dann meist staubige Luft die Schleimhäute reizt und schädlich für die Lungen ist. Die obere Grenze liegt bei 80%.

Bei über 80%
rel. Luftfeuchtigkeit erkranken die Atmungsorgane
können Wurmlarven an feuchten Wänden hochkriechen und abgeleckt werden
entstehen Bauschäden

Wir sprechen stets von der relativen Luftfeuchtigkeit und bezeichnen damit den Prozentsatz der tatsächlichen zur größtmöglichen = 100%igen Luftfeuchtigkeit. Bei 100% ist der Sättigungsgrad der Luft erreicht, mehr Feuchtigkeit vermag sie nicht aufzunehmen. Das Aufnahmevermögen der Luft ist nicht immer gleich, sondern hängt von ihrer Temperatur ab; warme Luft ist aufnahmefähiger als kalte. Denken wir an die Trockenhaube beim Friseur: je wärmer sie eingestellt ist, desto rascher trocknen die Haare. Ein paar Zahlen mögen dies veranschaulichen.

Lufttemperatur in °C	Absoluter Wassergehalt in g/cbm	
	bei 100%	bei 70% Luftfeuchtigkeit
35	39,5	27,65
30	30,4	21,3
20	17,75	12,4
15	13,0	9,1
10	9,5	6,65
5	6,85	4,8
0	4,85	3,4
−5	3,25	2,3
−10	2,15	1,5
−15	1,4	1,0
−20	0,9	0,6

Die Pferde geben ständig Wärme ab, sie erwärmen also die Stallluft und machen sie aufnahmefähiger für Feuchtigkeit.
Was bedeutet das in der Praxis? Je wärmer es im Stall ist, desto mehr kann sich die Luft mit ausgeatmetem Wasserdampf anreichern. Hat er keine Möglichkeit zu entweichen, entsteht schließlich ein ungesundes, feuchtwarmes Urwaldklima, bei dem das Pferd zum Schwitzen kommt und noch zusätzliche Feuchtigkeit abgibt. Hoher Kohlendioxyd- und Ammoniakgehalt machen alles noch schlimmer, vor allem für Fohlen und tragende Stuten.

Zu warme Stallluft beeinträchtigt den Futterverzehr
bringt Wärmestauungen
hemmt den Stoffwechsel
setzt die Schilddrüsenfunktion herab
vermindert die Leistungen
verweichlicht
macht krankheitsanfällig

Stalltemperatur Über die beste Stalltemperatur gehen die Meinungen auseinander. Der Mensch neigt dazu, sein Behaglichkeitsempfinden auf das Pferd zu übertragen. Ist ihm kalt, so glaubt er, dem Pferde müsse ebenso kalt sein. Ein Trugschluß, denn Pferde besitzen ein viel größeres Wärmeausgleichsvermögen (Thermoregulation) als der Mensch, das sich durch entsprechende Aufzucht und spätere Abhärtung noch steigern läßt. Beduinenpferde in Arabien, die nie einen Stall sahen, waren in der Wüste täglichen Temperaturunterschieden bis zu 45° C ausgesetzt und blieben gesund. Geschwächt wird das Anpassungsvermögen durch eine stets gleichbleibende Stalltemperatur, die leider auch heute noch vielfach angestrebt wird.
Fachleute wie Schnitzer raten daher, die »Außenverhältnisse ins Stallinnere« zu übertragen. Zitieren wir ihn wörtlich: »Die Stalltemperatur muß die im Freien auftretenden Schwankungen mitmachen, lediglich die Extreme sollen gedämpft werden. Das Ausmaß der Dämpfung richtet sich nach Rasse und Gewöhnung der Tiere; nach entsprechender Vorbereitung und sachgemäßen Haltungsbedingungen verträgt jedoch jedes Pferd winterliche Stall-

temperaturen von einigen Grad unter Null ohne weiteres.« Auch Fohlen, wenn sie ein tiefes, weiches, sauberes, trockenes und vollkommen zugfreies Strohlager haben. Selbst Vollblutarabern, die ich in der zweiten Oktoberhälfte aus Virginia (USA) mit dort noch sommerlichen Temperaturen ins Rheinland holte, machte die Winterkälte nichts aus. Sie tummelten sich täglich mit den anderen Pferden vergnügt im Schnee. Dabei wurde ihr Fell kaum merklich länger. Allerdings waren sie in ihrer Heimat im Offenstall mit anschließendem großem Paddock aufgewachsen; sie lebten also von Jugend auf im »Reizklima« des natürlichen Temperaturwechsels der Jahreszeiten.

Um ein gesundes Klima im geschlossenen Stall zu erzielen, muß die verbrauchte, feuchte Luft ständig abgeführt und durch frische, trockenere ersetzt werden. Eine Forderung, die oft leichter gestellt als erfüllt ist, zumal im kühlen Stall. Denn, wie die Tabelle auf S. 25 zeigt, kann kalte Luft weniger Feuchtigkeit aufnehmen als warme, ist also rascher gesättigt, und es besteht die Gefahr der Tauwasserbildung, das sich an Wänden und Fenstern absetzt. Ist der Temperaturunterschied zwischen Frisch- und Stalluft gering, so daß sich die Frischluft im Stall nur wenig erwärmen und auch nur wenig Wasserdampf binden kann, werden größere Mengen Frischluft benötigt. Je nach Klimazone, Jahres- und Tageszeit, Stallart und -größe müssen pro Pferd stündlich zwischen 58 und 240 cbm Luft ausgetauscht werden. Und zwar zugfrei, was bei kalter Luft problematischer ist als bei warmer. Es kommt also nicht nur auf die Luftleistung, sondern auch auf die Luftführung an. Als grobe Faustzahl für den stündlichen Frischluftbedarf eines Pferdes mögen 120 cbm gelten. Ohne Zugeständnisse wird eine Abstimmung zwischen Stalltemperatur und Luftfeuchtigkeit nicht immer möglich sein.

Wir unterscheiden zwei Arten des Luftaustausches:

Freie Lüftung
Zwangslüftung

Bei der *Freien Lüftung*, die auf dem Schwerkraftprinzip beruht, wird die einströmende Frischluft durch die Pferde erwärmt, rei-

Freie Lüftung

chert sich mit Gasen und Wasserdampf an, steigt nach oben, entweicht durch Entlüftungsschächte und wird vom Wind weggeführt. Falls er weht, falls er an den Stall herankann und falls die Abluftkamine mindestens 4 m hoch sind. Eine genaue Regulierung des Luftaustausches ist hierbei nicht möglich.

Zwangslüftung Die *Zwangslüftung* bewirkt mit Hilfe von Ventilatoren eine unabhängig von der Witterung gesteuerte Klimatisierung des Stalles. Drei verschiedene Systeme sind auf dem Markt:

1. das Unterdrucksystem: die Stalluft wird abgesaugt, Frischluft strömt nach
2. das Überdrucksystem: Frischluft wird in den Stall hinein- und die verbrauchte Luft herausgedrückt
3. das Gleichdrucksystem: drückt Frischluft in den Stall und saugt die Abluft aus dem Stall

Im geschlossenen Pferdestall ist eine gesteuerte Klimaregulierung unbedingt erforderlich. Welches Lüftungssystem jeweils am zweckmäßigsten ist, muß von Fall zu Fall entschieden werden, und zwar am besten von einem Stallklima-Fachmann, der schriftlich zusichert, daß die Anlage ordnungsgemäß (nach DIN 18 910) arbeiten wird. Völlig falsch wäre es, auf Gutdünken hier und da Ventilatoren einzubauen. Sind sie nicht mit Querschnitt, Art, Höhe und Zahl der Zu- sowie Abluftschächte genauestens abgestimmt, so können sie mehr schaden als nützen.

Hier sollen nur die Forderungen an einen hygienischen Stall aufgezeigt werden, denn sie sind überall gleich; ihre Verwirklichung sieht in jeder Klimazone anders aus. Von dem Können und der Erfahrung des Architekten wird es abhängen, ob es gelingt, diese Forderungen mit den örtlichen Gegebenheiten in ein harmonisches Gleichgewicht zu bringen.

Die Schwierigkeiten der Luftführung zeigen sich weniger bei einreihigen Boxen mit Firstentlüftung, ausstellbaren Fenstern und nach außen gehenden, geteilten Türen, deren oberer Teil offensteht. Hier wäre eine Zwangslüftung sinnlos, vor allem, wenn die Türen zeitweise offenstehen und sich die Pferde nach Belieben in den Auslauf oder auf die Weide begeben können.

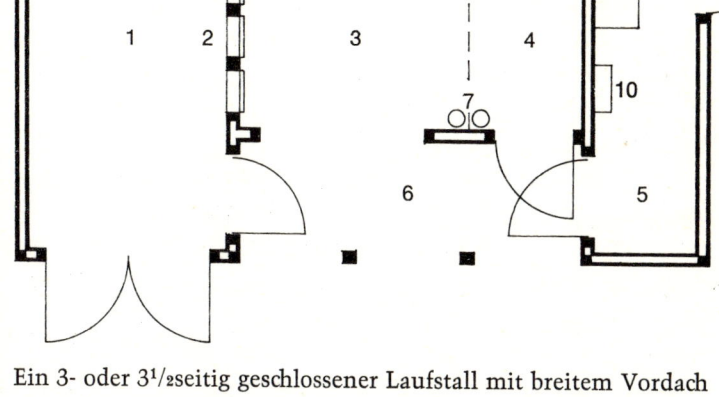

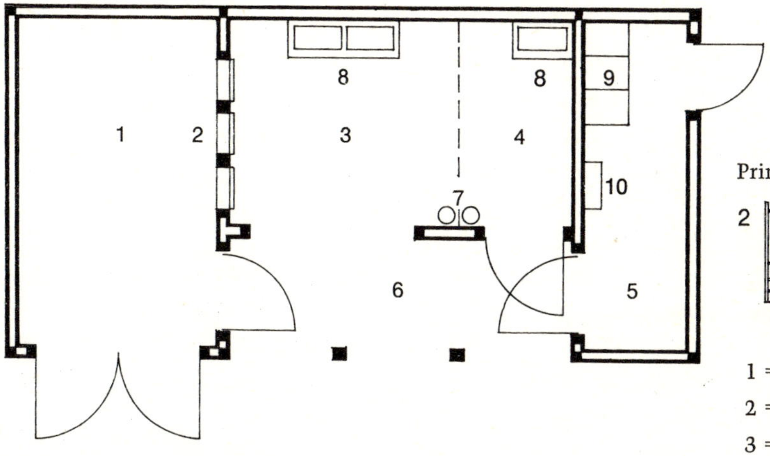

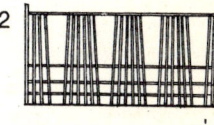

Primitivstall

Ein 3- oder 3½seitig geschlossener Laufstall mit breitem Vordach sowie anschließendem Auslauf und Weide kommt der Natur der Pferde noch mehr entgegen, vor allem der Fohlen und Jungpferde, die im Herdenverband aufwachsen müssen. Notwendig ist jedoch ein trockener Stallboden; er sollte mindestens 10 cm, besser 20–25 cm höher als seine Umgebung liegen, damit kein Wasser in den Stall hineinfließen kann.

Alle Pferderassen können robust im zugfreien Offenstall gehalten werden,
   wenn sie entsprechend aufgezogen sind und/oder vom Frühjahr ab allmählich darauf umgestellt werden,

1 = Heu, Stroh
2 = Heugitter
3 = Laufstall
4 = abtrennbare Box
5 = Futter- und Geräteraum
6 = überdachter Vorplatz
7 = Tränken
8 = Krippen
9 = Futterkiste
10 = Stallapotheke
11 = durchgehendes Lichtband

wenn sie angemessen gefüttert, gearbeitet, gepflegt werden, wenn der Bestand ziemlich konstant bleibt.

Nicht möglich ist es bei öfteren Änderungen des Pferdebestandes (Reit-, Verkaufs-, Klinikställe) oder wenn die Pferde jederzeit auf Hochglanz gewienert zur Verfügung stehen müssen.

Das Licht Das Licht übt mit seinen sichtbaren und unsichtbaren Strahlen einen starken Reiz auf den tierischen Organismus aus.

Licht vertieft die Atmung
belebt den Stoffwechsel
fördert die Blutbildung
erhöht die Abwehrkräfte
steigert Leistungen und Fruchtbarkeit

Nicht zu vergessen ist die anregende Wirkung des Lichts auf das Gemüt, auch der Pferde. Ausreichendes Licht ist für die Entwicklung von Fohlen und Jungpferden unentbehrlich. Mit zusätzlicher Beleuchtung im Winter läßt sich die Rosse der Stuten beeinflussen. Da ultraviolette Strahlen Mikroorganismen abtöten, ist die Sonne nicht nur ein ausgezeichnetes Mittel zur Keimvernichtung, sondern überdies das billigste Desinfektionsmittel. Bergwerkspferde sind kein Gegenargument für die gesundheitsfördernde Wirkung des Lichts.

Natürliches Licht Daher ist die Forderung nach gleichmäßig hellen Ställen ohne finstere Winkel vollauf gerechtfertigt, zumal es sich darin auch angenehmer arbeiten läßt als in schummerigen. Der Schmutz ist besser sichtbar und die Aussicht, daß er gelegentlich entfernt wird, größer. Die gesamte Fenster- oder Lichtbandfläche sollte nicht weniger als $1/15$ der Stallbodenfläche betragen; Faustregel: 1 qm Fensterfläche je Boxe, wobei die Anordnung der Fenster und ihre Lage zu den Himmelsrichtungen zu beachten sind.

Falls durch diese Fensterflächen in kalten Lagen ein zu starker Wärmeverlust im Winter gefürchtet wird, kann durch Glasbausteine zusätzliche Helligkeit gewonnen werden. Bei der Glasart müssen leider Zugeständnisse gemacht werden, denn gewöhnliches Fensterglas läßt die ultravioletten Strahlen nicht durch, und Spezialglas ist teuer, dünn und nicht sehr haltbar. Drahtglas schluckt viel Licht, unebene Glasoberflächen sind Staubfänger. Am besten haben sich aufeinandergeschweißte Doppelglasscheiben mit einem Luftzwischenraum bewährt; es entsteht weder Schwitzwasser noch bilden sich Reif oder Eis. Verbundfenster, wie sie im Wohnungsbau verwendet werden, bieten große Schwierigkeiten bei der Ableitung des Schwitzwassers.

Fenster sollten so hoch angebracht sein, daß sie von den Pferden nicht erreicht werden können; andernfalls muß das Glas vor ihrer Berührung geschützt werden, selbst Drahtglasscheiben können sie eindrücken. Hoch angebrachte Fenster sind vor allem bei

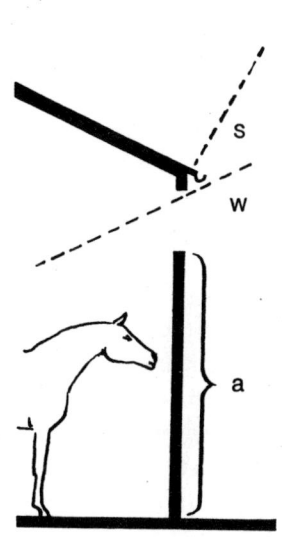
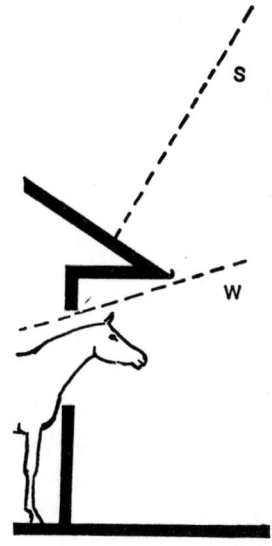

a) = für

Gr. I : 1,60 m
Gr. II : 2,00 m
Gr. III: 2,20 m
Gr. IV: 2,20–2,50 m

Mittagsstrahlen im
S = Sommer
W = Winter

Links: Günstigster Lichteinfall bei hoch angebrachten Fenstern

Rechts: bei niedrigen Fenstern ist ein Vordach nötig

Südlage auch wegen des unterschiedlichen Lichteinfalls im Sommer und Winter vorteilhafter. Die heißen Mittagsstrahlen der hochstehenden Sommersonne fallen nicht tief in den Stall ein, dagegen haben die erwünschten Mittagsstrahlen der tiefer stehenden Wintersonne einen günstigen Einfallswinkel. Durch hohe

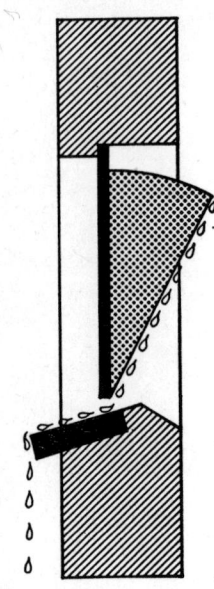

Stallfenster-Querschnitt
Schwitzwasser-Ableitung
außen   innen

Fenster wird ferner verhütet, daß angebundene Pferde direkt in die Sonne schauen müssen. Nach innen gehende Kippfenster mit seitlichem Wetterschenkel sind am zweckmäßigsten. Ein Querschlitz an der Unterkante vermeidet, daß Schwitzwasser an der Stallinnenwand herunterläuft; eine überstehende, abgeschrägte Fensterbrüstung nach außen verhindert, daß Schwitz- und Regenwasser an der Außenwand entlangläuft. Für die Fensterrahmen setzt sich in letzter Zeit immer mehr der Kunststoff durch, da er nicht quillt, schwitzt, fault oder rostet.

Pferde im Offenstall und solche, die tagsüber ihren Kopf durch den oberen Teil der geöffneten Stalltür ins Freie stecken können, haben den großen Vorteil, daß die natürlichen ultravioletten Strahlen täglich auf sie einwirken und in ihrer Haut Vitamin D bilden können. Je nach Lage müssen diese oberen Türteile jedoch vor den erhitzenden Mittagsstrahlen der Sommer- und Herbstsonne durch ein entsprechend großes Vordach geschützt werden, weil sonst die Erwärmung im Stall zu groß wird und die Gefahr des Hitzestaues besteht. Außerdem fliegen Insekten und Fliegen immer an sonnenbeschienenen Öffnungen ein. Ein Vordach hat noch weitere Vorteile: es schützt gegen Regeneinfall und schafft einen trockenen Gang vor dem Stall, vorausgesetzt, es ist mindestens 1,20 m breit.

Künstliches Licht   In keinem Stall sollte elektrisches Licht fehlen. Auch nicht in Primitivställen. Ein Tier kann jederzeit erkranken oder verunglücken, auch nach Einbruch der Dunkelheit. Wenn der Tierarzt untersuchen und behandeln soll, braucht er ausreichend Helligkeit. Bei zu kleinen Fenstern oder ungünstiger, durch Bäume, Häuser, Berge, verdeckter Lage des Stalles wird man selbst tagsüber nicht ohne künstliche Beleuchtung auskommen.

Wie hell soll der Stall sein? Nas Normenblatt DIN 18 910 Blatt 3 schreibt für den Reitstall eine gleichmäßige, mittlere Beleuchtungsstärke von 40 Lux vor; 50–60 Lux sind zweifellos besser und 100 Lux noch besser. Mit welch geringen Werten wir es hier zu tun haben, zeigt ein Vergleich mit dem Tageslicht; selbst ein bedeckter Dezemberhimmel hat noch 10 000 Lux, während im grellen Sonnenlicht rund 200 000 Lux gemessen werden. Eine Helligkeit von 100 Lux erzielt man in durchschnittlichen Stallhöhen

pro qm Bodenfläche   mit   6 Watt bei Leuchtstoffröhren
                           oder 20 Watt bei Glühlampen.

Warmtonröhren verdienen den Vorzug, sie ergeben ein weicheres Licht als Glühlampen und erwärmen sich nicht so sehr; sie scheinen sich auch günstiger als Kalttonröhren auszuwirken. Um den Eintritt der Rosse im zeitigen Frühjahr günstig zu beeinflussen, hat Herr Prof. Dr. H. Merkt, Direktor des Instituts für Haustierbesamung und -andrologie der Tierärztlichen Hochschule Hannover, für das Vollblutgestüt Harzburg einen Winter-Beleuchtungsplan mit Glühbirnen oder Warmtonröhren aufgestellt.

Als Notlicht für abendliche oder nächtliche Kontrollgänge genügen 6-Watt-Röhrenlampen oder 3-Watt-Glimmlampen. Es versteht sich von selbst, daß allein schon aus Gründen der Unfallverhütung auch die Nebenräume wie Sattel-, Putz-, Futterkammer, Heuspeicher, ferner Wege zum Stall, Hof, Einfahrten und Türen genügend hell beleuchtet sein müssen.

Material und Installation elektrischer Leitungen müssen den VDE-Bestimmungen für Feuchträume entsprechen. Schon mancher Unfall oder Brand wurde durch falsch verlegte oder schadhafte Leitungen oder durch brüchige Verlängerungskabel verursacht. Gegen 220 Volt Wechselstrom sind Pferde empfindlicher als Menschen; geht er durch den Kopf, kann er sie töten. Lampen, Schalter und Leitungen sind daher so anzubringen, daß selbst steigende oder scheuende Pferde sie niemals berühren können. Leitungen dürfen nicht durch Heu und Strohlager geführt werden und müssen im Bereich der Pferde unter Putz liegen.

Baumaterial

Erinnern wir uns, was Pinter von der Au als erstes vom Pferdestall forderte: »daß er im Winter warm und im Sommer kalt ... sey.« Weshalb? Dazu müssen wir einen kurzen Blick auf das Wärmeausgleichsvermögen der Pferde im Verhältnis zur Stalltemperatur werfen.

Wie alle Warmblüter regulieren sie ihre Körpertemperatur automatisch. Bei hoher Umgebungstemperatur suchen sie, ihre überschüssige Körperwärme durch vermehrte Wasserverdunstung, also auf physikalischem Wege, loszuwerden: sie atmen stärker, sie schwitzen, sie pressen große Mengen Blut in die äußeren Körperpartien. Bei kalter Umgebungstemperatur erzeugen sie zusätzliche Wärme durch erhöhte chemische Umsetzung, d. h. durch stärkere Verbrennung von Kohlenhydraten, Fett und Eiweiß.

Je kälter es im Winter ist, desto mehr heizen wir unsere Wohnungen, um nicht zu frieren. Die Pferde müssen ihre »Wohnungen« in der Regel selbst aufheizen. Ein ruhendes Pferd von 500 kg Gewicht strahlt stündlich 750 Kcal Wärme an seine Umgebung ab. Mit dieser feststehenden Energiemenge, die sich im Stall nicht nach Belieben verändern läßt, wird die einströmende Frischluft auf Stalltemperatur aufgewärmt und dadurch aufnahmefähiger für Luftfeuchtigkeit. Sind Decken und Wände einschließlich Fenster und Türen aus wärmedurchlässigem Material, so geht ständig Wärme verloren, da sie immer von der warmen Innen- zur kälteren Außenseite abfließt. Lassen sie im Winter mehr Wärme durch, als die Tiere erzeugen können, dann kühlen sich die Innenseiten so stark ab, daß an ihnen Schwitzwasser entsteht, das in die Wände eindringt. Nun strömt die Wärme noch schneller von innen nach außen ab, da Wasser ein 30mal besserer Wärmeleiter ist als Luft. Der Abtransport der aggressiven Gase und des ausgeatmeten Wasserdampfes läßt sich nur noch unter größten Schwierigkeiten oder gar nicht bewerkstelligen. Um dies zu vermeiden, muß das Baumaterial *wärmedämmende* Eigenschaften haben.

Außerdem soll es *wärmespeichernd*, träge im Wärmeaustausch sein. Wird es nachts kalt, enthält es noch Tagestemperatur; wird es tagsüber warm, hat es noch Nachtkälte gespeichert. Bei Hitze hält es den Stall angenehm kühl und läßt ihn nicht zum Backofen werden, im Winter vermeidet es zu starke Abkühlung.

Darüber hinaus soll das Baumaterial *dampfdurchlässig* sein, so daß Feuchtigkeit von innen nach außen wandern und dort verdunsten kann. Daß es dauerhaft und witterungsbeständig ist, gehört zu den selbstverständlichen Voraussetzungen. Feuchte Außenwände mit großen, nassen Flecken genügen diesen Ansprüchen nicht. Sie zeigen vielmehr, daß der Stall im Winter einer Waschküche (kalt und feucht) und im Sommer einem Treibhaus (warm und feucht) gleicht, daß er also nicht in Ordnung ist. Welche Materialien erfüllen die Forderungen

    wärmedämmend
    wärmespeichernd
    dampfdurchlässig?

Trockene, poröse Baustoffe. Porös bedeutet unzählige kleinste, luftgefüllte Hohlräume, die nicht miteinander verbunden sind. Durch zu dichte Anstriche (Glasur, Lack, Ölfarbe), dichten Zementputz oder gar Kacheln und Fliesen wird diese wertvolle Atmungsaktivität wieder zunichte gemacht. Mit zunehmender Größe verlieren die Hohlräume ihre wärmedämmenden Eigenschaften, die Gefahr der Schwitzwasserbildung und damit der Wanddurchfeuchtung wächst. Hohlblocksteine sind daher ungeeignet.

Dichte Baustoffe eignen sich ebenfalls nicht; sie sind schwer und neigen dazu, die Temperaturunterschiede zwischen innen und außen möglichst rasch auszugleichen, sind also gute Wärmeleiter. Ställe aus solchem Material sind im Sommer warm und im Winter kalt und naß, da sie sich mit Feuchtigkeit vollsaugen, sie aber nicht verdunsten lassen.

Ungeeignet sind z. B.:	Geeignet sind z. B.:
Basalt	Lehm
Granit	Ziegel
Beton	Holz
Zementsteine	Kombinationen
Bruchsteine	

So eigenartig es klingen mag: am gesündesten ist ein Stall aus aufeinandergesetzten *Stroh*ballen, auch am einfachsten. Doch aus vielen, nicht zuletzt arbeitstechnischen und Sicherheitsgründen eignet er sich kaum zur Reitpferdehaltung. Auch die früheren Ställe aus *Lehm* oder handgebrannten *Ziegeln* kannten keine Klimasorgen. Waren sie gar noch mit *Schilf* oder *Stroh* eingedeckt, so besaßen sie einen perfekten Wärmeschutz. Ein Schilf- oder Strohdach hält die Wärme im Winter im Stall und im Sommer aus dem Stall. Doch wer baut heute noch solche Dächer, wer verwendet noch Lehm? Das ist nicht mehr Mode.

Dagegen finden Ziegel auch heute noch Verwendung. Aus den genannten Gründen sind Porenziegel weitaus besser als Hohlziegel und weiße Ziegel gewöhnlich poröser als rote. Zur Vermauerung empfiehlt sich Kalkmörtel. Fugen aus Zementmörtel sind weder wärmedämmend noch atmungsaktiv, und im Winter frieren sie leicht aus. Ein Außenputz erübrigt sich.

Holz besitzt als naturgewachsener Baustoff besondere biologische Qualitäten, über die verschiedene Untersuchungen laufen; für den Stallbau bringt es wertvolle Eigenschaften mit:

> sehr tragfähig im Verhältnis zum Gewicht
> leicht zu bearbeiten und zu reparieren
> widerstandsfähig gegen mechanische und chemische Einflüsse
> hohe Wärmedämmung
> gute Dampfdurchlässigkeit

Es erlaubt die Vorfertigung genormter Bauteile und damit rationelle Fertigungs- und Montagemethoden.

Holzschutzmittel

Wärmespeichernd ist es jedoch nicht. Hier hilft man sich durch doppelte Holzwände mit einer Isolierschicht dazwischen. Als Füllstoff ist Mineralwolle gut geeignet. Ebenso verfährt man bei modernen Leichtbaustoffen ohne genügend Wärmespeichervermögen. Oder man kombiniert mit Mauerwerk. Holz ist ferner anfällig gegen Zerstörung durch Pilze und Insektenfraß. Dagegen gibt es *Holzschutzmittel*; sie wirken als Atem-, Fraß- und Kontaktgifte vorbeugend oder vorbeugend und bekämpfend gegenüber den pflanzlichen und tierischen Zerstörern. Es sind und bleiben aber *Gifte*. Leider sind Pferde große »Nagetiere«, die mit Vorliebe an Holz knabbern und beißen und dann mit diesen Giften in Berührung kommen. In vielen Gestüten und Reitställen wird der

Carbolineumtopf kaum aus der Hand gelegt. Der Hinweis auf die Giftigkeit dieses stark riechenden Teeröls wird meist lachend abgetan: »Dann müßten alle unsere Pferde tot sein!« Nun, sie fallen nicht gleich um, genausowenig wie wir. Aber durch jahrelange kritiklose Anwendung von Giften wie Akariziden, Fungiziden, Herbiziden, Insektiziden, Molluskiziden, Pestiziden haben wir uns und unsere Tiere in eine gefährliche Giftsituation gebracht. Manche dieser Gifte sind wegen ihrer »Zeitzünder«-Wirkung besonders heimtückisch, wie die Gifte der Lucrezia Borgia. Tierversuche bewiesen, daß dadurch verursachte Gewebeveränderungen gnadenlos bis zum bitteren Ende verliefen, obwohl das auslösende Gift längst aus dem Körper verschwunden war. Dauer-Tierversuche mit solchen Mitteln führten zu krebsartigen Wucherungen in der Lunge. Das Verbot des DDT sollte uns hellhörig werden lassen. Nicht ohne Grund weisen die Unfallverhütungsvorschriften der Berufsgenossenschaft der chemischen Industrie darauf hin, daß bei ständiger Berührung von Carbolineum die Gefahr akuter Reizwirkung auf die Haut besteht und Hautwarzenbildung (gelegentlich bösartig) möglich ist; dichte Schutzkleidung wird verlangt.

Wenn ein norddeutscher Hersteller von Fertigställen seine Spezial-Öle und -Lacke zur Holzimprägnierung anbietet und trotz mehrfacher Anfragen keine Auskunft über die Basis dieser Mittel erteilt, so läßt das zur Vorsicht raten. Ganz davon abgesehen, daß man keine Lacke für Holzställe verwenden soll, wird man auch Öle ablehnen, von denen man nichts weiter erfährt, als daß sie »Spezial«-Öle sind.

Der Importeur englischer Fertigställe berichtet über gute Erfahrungen mit dem geruchschwachen Xylamon. Vor einigen Jahren überprüfte Prof. Dr. K. Ulrich, Medizinische Tierklinik der Universität München, die Giftigkeit von Xylamon an einer Ziege, einem Schwein und einer Kuh; an mehreren aufeinanderfolgenden Tagen gab er diesen Tieren bestimmte Mengen von Xylamon mit einer Sonde in den Magen ein. Abgesehen von einer Appetitminderung bei der Kuh konnte er keine Beeinträchtigungen feststellen. Die Herstellerfirma schreibt in ihren Hinweisen »bei der

Verarbeitung im Sprühverfahren, vor allem in geschlossenen Räumen, dichtschließende Schutzbrille und Atemschutz, bei der Tauchbehandlung Xylamon-beständige Schutzhandschuhe« vor. Warum wohl?

Ob es jemals gelingen wird, ein wirksames und dennoch ungiftiges Holzschutzmittel herzustellen, ist fraglich. Ein Ausweg aus diesem Dilemma zeichnet sich durch die Tatsache ab, daß der Insektenbefall bei den einzelnen Holzarten unterschiedlich ist; kanadisches Rotzeder-Holz beispielsweise soll von Natur aus insekten- und witterungsbeständig sein und eine Imprägnierung überflüssig machen.

Eine andere Frage ist die Vorliebe der Pferde für bestimmte Holzarten und ihre Abneigung gegen andere. Leider wissen wir darüber nicht viel, da entsprechende Untersuchungen fehlen. Frische Hölzer scheinen sie mehr anzuziehen als alte, Fichten- und Kiefernholz mehr als Eichenholz. Kanten und vorstehende Leisten üben geradezu magische Anziehungskraft auf sie aus; Kanten sollten daher mit verzinktem, eingelassenem Blech beschlagen sein, und vorstehende Leisten sollte es nicht geben. Das Holzknabbern kann aus Langeweile, aber auch aufgrund von Ernährungsfehlern geschehen; hier gilt es, die Ursachen abzustellen.

Wandstärke — Wichtig ist, daß alle Holzteile, die von Pferdehufen erreicht werden können, *mindestens* 40 mm dick sind. Die Käufer von Fertigställen sollten sich nicht von schönen Fotos hübscher Außenfassaden blenden lassen, sondern die Angebote auch daraufhin genau prüfen. Wenn also über die Stärke der Innen- und Außenwände im Angebot nichts vermerkt ist, dann hat das gewiß seinen Grund. Der Käufer kann dann böse Überraschungen erleben, wenn er sehen muß, daß 10–12 mm dicke bzw. dünne Wände nicht nur von friedfertigen Pferden, sondern sogar von Zwergeseln mit Leichtigkeit eingedrückt werden. Ich spreche da aus eigener Erfahrung. 10–12 mm Wandstärke sind *viel zu wenig.*

Dach — Ebenso wichtig wie die Wände ist das *Dach.* Wenn es – wie bei den meisten Fertigställen – gleichzeitig Stalldecke ist, dann muß darunter eine genügend starke Isolierschicht aus wärmedämmendem Baumaterial angebracht sein. Andernfalls wird der Stall im

Sommer heiß wie ein Brutofen und im Winter nicht nur eiskalt, sondern das Kondenswasser tropft auch noch auf die Pferde herab. Auf die verschiedenen Dachformen und ihr Eindeckungsmaterial, wie beispielsweise Schiefer, Ziegel, Wellasbest, Aluminium, kann hier ebensowenig eingegangen werden wie auf die Vielfalt der modernen Leichtbaustoffe.

Maßgeblich für die Wahl der Baustoffe und die Art ihrer Verwendung ist zunächst die Klimazone im allgemeinen und dann der Standort des Stalles im besonderen. Auf die weiteren Faktoren, die bei der Planung zu berücksichtigen sind, wurde auf S. 16 hingewiesen. Der Architekt muß daher zuerst eine genaue, individuelle Berechnung des *Wärmehaushaltes* aufstellen und dementsprechend die Art der Lüftung wählen (Freie Lüftung, Zwangslüftung oder Kombination aus beiden). Berechnungsgrundlagen findet er im Deutschen Normenblatt DIN 18 910 und in den Schriften von Dr.-Ing. K. Stietenroth (siehe Quellennachweis). Dort wird eindeutig dargelegt, daß eine Lüftungseinrichtung nur dann funktionieren kann, »wenn der Wärmehaushalt des Stalles ausgeglichen ist. Der Wärmehaushalt ist ausgeglichen, wenn die Wärmeabgabe der Tiere ausreicht, um den Wärmeverlust durch die Bauteile und den Wärmebedarf durch die Zulufterwärmung zu ersetzen«. Die Berechnung der Lüftung hat zu erfolgen nach

Wärmehaushalt im geschlossenen Stall

Wärmemaßstab
Kohlendioxydmaßstab
Wasserdampfmaßstab.

Genauso wichtig ist der richtige Einbau der Lüftungseinrichtung, damit nicht etwa ein Luftkurzschluß eintritt, d. h. daß die frische Zuluft wieder abgesaugt wird an Stelle der verbrauchten, feuchten Stalluft. Die gleichmäßige Lüftung des geschlossenen Stalles erfordert eine ausgewogene Luftführung; die Einrichtung muß einfach zu bedienen oder besser noch automatisch gesteuert sein.

Auch wer einen vorhandenen Stall kaufen will, sollte Wärmehaushalt und Lüftung *vor* dem Kauf von einem Fachmann überprüfen lassen, um entweder Mängel abzustellen oder, wenn dies nicht möglich ist, den Kauf zu unterlassen.

Aufstallung

Anzahl, Rasse und Verwendungszweck der Pferde geben den Ausschlag für die Art des Stalles: geschlossener Stall, einreihiger Boxen-Fertigstall, Primitivstall. Wachsende und Zuchtpferde stellen andere Ansprüche als Gebrauchspferde. Wie immer man sich entscheidet, die Grundanforderungen bleiben stets dieselben: trocken, luftig, hell und sauber.

Bei der Art der Aufstallung für Stuten, Fohlen und Jungpferde gibt es eigentlich keine Diskussion: sie gehören in Laufställe, die Jungpferde nach Geschlechtern getrennt. Nur zum Fressen von Kraftfutter werden sie angebunden. Für besondere Fälle müssen Einzelboxen vorhanden sein (Abfohl-, Krankenboxen). Aber auch bei der Aufstallung der Gebrauchspferde sollte man der Natur der Pferde nach Möglichkeit entgegenkommen. Sie sind nun einmal nicht gerne allein, sondern brauchen als Herdentiere zu ihrem Wohlbefinden die Gemeinsamkeit mit Artgenossen.

Bernard verglich die Reitpferde in prächtigen Reitställen mit »Gefangenen, die pro Tag eine Freistunde im lustlosen Rundgang verbringen«. Oft stehen sie in Boxen mit so hohen Trennwänden, daß sie sich nicht sehen können, also in strenger Einzelhaft. Luft, Licht, Nahrung, Bewegung, alles wird ihnen zugeteilt; es bleibt ihnen keine freie Wahl.

Wer seine Pferde am Haus hält und sie nicht ständig im Turniersport einsetzt, der sollte sie nicht wie Gefangene in Einzelkästen einsperren. Dies ist eine der wenigen Gelegenheiten, die Pferde zusammenleben zu lassen, ihnen die Möglichkeit zu geben, miteinander zu spielen und ihre Auseinandersetzungen untereinander auszutragen. Wenn fremde Pferde sich kennenlernen müssen oder wenn neue hinzukommen, geschieht das am besten im Auslauf oder auf der Weide. Dann gibt es eine kurze Keilerei; dabei wird festgestellt, wer der Chef ist, und nun ist für lange Zeit Ruhe. Pferde, die eine bestimmte Rangordnung unter sich gebildet haben, kann man ruhig zusammen laufen lassen, sogar gemeinsam in einen Laufstall sperren, vorausgesetzt, er ist groß genug und der Individualabstand wird gewahrt.

Mindestlauffläche für

Absatzfohlen	4 qm
Jährlinge	6 qm
Zweijährige	8 qm
Dreijährige und Ältere	10 qm

Laufstall

In Vollblutgestüten werden die Mutterstuten gewöhnlich in Boxen gehalten und kommen in der guten Jahreszeit tagsüber gemeinsam auf die Weide und in der schlechten täglich mehrere Stunden in den Paddock. Oft findet man in der Box noch eine Minibox aus Rundhölzern, in die nur das Fohlen hinein kann. Dann müssen die Pferde zum Fressen nicht angebunden werden, und das Fohlen erhält dennoch seine ausreichende Ration. Dr. L. Star hingegen, Eigentümer der Startop Ranch in Long Island/USA, hat beste Erfahrungen mit einem Laufstall gemacht, denn er hält seine 50 Vollblutstuten tagsüber auf Koppeln und nachts in einer 150 m langen und 45 m breiten Scheune. Sie schließen sich zu befreundeten Gruppen zusammen, sind friedlich und ruhig und haben keine Stalluntugenden.

Der Laufstall hat den weiteren Vorteil, daß er sich leichter reinigen läßt als eine kleine Box. In der Natur legt sich kein Pferd in den eigenen Kot; im kleinen Stall wird es dazu gezwungen. Da dies vielen Pferden unangenehm ist, vergraben sie den Kot, wobei die Einstreu stark zerwühlt und das Saubermachen erschwert wird. Im großen Laufstall misten sie in der Regel nur an bestimmten Stellen, vorwiegend in Ecken und an der Wand. Steht er offen, dann misten sie am liebsten draußen.

In Reitställen mit stark wechselndem Bestand und der Notwendigkeit jederzeit einsatzbereiter Pferde geht das natürlich nicht. Aber man sollte, zumindest bei Neubauten, die Pferde in Boxen und nicht in Anbindeständen unterbringen. Zwischenwände und Türen müssen dann allerdings so sein, daß sich die Pferde sehen und mit ihren Nachbarn unterhalten können. Ausgezeichnet ist es, wenn auch bei zweireihiger Anordnung die Boxen sowohl eine Tür zur Stallgasse in der Mitte als auch eine zweigeteilte Tür nach außen haben, falls die Klimazone das erlaubt. Im Ge-

Boxen-Trennwände

a = max. 5 cm
b = 0,90 m
c = für

Gr. I	= 0,90 m
Gr. II	= 1,10 m
Gr. III	= 1,20 m
Gr. IV	= 1,30 m

Boxenstall

stüt Anjar in der Bekaa (Libanon) gehört zu jeder Box ein kleiner Auslauf, den die Pferde nach Wunsch aufsuchen können. Und in Trakehnen schloß sich an jede Hauptbeschälerbox sogar eine geräumige Einzelweide an.

Für Fohlen und Zuchtpferde kommen Anbindestände auf keinen Fall in Betracht; auch für Reitpferde sind sie ungeeignet und sollten abgeschafft werden, insbesondere in Landes-Reitschulen, die jährlich viele junge Menschen ausbilden und daher vorbildlich sein müßten. Ihre Nachteile und Gefahren (für Mensch und Tier) sind so groß, daß die geringfügigen Vorteile überhaupt nicht zählen. Als die Pferde noch 10 und mehr Stunden täglich im Freien arbeiteten und übers Wochenende gewöhnlich auf die Weide

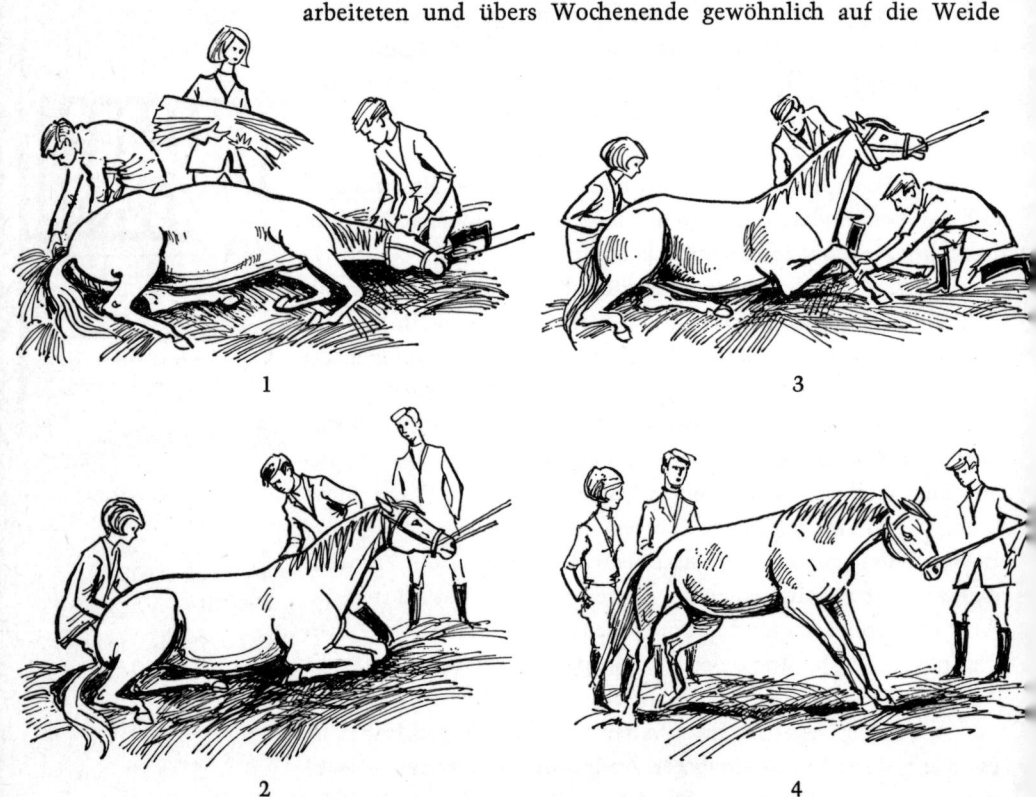

Aufheben eines gefallenen Pferdes

kamen, der Stall also nur ein Nachtasyl bedeutete, da waren Anbindestände noch zu vertreten. Nicht aber für unsere heutigen Reitpferde, die allgemein zu wenig Bewegung haben und meist auch höher im Blut stehen als früher die Arbeitspferde.

Einige Nachteile des Anbindestandes *Anbindestand*
(bei Abtrennung durch Flankierbäume):
    Pferde stumpfen leicht ab
    Unruhige Pferde scharren Heu nach hinten und vergeuden es
    Unbequemes Füttern
    Besonders sorgfältige Lüftung notwendig
    Erhöhte Erkältungsgefahr bei Zugluft oder Undichtigkeiten der Wand
    Liegen in Seitenlage unmöglich: ungenügendes Ausruhen
    Gefahr des Wundscheuerns, Verletzens (auch durch Nachbarn), Losreißens, Verfangens, Festliegens
    Mehr Strahlfäule, angelaufene Beine und Koliken als bei Boxenaufstellung

Zusätzliche Nachteile bei Kastenständen:
    Machen den Stall unübersichtlich
    Gefahr für den Pfleger bei Beißern und Schlägern
    Behandlung kolikkranker Pferde oft lebensgefährlich

Der Einwand der Platz- und damit der Kostenersparnis gegenüber der Box ist nur bedingt richtig, da die Stallgasse aus Sicherheitsgründen $^{1}/_{2}$–1 m breiter sein muß.   *Stallgasse*

	Mindestbreite der Stallgasse (nach Schnitzer)	
	einreihig	zweireihig
Anbindestand	3,00 m	3,50 m
Boxen	2,50 m	2,50 m

Bei einem Bestand von über 20 Großpferden sollte die Stallgasse auch bei zweireihiger Boxenaufstellung mindestens 3 m breit sein. Sie muß aus rutschfestem Material bestehen, z. B. aus hochkant gestellten, in Zement verlegten Klinkern. Zu beiden Seiten sollte sie eine schmale Rinne mit Abfluß haben.

Die Box muß so groß sein, daß sich ein Pferd bequem darin wälzen kann. Als Faustregel (nach Schnitzer) gilt für die
Bodenfläche = (Widerristhöhe × 2)²
und für die Mindestlänge der
Boxenschmalseite = Widerristhöhe × 1,5.
Boxen für Zuchthengste und -stuten sollten mindestens 4 × 4 m und Abfohlboxen 4 × 5 bis 4 × 6 m groß sein.
Ein Mittelding zwischen Einzelbox und Gemeinschafts-Laufstall sind etwas größere Laufboxen für mehrere Pferde. Damit keine Einzelgänger entstehen, müssen es jedoch gerade Zahlen sein.

Stalldecke

Im allgemeinen besteht die Stalldecke nicht aus dem Dach, sondern aus einer Zwischendecke, auf der oft Heu und Stroh gelagert werden. Sie muß dicht sein, damit kein Stalldunst in das Heu zieht und es verderben läßt; ferner muß sie wärmedämmend und wärmespeichernd sein. Beton ist als Baustoff denkbar ungeeignet, denn er ist im Winter kalt und naß und läßt das Kondenswasser heruntertropfen.
Bewährt haben sich Holz- und Ziegeldecken, die entsprechend isoliert sind. Holz sollte vor der Verwendung mit salzhaltigen, farblosen Schutzmitteln getränkt werden, die gegen Insekten und Pilzbefall wirksam sind und bis zu einem gewissen Grad auch feuerabweisend. Auch die modernen aufgeschäumten Leichtbaustoffe wie beispielsweise Porenbeton besitzen die im Stallbau erwünschten guten Eigenschaften.

Stallboden

Art und Dicke des *Unterbaues* richten sich nach der Bodenart des Bauplatzes; trockene oder kiesige Böden verlangen weniger starke Isolierschichten als kalte und nasse, da der Stallboden wärmegedämmt sein sollte.

Forderungen an den Stallboden:

trocken
rutschfest und griffig
ungiftig
wasserundurchlässig
leicht zu reinigen und zu desinfizieren

Wichtige Voraussetzung für Trockenheit: der Stallboden muß höher als die Umgebung liegen, damit kein Regen- oder Schmelzwasser in den Stall fließen kann. An Stelle einer Stolperstufe an der Eingangstür empfiehlt sich eine schräge Rampe.

Welche Arten von Bodenbelag gibt es? *Bodenbelag*

Zement, Beton, Steinpflaster:	Nicht empfehlenswert, da hart, kalt, feucht; Beinschäden auf die Dauer möglich, wenn die Einstreu nicht sehr dick ist
Imprägniertes Holzpflaster:	Warm, aber bei Nässe leicht glatt und rutschig; kann im Laufe der Zeit faulen, dann sehr unhygienisch, zieht Ratten und Mäuse an
Klinker, hochkant in Zement verlegt:	Dauerhaft, aber Klinker müssen gleich hart sein, da in weichere Steine Löcher ausgetreten werden; können bei Nässe glatt werden
Spezial-Stallbodenplatten:	Dürfen keine giftigen Stoffe wie Phenole, Braun- oder Steinkohlenteer enthalten. Sind dauerhaft und hygienisch, wenn tritt-, rutsch-, urin- und säurefest. Verschiedene Fabrikate auf dem Markt
Gummi- oder synthetischer Kautschuk:	Rutschfest, hygienisch, elastisch. Bewährt bei Aufenthalt in Kliniken und Transportern. Ohne Einstreu: manche Pferde legen sich nicht nieder. Mit Einstreu: Sauberhalten schwierig
Gestampfter Lehm:	Weich, warm, fest, gesund. Empfehlenswert für Laufställe, Hengst-, Stuten- und Abfohlboxen. Kann zur Desinfektion leicht entfernt und erneuert werden. Dicke Einstreu erforderlich

Alle Nachteile der Bodenbeläge lassen sich durch dicke Einstreu mehr oder weniger abschwächen.

Abfluß   Zum Ausspritzen und Reinigen müssen die Boxen etwas Gefälle zur Stallgasse hin haben. Wenn keine Stallgasse vorhanden ist, wie bei Außenboxen, dann müssen sie außerdem noch einen eigenen Wasserabfluß haben.

Für größere Betriebe mit Leistungspferden ist es empfehlenswert, eine Box so zu bauen, daß sie bei Huf- oder Beinerkrankungen als *Kühlstand* benutzt werden kann. Dazu muß der Boden wasserdicht sein und einen 30–40 cm hohen ebenfalls wasserdichten Sockel haben. Zweckmäßig ist eine Querunterteilung, so daß je nach Fall auch nur die Vorder- oder Hinterbeine gekühlt werden können. Dann sind zwei Wasserabflüsse notwendig. Eine Verbindung mit der Wasserleitung ermöglicht eine Kühlbehandlung durch fließendes Wasser.

Kühlstand

Einstreu

Die Einstreu hat zwar mit dem Stallbau direkt nichts zu tun, da sie aber thematisch zum Stallboden gehört, soll sie gleich im Anschluß daran behandelt werden. Für welches Material man sich auch entscheidet, grundsätzlich gilt: Sparen ist immer falsch. Bei guter, dicker Einstreu legen sich die Pferde eher nieder und ruhen ihre Knochen besser aus; unzureichende Einstreu kann zu Verletzungen wie Piephacken führen. Gute Einstreu bindet den Urin, verhindert dadurch die Bildung von Jauche und trägt zusammen mit einer ordentlichen Stallpflege zur Trockenheit und Hygiene bei. Die Bestimmungen der Landesbauordnungen, wonach flüssige Abgänge aus Ställen in besonderen Jauchekammern aufgefangen werden müssen, sind für Rinder- und Schweineställe durchaus angebracht, nicht aber für Pferdeställe.

Stroh ist von jeher das klassische *Einstreumaterial*. Es hat ein gutes Aufsaugevermögen, besonders wenn es halblang verwendet wird, und es ist ein guter Wärmeisolator. Nach Franke hat ein Tier, das in tiefem, trockenem Stroh liegt, ein Wärmegefühl, das einer um 6° höheren Umgebungstemperatur entspricht. Vor allem für den offenen Laufstall gibt es daher im Winter kein besseres

Material. Unter keinen Umständen darf es dumpfig, schimmelig, voller Rost oder Unkraut sein; das führt zu Verdauungsstörungen oder Kolik, da die Pferde immer davon fressen. Auch verdorbenes Heu ist daher nicht als Einstreu geeignet.

Einstreumaterial

Roggen-, Weizenstroh:	am besten geeignet
Haferstroh:	wird zu gern gefressen, daher nicht gut
Gerstenstroh:	nicht geeignet, wird auch gern gefressen und gibt dann leicht Kolik durch die scharfen Grannen der Ähren
Torfmull:	dreimal so aufsaugefähig wie Stroh, bindet den Ammoniakgeruch ausgezeichnet, wird aber bei Feuchtigkeit sehr sauer und macht allmählich das Hufhorn weich, sogar bröselig. Saubermachen bei zertretenem Kot schwierig: Kot- und Torfballen nicht zu unterscheiden, da von gleicher Farbe
Sägemehl:	sauberer und wärmer als Torf, aufsaugefähiger als Stroh; hygienisch, geruchbindend, einfach sauber zu halten, aber Mistgabeln mit engen Zinken erforderlich, da Kotballen sonst durchfallen. Mehl von Hartholz staubt weniger. Bildet elastische Unterlage, aber dicke Einstreu dafür notwendig. Auch zum Aufstreuen für glatte Stallgassen geeignet
Sägespäne:	gleiche Eigenschaften wie Sägemehl; liegen jedoch loser, daher am besten mit Sägemehl mischen

Sägemehl oder -späne haben den Vorteil, daß sie unkontrolliertes Strohfressen verhindern, aber den Nachteil, daß sie sehr trocken sind und stauben. Das macht mehr Arbeit beim Putzen von Pferden, die stets in Hochglanz erstrahlen müssen, und ist auf die Dauer schädlich für die Lungen. Es läßt sich aber sehr einfach abstellen, indem man die Einstreu überbraust (Schlauchtülle auf feine Brause einstellen) und leicht anfeuchtet, aber *nicht naß macht*. Man kann auch eine Lage Stroh darübergeben, was für Abfohlboxen und Fohlenställe empfehlenswert ist. Sand ist als Einstreu ungeeignet; der beim Fressen vom Boden mit aufgenommene Sand kann schwere Koliken verursachen.

Hinsichtlich der *Einstreutechnik* unterscheidet man bei Stroh zwei Methoden:

die Wechselstreu, die Matratzenstreu.

Bei der Wechselstreu wird die Einstreu täglich erneuert, bei der Matratzenstreu werden nur der Mist und das feuchte Stroh täglich entfernt und durch frisches ersetzt. Zorn rät, zu Beginn auf den Boden eine ungefähr handbreithohe Lage Torfspreu, Sägespäne oder Lohe anzubringen, anzufeuchten und festzutreten oder festzustampfen und dann erst Stroh aufzuschichten. Allmählich bildet sich eine dicke, elastische Matte, die von Zeit zu Zeit ganz beseitigt und erneuert werden muß. Sie braucht eine sorgfältige Pflege: mehrmaliges tägliches Wegnehmen von Kot und nassem Stroh, wobei nicht in der Matratze herumgestochert werden darf. Eine richtig angelegte Matratze ist weich, warm und riecht nicht nach Ammoniak. Sie benötigt weniger Material als die Wechselstreu.

Vom hygienischen Standpunkt aus sind jedoch schwere Bedenken gegen die Matratze zu erheben, zumal ihr in den wenigsten Fällen die notwendige Sorgfalt gewidmet wird. Vielfach stehen die Pferde auf einer dunkelbraunen, feuchtwarmen Matte, also auf einem Fäulnismilieu, das nicht nur ideal für die Entwicklung aller krankmachenden Bakterien ist, sondern auch das Ausschlüpfen der Larven aus den Wurmeiern und somit die ständige Neuinfizierung der Pferde sehr stark begünstigt. Daher muß die Einstreu *trocken, trocken, knochentrocken* sein.

Mit Sägemehl und Sägespänen läßt sich das leichter erfüllen. Allerdings darf nicht mit Material gespart werden. Dann entsteht als Untergrund ein sehr fester, luftundurchlässiger Kuchen, auf dem eine gut 20 cm hohe, lockere Schicht aus trockenem Mehl oder Spänen liegen muß, die stets gewissenhaft abzulesen und nachzustreuen ist. Auch hier muß von Zeit zu Zeit alles herausgenommen und der Stallboden desinfiziert werden.

Zur rascheren Verrottung von Sägemehl oder -spänen empfiehlt es sich, beim Aufstapeln auf den Misthaufen lagenweise etwas Meeralgenkalk (z. B. Algomin) zu streuen, 1 kg auf 100 kg Dung. Algomin wirkt geruchsbindend, was auch bei Strohmist angenehm ist.

Einrichtungen

Krippen für Kraftfutter sollen glatt, dicht und einfach zu reinigen sein; sie dürfen keine scharfen Ränder, Kanten oder Ecken haben, an denen sich Pferde und Pfleger verletzen können.

Krippen

Gut geeignetes Material:	*Ungeeignetes Material:*
Glasierter Ton	Unebenes Steinzeug
Kunststoff	Holz
Stahlblech	Beton

Haben sie einen breiten Rand und einen etwas beutelförmigen Querschnitt, wird wenig oder kein Futter herausgeprustet und es kann sich an den glatten Wänden auch nichts festsetzen. In Amerika kennt man in zwei und in ein Drittel unterteilte Krippen; der kleinere Teil ist für Mineralfutter, der größere für Kraftfutter bestimmt. In einem Gestüt der UdSSR sah ich an den Boxenwänden zur Stallgasse hin kleine Futterautomaten, die von der Stallgasse aus gefüllt und durch eine Plexiglasscheibe kontrolliert werden können. Auf der Innenseite der Box befindet sich eine Art automatische Tränke, die bei Druck des Pferdemauls auf einen Hebel Kraftfutter spendet.

Die früher so beliebten, hoch angebrachten *Heuraufen* sollten polizeilich verboten werden; wer sie erfunden hat, muß an Giraffen gedacht haben, nicht aber an Pferde. Senkrücken, Augen- und Kopfverletzungen bleiben bei solchen Raufen nicht aus. Physiologisch richtiger ist die Tiefraufe, deren oberer Rand so hoch wie der Krippenrand ist. Dafür hat sie drei andere Nachteile:

Heuraufen

▷ Im toten Winkel unten können sich Futterreste und Schmutz ansammeln, was bei Grünfutter üble Folgen nach sich zieht
▷ Das Pferd kann hineintreten und sich verletzen
▷ Beim Fressen hat das Pferd den Kopf tief unten; bei plötzlichen Geräuschen kann es erschrecken und sich beim Hochreißen den Kopf verletzen

Ein Mittelding ist die Stehraufe auf dem Futtertisch.
In dem oben erwähnten russischen Gestüt sah ich eine einfache

und saubere Lösung: eine Holzraufe war an derselben Boxenseite wie der Futterautomat angebracht, ließ sich von der Stallgasse aus bequem füllen, und die Pferde zupften das Heu durch die Gitterstäbe hindurch.

Heunetze Ausgezeichnet sind Heunetze, die es in verschiedenen Größen gibt. Allerdings müssen sie engmaschig sein, sonst fällt zu viel Heu auf den Boden. Die Arbeit des Füllens verringert sich, wenn man sie an zwei Haken anstatt an einem aufhängt.

In vielen Ställen legt man den Pferden das Heu einfach auf dem Stallboden vor, da sie in der Natur ja auch von der Erde fressen. Das hat manches für sich und manches dagegen.

Dafür:	*Dagegen:*
Natürliche Freßhaltung	Durch Scharren der Pferde Vergeudung und Verschmutzung des Heus
Keine Kosten für Raufen oder Netze	
Schnelles Füttern	Verwurmungs- u. Kolikgefahr

Heunetz

Manche Robustpferdehalter packen auf eine oder zwei Seiten des Offenstalles einen gewissen Heuvorrat, den sie durch Stangen vom übrigen Stallteil abtrennen (Heugitter; siehe S. 29). Die Pferde können sich also nach Belieben selbst bedienen. Ob das empfehlenswert ist, soll hier nicht entschieden werden. Arbeitssparend und einfach ist dieses System auf jeden Fall; lediglich die Stangen sind von Zeit zu Zeit heuwärts zurückzuschieben.

Selbsttränken Über die Art des Tränkens sollte es eigentlich keine Diskussionen geben, da die Entscheidung eindeutig zugunsten der *Selbsttränke* ausfällt. Von jeher sind die Pferde der Steppe an gutes, frisches und kühles Wasser gewöhnt. Gutes Wasser ist für sie eine Gesundheitsfrage, eine Lebensnotwendigkeit. Von der berühmten Wunderstute Kincsem wird berichtet, daß man stets ihr heimatliches Wasser mit auf Reisen nahm. In einem St.-Georg-Bericht aus dem Jahre 1951 lesen wir: »Als dieses eines Tages vor dem Großen Preis von Baden-Baden ausgegangen war, weigerte sie sich, anderes Wasser zu sich zu nehmen. Ihr Start in dem Rennen war dadurch gefährdet. Schließlich fand man in letzter Minute eine alte Quelle, deren Wasser im Geschmack dem ihrer ungarischen Heimat ähnelte. Glücklicherweise fand es Gnade bei ihr. Die Quelle hieß in Zukunft die Kincsem-Quelle.«

Die ewige Streitfrage, ob vor oder nach dem Füttern getränkt werden soll, findet hier ihre einfachste Lösung, indem man es den Pferden selbst überläßt, wie oft und wieviel sie trinken wollen. Jede Sorge wegen der Wassermenge ist unbegründet, denn sie trinken nie eins über den Durst, sie betrinken sich nicht. Im Gegenteil, sie trinken langsam und vorsichtig und halten nach einem munteren Ausritt keine Saufgelage ab. Wenn befürchtet wird, daß sich stark erhitzte Pferde bei der Aufnahme kalten Wassers erkälten könnten, oder wenn bei kühlen Ställen oder Offenställen im Winter die Gefahr des Eingefrierens besteht, dann sind die heizbaren Suevia-Tränken zu empfehlen. Unter dem Tränkebecken, das auf Betonröhren ruht, befindet sich eine Heizspirale, die sowohl das Wasser im Becken als auch die Luft und das Zuleitungswasser innerhalb der Röhren leicht temperiert, nicht erwärmt. Der Strom wird extra vorher in einem Transformator auf 24 Volt heruntertransformiert, um elektrische Gefahren auszuschließen. Für Ställe ohne elektrische Energie gibt es ein anderes Modell, das auch auf Betonröhren montiert wird und bis −8° C arbeitet; hier wird die in den Röhren aufsteigende Erdwärme ausgenutzt. Eine frostfreie Verlegung der Wasserzuleitungen ist allerdings in beiden Fällen Voraussetzung. Die Heizung ist am Transformator abschaltbar, so daß sie nach Bedarf benutzt werden kann. Mittels einer Regulierschraube ist es möglich, den Zulauf dem örtlichen Wasserdruck anzupassen. Neuerdings vertreibt die Firma Sirocco in Kleve ein frostfreies Tränkebecken, das ohne Elektrizität arbeitet.

Die Tränken sind *täglich* zu säubern und zu kontrollieren, ob sie funktionieren. Auch für Pferde ist Durst schlimmer als Heimweh. Bei Eimertränkung muß man entweder mehrmals täglich von Hand tränken, oder man kann einen Wassereimer aufhängen, der jederzeit vom Pferd erreichbar ist. Das Wasser ist dann mindestens einmal täglich zu erneuern. Ungeeignet sind Emaille-

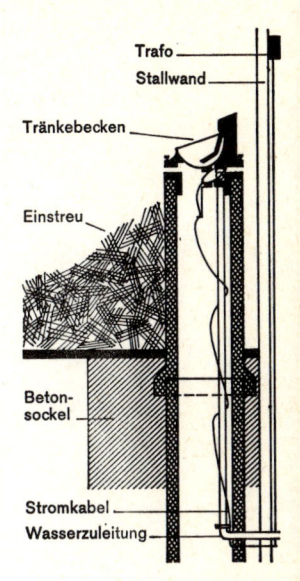

Heizbare Tränke

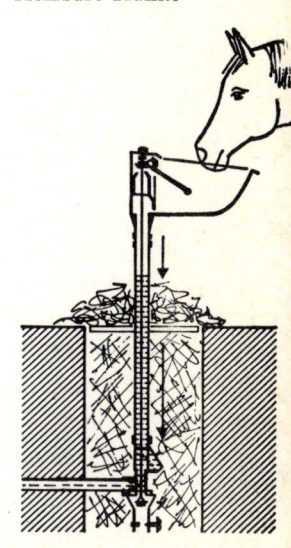

Nach Benutzung läuft das Wasser wieder zurück. Frostfreies Becken ohne Elektrizität

Eimer, da Emaille abplatzen kann, ferner Holzeimer, da sie sich nur schwer reinigen lassen; Stalleimer müssen verzinkt sein. Tränkeimer sollten nur für diesen Zweck verwandt werden; zur Vermeidung von Ansteckungen ist es gut, wenn jedes Pferd seinen eigenen, mit Namen versehenen Eimer hat.

Fütterungseinrichtungen Über die Art der Anbringung von Krippen, Heubehältern und Tränken gehen die Meinungen weit auseinander. Man wird sich in erster Linie nach den vorhandenen Platzmöglichkeiten zu richten haben. Wenn es möglich ist, in Boxen die Tränkestelle auf der gegenüberliegenden Seite der Futterstellen anzubringen, so ist das zweifellos die beste Lösung. Eine Fütterung »vom Kopf her« ist immer zeitsparender und bei unleidigen Pferden auch angenehmer als das Füttern »über den Schwanz«. Arbeitsvereinfachend sind im geschlossenen Stall *Futterluken* von der Stallgasse oder vom Futtergang her. Sie sollten auf jeden Fall Verschlußklappen haben, wenn es sich um größere Reitställe handelt, denn die Pferde versuchen immer wieder, das Maul hindurchzustecken und zu betteln, wenn jemand vorbeikommt. Sind die Lukenöffnungen groß, können sie Vorübergehende in den Ärmel oder sonstwohin zwicken; sind sie klein, werden die Pferde den Kopf schräg halten, um hindurchzukommen, und können sich bei schnellem Zurückziehen infolge Erschreckens leicht verletzen.

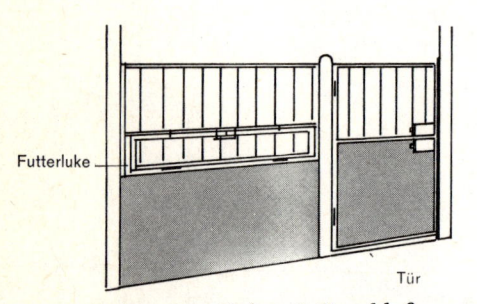

Oben: Futterluke mit Verschlußklappe und Boxentür
Rechts: Krippeneinbau mit Anbindevorrichtung
Entwürfe: J. Alber, Stockach (Baden)

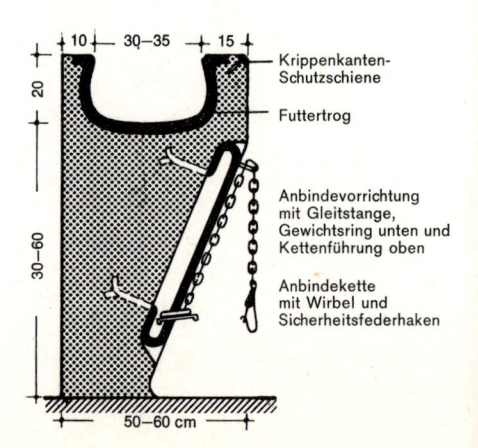

Oberster Grundsatz für die Anbringung von Futter- und Tränkestellen ist die *Sicherheit*; sie dürfen die Tiere weder beim Stehen, Liegen noch Aufstehen behindern oder verletzen. Das bedeutet, daß beim Einbau glasierter Tonkrippen das Mauerwerk nicht senkrecht abfallen darf, sondern sich nach unten verjüngen muß. Auch in Boxen oder Laufställen sind *Anbinde*möglichkeiten an oder bei den Krippen zweckmäßig. Wichtig ist, daß Anbindeketten, -leder oder -stricke immer straff herunterhängen, damit sich das Pferd nicht mit den Vorderbeinen darin verfangen kann; sie dürfen daher nicht zu lang und müssen unten beschwert sein. Außerdem müssen sie sicher sein: Das Pferd darf sich nicht losreißen, der Pfleger muß sie leicht lösen können.

In größeren Laufställen befindet sich meist an beiden Längsseiten eine durchgehende Krippe mit Anbinderingen. Zum Fressen des Kraftfutters werden die Pferde angebunden, damit jedes seine Ration in Ruhe fressen kann. Getränkt wird aus großen Trögen mit fließendem Wasser; Heu oder frisches Saftfutter wird in V-förmigen Lattenraufen (wie bei Wildfütterung) gereicht, die in Stallmitte auf dem Boden stehen. *Laufstalleinrichtungen*

Abgesehen von Mauerwerk sind für den unteren Teil von Boxen-, Trenn- und -Vorderwänden sehr stabile *Holzfüllungen* angebracht. *Stahlgeflecht* sieht zwar sehr hübsch aus; es besteht aber immer die Gefahr, daß ein Pferd es durchschlägt und dann mit dem Fuß hängenbleibt. Sodann ist die Reinigung umständlicher als bei glatten Holzwänden, zumal Staub, Schmutz und Spinnweben auf solchen Geflechten ideale Ansatzpunkte finden. *Boxenwände*

Drehtüren an Boxen müssen sich nach außen öffnen, und zwar nach links in Uhrzeigerrichtung, weil das Pferd mit der rechten Hand geführt wird. *Schiebetüren* sollen leicht laufen und nicht klemmen; das tun sie aber just in einem Augenblick, wo man es ganz und gar nicht gebrauchen kann. Für alle Schiebetüren sind Laufschienen über der Öffnung nötig; sind sie nicht genügend hoch angebracht, können sich erschreckende steigende Pferde *Drehtüren Schiebetüren*

Aufhängevorrichtung

beim Durchführen den Kopf anschlagen. Türen sollten von außen *und* innen zu öffnen sein. Sonst kann es vorkommen, daß die Tür gerade zuschnappt, während man in einer Box ist. Nicht immer ist sofort Hilfe da. So erging es einem Fertigstallerbauer, der nur von außen zu öffnende Boxentüren baute. Eines Tages schloß er sich aus Versehen selber ein und mußte einige Stunden auf seine Befreiung warten. Was ihn jedoch nicht hinderte, seinen Kunden auch weiterhin solche Türen zu verkaufen. Auch mir. Ich änderte die Verschlüsse. Auf meine Kosten! Türverschlüsse müssen stabil und so gebaut sein, daß die Pferde sie nicht öffnen können; es gibt da ganz helle Köpfchen unter ihnen.
Türöffnungen müssen glatt und abgerundet sein, ohne scharfe Kanten, Vorsprünge und Ecken oder abstehende Leistchen, an denen sich die Pferde Hüftverletzungen zuziehen können. Vor allem bei Offenställen, wo sich die Pferde beim Herein- und Her-

auslaufen gerne drängen, haben sich senkrechte, etwa 1 m lange *Rollen* an den Außenkanten bewährt. In größeren Beständen ist es angezeigt, durch Anbringung von Krampen mit Ringen an der Stalldecke eine Möglichkeit zu schaffen, beinkranke Pferde *aufzuhängen;* das kann natürlich auch schon bei einem Pferd notwendig werden. Voraussehbar ist es nicht. Hat man eine solche Einrichtung nicht, macht man sich im plötzlichen Bedarfsfalle die bittersten Vorwürfe. Hat man sie, braucht man sie entweder gar nicht oder so selten, daß sie überflüssig erscheint.

Sonstiges

Welche Einrichtungsgegenstände sind noch empfehlenswert?

Thermometer	zum Messen der Stalltemperatur
Hygrometer	zum Messen der Stallfeuchtigkeit
Wasserzu- und -abfluß	zum Reinigen, Tränken, Kühlen
Wasserschläuche	zum Ausspritzen und (hoffentlich unnötigen) Feuerlöschen
Feuerlöscher	für alle Fälle, ab und zu auf Betriebsfähigkeit kontrollieren lassen
Frühwarn-Melder	zur Brandentdeckung
Rauchen verboten	gut lesbare Schilder
Eimer mit Sand	zum Ausdrücken von Zigaretten für Gedankenlose
Blitzableiter	sollte nirgends fehlen
Telefonnummer von Arzt, Tierarzt, Feuerwehr, Polizei	großes, gut lesbares Schild
Schwarzes Brett	für Notizen
Namentafel	zur Kennzeichnung der Pferde
Klapptische	oder saubere, leicht erreichbare Nischen zur Ablage
Schwalbenbrettchen	oder sonstige Nistmöglichkeiten für Schwalben

Zubehör

Stall, Pferde, Sättel und Zaumzeug müssen gesäubert und gepflegt werden. Zur Stallhygiene gehört nicht nur das Misten und Einstreuen sowie das Fegen der Stallgasse, sondern auch die regelmäßige Reinigung und Desinfektion der Böden, Wände, Türen, Fenster, Beleuchtungskörper, Futter- und Tränkestellen. Außerdem müssen die Pferde gefüttert und gearbeitet werden. Dazu braucht man Behälter, Geräte, Putz- und Pflegemittel sowie eine Ausrüstung für Pferd und Reiter. In der nachfolgenden Zusammenstellung sind nur die einzelnen Gegenstände aufgeführt, nicht aber die Menge, die davon benötigt wird, da dies in jedem Betrieb verschieden ist. Die unter »Pferdepflege« genannten Geräte können, müssen aber nicht in jedem Fall gebraucht werden; wer Robustpferde hält, braucht keine Frisierutensilien.

Zur Stallpflege	Mistgabel	Besen	Putzlappen
	Schaufel	Eimer	Fensterleder
	Mistkorb	Wasserschlauch	Reinigungs- und
	Mistkarre	Bürste	Desinfektionsmittel
Zur Pferdepflege	Heugabel	Wurzelbürste	Fesselschere
	Futtermaß	Reformstriegel	Haarschneideschere
	Futterschwinge	Gummistriegel	Mähnenkamm
	Stallhalfter	Kardätsche	Reißkamm
	Anbindestrick	Waschbürste mit	Bind- oder Pechfaden
	Tränkeeimer	Wasseranschluß	Kleine Gummiringe
	Putzeimer	Pferde-Shampoo	Weißer Tesafilm
	Hufreiniger	Grüne Seife	
	Hufbürste	Schwamm	für größere Betriebe:
	Hufpinsel	Schweißmesser	Schermaschine
	Huffett	Effilierschere	Pferdestaubsauger
	Hufspray	Stumpfe Schere	Futterwagen
Zur Sattel- und	Harte Bürste	Pinsel	League
Geschirrpflege	Weiche Bürste	Sattelseife oder	Metallputzmittel
	Schwamm	Schaumspray	Woll-Lappen
	Leinen-Lappen	Lederfett	Gurtweiß

Geht ein Eisen verloren und ist der Schmied nicht gleich zur Hand, wird das andere Eisen auch abgenommen; genauso verfährt man bei lockeren Eisen, die nicht mehr halten. Dazu benötigt man:

Beschlagblock	Beschlaghammer	Hufraspel
Nietklinge	Abnahmezange	

Ausrüstung von Pferd und Reiter

Siehe: Albert Brandl, Modernes Reiten: Schritt, Trab, Galopp. BLV, München. Darüber hinaus können notwendig werden:

Decke	Gamaschen	Transport-Kopfschutz
Deckengurt	Springglocken	Satteltaschen
Bandagen	Schweifschoner	

Stallapotheke

Jedes Lebewesen kann jederzeit an jedem Körperteil erkranken, oder es kann sich verletzen – auch Robustpferde. Daher sollte kein Pferdehalter ohne Stallapotheke mit Mitteln für die Erste Hilfe sein. Der Haustierarzt wird bei der Einrichtung bestimmt gerne helfen. Sie muß jedoch in Ordnung gehalten werden und darf kein Sammelsurium schmutziger Flaschen und Dosen sein. Auch ist es ratsam, Medikamente zur inneren und äußeren Anwendung deutlich zu kennzeichnen und getrennt aufzuheben. Nach Dr. Helmut Ende gehört folgendes in eine Stallapotheke:

Frei verkäuflich:

Mullbinden 6 cm breit (Vorsicht vor Abschnüren)
Trikot-Schlauchbinden 10, 12 cm breit (können fest angezogen werden)
Elastische Binden 8 cm breit
Idealbinden
Verbandklammern
Watte in Rollen, 15–20 cm breit
Eisenchlorid-Watte (für Flächenblutungen)
Nasenbremse
Gebogene Wundschere, rostfrei, verchromt
Hufmesser
Sacktuch 50 x 50 cm (für Hufverband) oder
Hufschuh aus Chromleder mit Ledersohle
Lorbeeröl (zur Massage des Kronsaums)
Kupfervitriol (für Hufsohle)
Hufspray
Holzteer (eitriger Strahlgrund ist vor dem Einpinseln freizulegen)
Thermometer mit Wäscheklammer und Schnur, Vaseline
Wundheilsalbe aus Zinkoxyd mit Lebertran
Augenwasser, borhaltig 2%ig
Hustenpulver aus Ammoniumchlorid und Pflanzenextrakten
Inhalieröl (Menthol, Eukalyptus- und Fichtennadel-Öl)
Desinfektionsmittel (VL-Incidin 02, Lysol, Creolin)
Trichter und Schlauch für Einläufe

Tesafilm
sterile Gazetupfer
Erste-Hilfe-Buch

Durch den Tierarzt zu beziehen:

Antibioticum- oder sulfonamidhaltiger Wundspray
Wundöl
Jod- oder Sepso-Tinktur
Wunddesinfektionsmittel (Rivanol, Entozon)
Burowsche Mischung mit Kampfer
Blutegelsalbe gegen Prellungen (Lasonil, Hirudoid)
Wärmeerzeugende Einreibung mit Jod und Kampfer
Silbernitratstift
Kühlsalbe
Tonerde (für Packungen)
Kyttaplasmasalbe (bei Druckschäden)
Durchfallpulver (Stulmisan)
Wurmmittel, Ektoparasitenmittel
Gesundheitsplan (in Klarsichtfolie)

Zur Fohlengeburt (staubdicht in besonderem Behälter):

Jodtinktur
Desinfektionsmittel (Rivanol)
Wundpuder
Abgekochter Faden
Schere, rostfrei
Elastische Binde (zum Schweifeinbinden der Stute)
Ausgekochte Geburtsstricke
Zwei 25 cm lange Rundhölzer

Nebenräume

In vielen Ställen werden Sättel und Zaumzeuge einfach in der Stallgasse aufgehängt. Dann sind sie zwar jederzeit griffbereit, da sie aber nicht täglich gepflegt werden, andererseits Staub, Ausdünstungen und Feuchtigkeit unvermeidbar sind, wird das Leder schimmelig und schließlich brüchig. Sie müssen trocken aufbewahrt werden. Daher gehören auch Futterkiste und Stallapotheke nicht in die Stallgasse, ebensowenig Putzmittel und Arbeitsgeräte. Sie müssen so aufbewahrt werden, daß weder Pferde noch

Unberufene daran können. Ist kein gesonderter Raum für die Stallapotheke vorhanden, kann sie auf einer freien Wand der Futterkammer untergebracht werden. Medikamente sind Gifte, mit denen man vorsichtig umgehen muß. Aber auch herumliegende Mistgabeln haben schon Unheil angerichtet.
Wieviel Räume man für alles benötigt, hängt von der Größe und Art des Betriebes ab. Sättel, Zaumzeuge, Putzmittel und Arbeitsgeräte sind möglichst nicht im gleichen Raum unterzubringen wie Futter und Stallapotheke. Überall ist helles Licht und gute Belüftung erforderlich, ebenso Heizung im Winter. Oder pflegen Sie gerne Sättel in dämmerigem Mief bei $-2°$ C?

Falls das Futter nicht über dem Stall aufbewahrt und durch Schächte in die Futterkiste geschüttet wird, beherbergt die ebenerdige *Futterkammer* etwa einen Monatsvorrat all des Futters, das jeweils außer Heu und Stroh verabreicht wird: Hafer, Mischfutter, Weizenkleie, Leinsamen, Vitamin-, Mineraliengemische, Mohrrüben. Die *Futterkiste* enthält das Kraftfutter für mehrere Tage und ist in so viele Gefächer unterteilt, wie Futtersorten gefüttert werden. Sie muß stabil und dicht sein, z. B. aus Holz mit aufklappbarem Deckel, überzogen von feinem Maschendraht oder besser Aluminiumblech, damit weder Mäuse noch Ratten sie durchnagen können. Für Vitamin- und Mineraliengemische sind Plastikeimer gut geeignet. Sind viele Pferde zu versorgen, macht sich ein fahrbarer *Futterwagen* bezahlt, der praktisch eine Futterkiste auf Rädern ist. Dazu gehören Futtermaß und Futterschwinge.

Futterkammer

In die *Sattelkammer* gehören genügend Aufhängegestelle für Peitschen, Sättel, Halfter, Longier- und Zaumzeuge, die so hoch anzubringen sind, daß nichts auf der Erde schleift, ferner ein Schrank für Decken, Bandagen, Gamaschen, Satteltaschen, Ohrenschutz gegen Fliegen, Flickzeug und ähnliches; Wolldecken für den Winter steckt man in Plastikhüllen mit Mottenschutz. Falls vorhanden, findet hier auch die *Turnierkiste* Platz. Sie enthält Sattelzeug, Reisebekleidung des Pferdes, Putz- und Pflegemittel, auch für die Reitstiefel, Ersatzeisen sowie eine kleine Apotheke.

Sattelkammer

Putz-, Geräteraum Wasch-, Beschlagraum

Der *Putzraum* sollte fließendes Wasser möglichst mit Warmwasserboiler und einen Ausguß haben, einen Tisch zum Abstellen und Hantieren, einen tragbaren Sattelbock zum Sättelreinigen, genügend Schrankraum für Putzzeug und Pflegemittel.

Im *Geräteraum* befinden sich die Geräte zur Stallpflege sowie etwas Handwerkszeug für kleine Reparaturen, gegebenenfalls auch Geräte zur Auslauf-, Weide- und Reitbahnpflege. Je nach Anzahl und Größe, besonders wenn auch Hindernisse untergebracht werden müssen, kann ein gesonderter Geräteschuppen notwendig werden.

Angenehm und arbeitserleichternd ist ein *Putz-* und *Waschraum* für die Pferde, der sich auch bei tierärztlicher Behandlung als vorteilhaft erweist. Weiterhin kann er als *Beschlagraum* für den Schmied benutzt werden. Stallgasse, Hof oder Auslauf sind sowohl für die Pferde als auch für den Schmied als Beschlagstätte ungeeignet. Dieser Raum hat zweckmäßig einen Ausgang ins Freie, damit das Schmiedefeuer jederzeit bequem erreicht werden kann, denn in den seltensten Fällen wird er eine Feuerstelle mit Rauchfang und eingebautem Ventilator haben. Die motorisierten Schmiede bringen ihre Esse mit, benötigen dazu jedoch einen Elektroanschluß.

Lagerraum für Rauhfutter

Auch bei Sägemehl-Einstreu kommt man um den Strohkauf nicht ganz herum, da der Rauhfutterbedarf der Pferde zum Teil in Stroh gedeckt werden muß. Je mehr es auf den Winter und das Frühjahr zugeht, um so teurer werden Heu und Stroh. Wer klug rechnet, wird sich daher einen *Jahresvorrat* zulegen. Kauft man den Jahresbedarf auf einmal im Sommer und vereinbart mit dem Lieferanten, daß man ihn nicht auf einmal abnehmen muß, sondern in gewissen Zeitabständen abrufen kann, so ist das platzmäßig am günstigsten. Daß Heu *nicht im Stall* selbst gelagert werden darf, sollte für jedermann selbstverständlich sein.

Die *deckenlastige* Lagerung – auf der Stalldecke – hat einen geringeren Grundstücksbedarf als die *erdlastige* – ebenerdig mit dem Stall. Das scheint aber auch ihr einziger Vorteil zu sein, obwohl eingefleischte Praktiker manchmal anderer Meinung sind.

Schauen wir uns die deckenlastige Lagerung etwas näher an.

Teure, tragfähige Stalldecke notwendig

Absolut dichte Decke:	gut für das Heu, schlecht für die Pferde
Luftdurchlässige Decke:	gut für die Pferde, schlecht für das Heu
Lösung (teuer):	»zwei Deckenschichten: eine untere luft- und dampfdurchlässige, sowie eine obere dichte. In dem Zwischenraum muß die Luft freien Zutritt haben«. (Schnitzer)
Abwurfluken: (ganz schlecht)	viel Staubentwicklung beim Abwerfen Stalldunst dringt in das Heu, macht es schimmelig und feucht
Abwurfschächte:	müssen zur Staubvermeidung allseitig geschlossen sein und einen breiten Querschnitt haben, damit nichts hängen bleibt
Arbeitsaufwendig:	was heruntergeworfen wird, muß erst heraufgeschafft werden meist zwei Mann nötig, einer, der herunterwirft, und einer, der unten in Empfang nimmt

Jede der beiden Lagerungsarten ist technisch einwandfrei zu lösen; es muß von Fall zu Fall entschieden werden, welche Lösung die günstigste ist. Eine Grundforderung gilt für beide Fälle: Der Lagerraum muß *gut belüftbar* sein, um Pilzsporen- und Schimmelbildung zu verhindern, aber auch Selbstentzündungen des Heus und damit Feuergefahr. Ohne Ventilator wird das in vielen Fällen nicht möglich sein.

Der Misthaufen

Wohin mit dem Mist? Nicht jeder, der Pferde hält, besitzt gleich nebenan einen Garten, wo er ihn verwerten kann. Er wird daher für einen regelmäßigen Abnehmer sorgen müssen, was heutzutage oft schwierig ist. Mit ihm bespricht er gleich, wie der Mist gewünscht wird. Je besser die Qualität, desto höher der Erlös.

Denn nicht jeder Mist ist guter Mist, und der Weg vom Roßapfel zum Edelmist wird von Schweißtropfen benetzt.

Mist will gepflegt sein. Das beginnt mit der Art und Menge der Einstreu und geht mit der Lagerung und Stapelung weiter. Er muß festgetreten werden, denn gut gepackt ist halb verrottet. Dazu ist etwas Feuchtigkeit nötig. Von Hause aus trocken, verpilzt Pferdedung sehr leicht und verbrennt; das macht ihn ziemlich wertlos. Eine undurchlässige Dunggrube (gewachsener Boden als Unterlage ist nach dem Umweltschutzgesetz nicht mehr zulässig) in schattiger Lage trägt dazu bei, ihn vor Austrocknung zu schützen. Sogar zusätzliche Befeuchtung kann von Zeit zu Zeit notwendig werden.

Am besten ist die Kompostierung, d. h. die aerobe Verrottung durch Zusätze von Lehm, Kompoststarter, Basaltmehl, Algomin oder Algenphosphat. Sie verbessern die Qualität, binden den Geruch und wirken fliegenabweisend. Setzt man noch Hornmehl oder Hornspäne zu, läßt sich in verhältnismäßig kurzer Zeit sogar Sägemehlmist in wertvollen Kompost umwandeln. (Siehe Alwin Seifert: »Ackern, Gärtnern ohne Gift«. Auskünfte erteilt Herr E. O. Cohrs, Postfach 1165, 2130 Rotenburg [Wümme].)

Zwei Grundforderungen sind immer zu beachten:

1. Der Misthaufen muß arbeitstechnisch angenehm angelegt sein, also nicht ebenerdig mit dem Stall, so daß jede Gabel Mist nach oben gewuchtet werden muß, sondern in einer Grube, die genügend tief ist, daß die Karre nach unten abgekippt werden kann, und die außerdem an der einen Schmalseite eine Schräge hat, so daß der Mist leicht aufzuladen und wegzufahren ist.
2. Der Misthaufen muß vom Stall aus leicht zu erreichen sein, aber nicht so leicht, daß er direkt an den Fenstern liegt; denn die Abluft des Misthaufens ist nicht als Frischluft für die Pferde geeignet. Auch vor dem Küchenfenster erspart er lediglich den Weg zur Mülltonne.

Die Größe der Grube wird von der Menge des anfallenden Mistes bestimmt sowie von den Zeitabständen, in denen sie entleert werden kann.

Unter keinen Umständen darf der Misthaufen mit Insektenmitteln abgespritzt werden. Dadurch gehen nicht nur zahlreiche Singvögel, die dort picken, jämmerlich zugrunde, sondern die oft noch nach Jahren nicht abgebauten Gifte kommen mit dem Mist auf Beete und Äcker und wandern über Gemüse, Pflanzen und Tierfleisch in den menschlichen Organismus, wo sie sich in Leber und Fettgewebe speichern. Viel besser ist es, Vogelnistplätze zu schaffen und Vogelschutzhecken anzulegen. Darüber berät der Naturschutzbeauftragte des Landkreises.

Der Auslauf

Zwischen den Ansprüchen an ein gesundes Stallklima und der Praxis vieler Reitställe klafft leider oft ein himmelweiter Unterschied. Aber selbst das beste Stallklima und die ausgeklügeltste Beleuchtung vermögen den Aufenthalt an frischer Luft bei Tageslicht niemals zu ersetzen. Der Einwand, daß man Hühner in Legebatterien mit künstlichem Licht und ohne Bewegung halten kann und daß sie sogar Eier legen, ist kein Gegenbeweis. Denn erstens leben sie nur kurz und wandern dann in den Suppentopf, und zweitens weiß man inzwischen längst, daß diese Haltung eine ausgesprochene Tierquälerei ist.
Das Pferd ist von Natur aus ein schnelles Lauftier, ein Galopptier. Daher ist *ausreichende Bewegung* für das Pferd eine *Lebensnotwendigkeit* und von entscheidender Bedeutung für die Entwicklung der Fohlen und Jungpferde. Bürger stellte fest, daß viele unserer heutigen Reitpferde atrophische Zwangshufe haben, weil sie sich nur eine Stunde am Tag bewegen dürfen, genau genommen nur 6 Stunden in der Woche, weil der 7. Tag meist Stehtag ist. Von 168 Stunden – soviel hat eine Woche – müssen sie 162 Stunden stehen! Und oft noch angebunden. Nicht alle, aber die Mehrzahl der Privatpferde in Reitställen. Diese Zahlen gelten für die schöne Jahreszeit. Im Winter, aber auch in regenreichen Herbst- und Frühjahrsmonaten, sieht es bei Pferdehaltungen ohne gedeckte Reitbahn meist noch schlimmer aus: dann kommt die Reiterei oft ganz zum Erliegen, und die Pferde stehen, stehen,

stehen. Schon Wrangel schrieb 1895, daß Pferde täglich zwei Stunden Arbeit brauchen, um gesund zu bleiben: »Mit weniger ist aber absolut nicht auszukommen!«

Was ist da zu tun? Wer selbst keinerlei Möglichkeit hat, seine Pferde täglich ausreichend zu arbeiten oder durch jemand anders arbeiten zu lassen, der muß entweder für einen Auslauf direkt am Stall – möglichst mit anschließender Weide – sorgen oder die Pferdehaltung lassen.

Franke fordert, daß *jedes* Pferd grundsätzlich wenigstens einmal am Tag ½ Stunde draußen herumlaufen darf. *Wenigstens* und *ohne* daß ein *Reiter* daraufsitzt. Das gilt auch für Reitstallpferde, denen man den Stehtag auf diese Weise etwas erleichtern könnte; selbst den Verleihpferden, die in der Regel genug Bewegung haben, würde eine solche Freiheit unendlich gut tun. Es hat wenig mit der vielgepriesenen Liebe zu den edlen Pferden zu tun, wenn man sie nur mit den Augen der Nutzviehhaltung betrachtet; zum Melken sind Kühe viel geeigneter. Nach einer Umfrage des HdP haben nur 37 von 504 Reitervereinen Auslauf- oder Koppelflächen zur Verfügung, das sind 7,34%. Vielleicht denkt man bei Neuanlagen auch einmal an diesen wichtigen Punkt.

Ausläufe müssen ausreichend *lang* für einen kurzen Galopp sein und für Ponys eine Mindestgröße von 300 qm, für Großpferde von 500 qm haben. Schnitzer hält rund 1000 qm für ausreichend. Ferner müssen sie *trocken* sein, also ohne stauende Nässe, Schlamm oder gar Morast. Ohne Drainage und eine ca. 20 cm dicke Packlage (Schotter, dann Kies) wird das vielfach nicht möglich sein. Keinesfalls Schlacke und Splitt verwenden; wegen ihrer Scharfkantigkeit sind sie schlecht für die Hufe, wenn Steinchen davon nach oben kommen. Die beste Bodenbedeckung auf der Packlage ist eine 30–40 cm dicke Sandschicht der Körnung 3 bis 5 mm; Grasnarben werden zerbissen, zertrampelt und zerwühlt. Die Einzäunung ist ähnlich wie bei Weiden anzulegen (siehe Kapitel »Weiden«), nur höher, nämlich 1,60 m für Großpferde. Darüber hinaus muß sie besonders widerstandsfähig sein. Denn im Auslauf können die Pferde schon einmal mehr herumtollen als auf der Weide, wo sie durch Grasfressen abgelenkt werden.

Reitbahnen

Für jeden, der Pferde hält, stellt sich die Frage, wo er sie arbeitet. So reizvoll das sorglose Streifen »durch die Wälder, durch die Auen« auch ist, zur Ausbildung und Gymnastizierung der Pferde, erst recht aber zum Trainieren für Turniere kommt man ohne Reitbahn nicht aus. Auch der Zuchthengst muß regelmäßig geritten, zumindest longiert werden.

Die wenigsten privaten Reiter werden sich das Ideal einer *gedeckten Reitbahn* von 20 x 40 m, die sie unabhängig von der Witterung macht, leisten können. In manchen Fällen lassen sich auch mit geringen Mitteln durchaus brauchbare Lösungen finden: Zum Herrichten einer unbenutzten Scheune oder eines alten Lagerhauses muß nicht immer viel Geld gehören. Selbst eine Feldscheune mit vier offenen Seiten ist besser als gar kein Dach über dem Kopf. Und vielleicht kann man im Laufe der Jahre die Seiten unten mit Holz und oben mit lichtdurchlässigem Scobalit allmählich verkleiden. So haben wir es gemacht.

Gedeckte Bahn

Wichtig ist, daß solche Reitmöglichkeiten nicht allzu weit vom Stall entfernt liegen, sonst wird der Weg dorthin bei Schnee und Eis leicht gescheut. Ferner ist wichtig, daß sie eben sind und einen wasserdurchlässigen, elastischen, tritt- und rutschfesten Boden haben, der bei Trockenheit nicht staubt und bei Kälte nicht einfriert. Gegen Staub- und Eisbildung hilft *Magnesiumchlorid (nicht Kalziumchlorid!)*, etwa 150–300 g/qm. Eine lichte Höhe von 4,00 m ist erforderlich, wenn auch darin gesprungen werden soll. Bei freistehenden geschlossenen Hallen ist an die Möglichkeit der Belüftung zu denken, vor allem bei niedrigen Hallen, sonst werden sie im Sommer zum Schwitzkasten. Elektrisches Licht und ein Reitbahnspiegel lassen sich mit der Zeit vielleicht auch einbauen.

Schnitzer machte schon vor einigen Jahren den interessanten Vorschlag eines überdeckten *Longierhauses*, in dem man auch reiten kann. Es handelt sich um einen Rundbau von etwa 14 m Innendurchmesser, der also einen Zirkel umschließt und den Vorteil hat, daß er sich auch als Serienprodukt in Fertigbauweise eignet.

Longierhaus

Offene Bahn

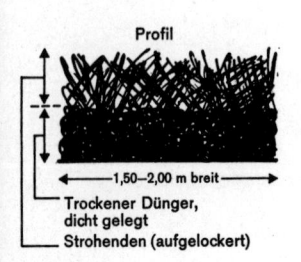

Profil

← 1,50–2,00 m breit →
Trockener Dünger, dicht gelegt
Strohenden (aufgelockert)

Düngerbahn – Querschnitt

Eine *offene* Bahn sollte sich jeder Reiter anlegen, und wenn es nur ein ganz einfacher, mit Sand oder Sägemehl gut bestreuter Zirkel auf einer Wiese ist. Um sie auch im Winter benutzen zu können, ohne daß der gefrorene Boden den Pferdebeinen schadet, kann man sich mit einer *Düngerbahn* helfen. Ein abgesteckter Hufschlag von etwa 2 m Breite wird so dick und dicht mit (trockenem, im Sommer verbranntem) Pferdemist und Stroh belegt, daß die Pferdebeine nicht bis auf den gefrorenen Boden durchtreten können. Dann hat die Düngerbahn eine solche Elastizität, daß man darauf auch galoppieren kann. Wichtig ist, daß kein frischer Mist verwendet wird, weil die Bahn sonst schmierig, rutschig und dadurch gefährlich wird.

Die Reitsport-Abteilung in Stapelfeld hat sehr gute Erfahrungen, und zwar im Sommer wie im Winter, mit einer 30–50 cm hohen Aufschüttung aus *Gummimehl* gemacht, wie es bei größeren Reifenbetrieben in großen Mengen als Abfallprodukt anfällt. Für einen Reitplatz von 20 x 40 m benötigte man dort 600–800 Sack Gummimehl; gelegentliches Nachstreuen ist notwendig.

Maße und Platzbedarf

Der besseren Übersicht halber werden die empfehlenswerten Maße für Ställe und Reitanlagen nicht in den jeweiligen Kapiteln gebracht, sondern nachstehend in einer Gesamtzusammenstellung mit jeweils lichten Maßen aufgeführt. Es handelt sich jedoch nur um Richtwerte.

Stallhöhe:	Ponys 2,25–2,50 m		Großpferde 3,50–4,00 m
Boxengröße:	Gruppe I 2,00 x 2,20 m	Gruppe II 3,00 x 3,50 m	Gruppe III, IV 3,00 x 4,00 bis 4,00 x 4,00 m
	für Zuchthengste und -stuten Abfohlboxen		4,00 x 4,00 m 18–24 qm
Boxenwandhöhe:	Gruppe I 1,80 m	Gruppe II 2,00 m	Gruppe III, IV 2,20 m

Gitterstäbe:	Gruppe I–IV		
Höhe:	0,90 cm		
Zwischenräume:	max. 5 cm		
Türhöhe:	Gruppe I, II 1,50–1,90 m	Gruppe III, IV 2,20–2,50 m	
Türbreite:	Gruppe I–IV 1,20–1,50 m		
Breite der Stallgasse:	2,50–3,50 m		
Krippenlänge:	0,60–0,80 m	Krippentiefe:	0,25–0,30 m
Krippenrandhöhe:	0,50–0,80 m	Krippenbreite:	0,30–0,35 m
siehe S. 52			
Tränkenhöhe:	0,50–0,80 m		
Höhe des Heunetzes:	Mitte des Netzes in Höhe des Pferdemaules bei normaler Kopfhaltung		
Fensterfläche:	mindestens 1/15 der Stallgrundfläche		
Laufstallbedarf:	Absetzer 4 qm 2jährige 8 qm	Jährlinge 6 qm 3jährige und Ältere 10 qm	

Benötigter Raum für		Benötigter Raum für	
Sattelhöhe:	0,50 m	Beschlagraumlänge:	5,40 m
Sattelbreite:	0,55–0,60 m		
Kandaren-, Trensenbreite:	0,20 m	Beschlagraumbreite:	3,00 m
Kandaren-, Trensenlänge:	0,60–0,70 m	Beurteilungsplatte:	1,50 x 2,50 m
Longier-Voltigiergurte, Breite:	0,40 m		

Einstreubedarf pro Jahr bei 365 Tagen Stallhaltung und tägl. Einstreu von 3–4 kg:		11–15 dz Stroh je Pferd
Mistanfall bei 365 Tagen Stallhaltung:	bei mittlerer Einstreu bei starker Einstreu	90 dz Mist je Pferd 110 dz Mist je Pferd
Heubedarf bei täglicher Menge von 5 kg:		18,25 dz je Pferd

Haferbedarf bei täglicher Menge von 5 kg:		18,25 dz je Pferd
	1 cbm wiegt	1 dz hat
Hafer	4,00–5,00 dz	0,20–0,25 cbm
Wiesenheu	0,50–0,86 dz	1,25–2,00 cbm
Stroh	0,40–0,69 dz	1,67–2,50 cbm
täglicher Strohbedarf je Pferd, durchschnittlich:	0,120 cbm	
täglicher Heubedarf je Pferd, durchschnittlich:	0,055 cbm	
Auslaufgröße:	Ponys 300–500 qm	Großpferde 500–1000 qm
Zaunhöhe:	Ponys 1,30 m	Großpferde 1,60 m
Bodenabstand:	Ponys 0,60 m	Großpferde 0,60 m
Weidebedarf:	je Pony 0,5–1 ha	je Großpferd 1–1,5 ha
Weidezaunhöhe:	Ponys 1,10 m	Großpferde 1,30 m
Bodenabstand:	Ponys 0,60 m	Großpferde 0,60 m

Reitbahngrößen (nach Schnitzer)

Bahnformat		Anwendung
○	⌀ 14 m	Longier- und Voltigierraum. Kleinste Vereine anstatt Halle, Privatställe, in großen Betrieben zur Entlastung der Hauptbahn.
▭	12,5 x 25 m	Kleinste Arbeitsbahn. Nur für Privatställe. Für Vereine Notlösung. Als Zweitbahn größerer Betriebe geeignet.
▭	15 x 30 m	Privatställe und kleinere Vereinsställe, Zweitbahn größerer Betriebe.
▭	20 x 40 / 45 m	Normalmaß für jede Betriebsart. Dressurprüfungen Kat. A möglich.

Zucht und Aufzucht

Der Züchter

Wer keine Sorgen hat, der fängt zu bauen an oder ... zu züchten. Gemeint ist hier nicht der Landwirt, der alle damit verknüpften Probleme von Kindesbeinen an kennt, weil die Pferdezucht seit Generationen zum elterlichen Hof gehört, sondern der Laien-Hobbyzüchter.

Oft beginnt es ganz harmlos: er hat eine treue Stute, nicht mehr die jüngste, aber er hängt an ihr. Wie schön, wenn sie ein Fohlen bekäme! Ein Ebenbild der Mutter. Vielleicht ein bißchen eleganter, etwas weniger kuhhessig. Also zum nächsten Hengst. 50 km weiter steht zwar ein besserer; aber dann kostet der Transport noch mehr. Es kommt so schon alles teuer genug: Deck-, Stall- und Pensionsgeld.

Nehmen wir an, es geht alles gut, und nach 11 Monaten bringt die Stute ohne Hilfe ein gesundes Fohlen zur Welt. Die ganze Familie ist in das herzige Wesen verliebt. Zufüttern? Es trinkt doch Milch und geht mit der Mutter auf die Weide – was man so Weide nennt. Ein Spielkamerad? Aber die Kinder spielen doch mit ihm. Sechs Monate vergehen wie im Flug. »Es müßte abgesetzt werden«, meint ein Nachbar. Daran hatte man nicht gedacht. Wohin auch! Es ist kein Platz da. Das Fohlen zu einem Aufzüchter geben? Nein, von dem süßen Ding kann man sich nicht trennen; also läuft es weiter mit der Mutter mit. Daß Fohlen mit ihresgleichen aufwachsen müssen, weiß man nicht oder will es nicht einsehen.

Bald ist aus dem Kleinen ein ungestümer, strammer Jährling geworden, der seiner Mutter gegenüber bereits den Mann herauskehrt. »Kastrieren!« rät der Nachbar. Aber wieso? Ist er nicht ein Prachtexemplar? Dann kann er zunächst seine Mutter decken (was er auch tut), man hat nicht nur Transport- und Deckgeld gespart, sondern besitzt nun auch einen Deckhengst, der noch Geld einbringt. So glaubt man. Daß man damit gegen das Tierzuchtgesetz verstößt, mit einer hohen Geldstrafe und der Kastration des Hengstes rechnen muß, wird nicht bedacht. Auch nicht, daß das Fohlen kein Papier erhalten wird, was seinen Wert beträchtlich herabsetzt.

Die Zeit läuft weiter. Noch hat man Spaß an dem jungen Hengst, mit dem die Kinder herumtollen und den sie necken. Aber bald wird man mit dem unsachgemäß, ohne jede Erziehung aufwachsenden Tier, das nach jedermann schnappt und schlägt, nicht mehr fertig. Rasch wird es verscheuert und erhält nun die Prügel, die sein »Züchter« verdient. Denn so nennt er sich voller Stolz, nachdem ihm die Stute wieder ein Fohlen (von ihrem Sohn) geschenkt hat. Ist er das wirklich, oder hat er nur sehr leichtsinnig vermehrt? Dieser Fall ist nicht erfunden. Auf S. 18 wurden die Voraussetzungen für einen Züchter, der Erfolg haben will, skizziert. Darüber hinaus muß er geschickt, gewissenhaft, umsichtig und entschlossen sein, sehr viel Geduld besitzen und Enttäuschungen hinnehmen können. Wer das nicht mitbringt, soll den Gedanken an ein Gestüt, insbesondere mit Hengsthaltung, aufgeben.

Auswahl von Zuchttieren

Da Zuchtpferde strenger als Gebrauchspferde beurteilt werden, muß ihre Auswahl besonders sorgfältig erfolgen.
Anforderungen an *Hengst* und *Stute:*
 ▷ Gute Abstammung; Papiere und Eintragung bei einem Zuchtverband. Hengst: gekört, Deckerlaubnis A, anerkannt.
 ▷ In Exterieur und Gängen höchstmögliche Annäherung an das Zuchtziel mit ausgeprägtem Rassetyp
 ▷ Gute Konstitution (widerstandsfähig, leichtfuttrig, leistungsfähig und -bereit, fruchtbar, langlebig)
 ▷ Gesund, in guter Kondition (werder zu fett noch zu mager)

▷ Zuchtreife: mindestens drei, besser vier Jahre alt (zu früh benutzt = zu früh verbraucht)
▷ Einwandfrei in Charakter und Temperament
▷ Ausgeprägter Geschlechtstyp

Hengst:
Männlich, kraftvoll, energisch, mit viel Hengstausdruck und -manieren

Stute:
weiblich, anmutig, mütterlich in Ausdruck, Wesen und Gestalt

Diese Anforderungen klingen einfach und selbstverständlich. Doch vom theoretischen Wissen bis zur sicheren Urteilsfähigkeit in der Praxis ist ein weiter Weg, der Jahre dauert. Wer nicht so lange warten möchte, tut gut daran, sich vor dem Kauf von Zuchttieren von dem zuständigen Zuchtverband beraten zu lassen. Auf keinen Fall jedoch hier und da Pferde zusammenkaufen in der Hoffnung, es werde etwas ganz Besonderes dabei herauskommen, was noch nie dagewesen ist. Und noch einige Empfehlungen:

▷ Setzen Sie sich ein klares Zuchtziel
▷ Wählen Sie ein Ausgangsmaterial, das diesem Ziel nahekommt
▷ Kaufen Sie Qualität, nicht Quantität
▷ Planen Sie im Hinblick auf Ihr Ziel ein folgerichtiges Zuchtprogramm
▷ Halten Sie daran fest, wenn die Ergebnisse Ihren Vorstellungen entsprechen
▷ Experimentieren Sie nicht herum und machen Sie nicht jede Modetorheit mit
▷ Inzucht kann sehr wertvoll, aber auch gefährlich sein (in der Hand des Laien ist sie wie ein Rasiermesser in der Hand des Affen)
▷ Seien Sie nicht nur mit dem Verstand, sondern auch mit dem Herzen bei allem, was Sie tun
▷ Beurteilen Sie die Nachzucht kritisch und hören Sie auf den Rat eines erfahrenen Fachmannes, falls Sie selbst keiner sind; leicht hält man das eigene Huhn für eine Nachtigall.

Zuchtbegriffe

Bevor wir uns mit dem eigentlichen Zuchtgeschehen befassen, wollen wir erst einige Zuchtbegriffe erläutern. Sie werden dann im laufenden Text als bekannt vorausgesetzt.

Abfohlen	Fohlengeburt
Abfohlmeldung (Fohlenmeldung)	Meist mit dem Deckschein kombinierter Vordruck, der vom Stutenbesitzer auszufüllen, zu unterschreiben und innerhalb von 28 Tagen nach der Geburt des Fohlens (auch bei Totgeburt) dem Zuchtverband einzusenden ist
Abort, Abortus (Fehlgeburt, verfohlen, verwerfen)	Vorzeitige Beendigung der Trächtigkeit (innerhalb von 300 Tagen nach der Bedeckung) mit Austreibung der nicht lebensfähigen Frucht
Abprobieren	siehe Probieren
Abschlagen	Beim Probieren Ohren anlegen, Beißen und Ausschlagen der Stute nach dem Hengst
Absetzen	Trennung des Saugfohlens von der Mutter und damit Entwöhnung von der Stutenmilch
Abstammungsnachweis (Pedigree)	Wichtigstes Dokument. Muß Namen, Geburtstag, Geschlecht, Farbe und Abzeichen des Pferdes enthalten, Namen und Nummer der Vorfahren (mindestens 3 Generationen), den Züchter mit Anschrift, evtl. Besitzwechsel, den ausstellenden Verband mit Datum, Stempel und Unterschrift (siehe Fohlenschein)
Amnion (Eihaut, Fruchthülle)	Hülle (Blase), in der sich der Foetus entwickelt und geboren wird
Antikörper	Schutzstoffe gegen Infektionen
Aufnehmen	Befruchtet werden
Aufzüchter	Derjenige, der ein Pferd vor dem vollendeten dritten Lebensjahr zuerst ein Jahr ununterbrochen in seinem Besitz hat
Bedecken	Paarung von Hengst und Stute, bespringen

Biestmilch	siehe Kolostralmilch
Blitzen	Zuckendes Öffnen und Schließen der Schamlippen
Blubbern	Windsaugen durch mangelhaften Schamschluß der Stute, dadurch Infektionsgefahr
Brennordnung	Richtlinien der Zuchtverbände für das Brennen der Fohlen
Darmpech (Fohlenpech)	Dunkelbrauner, zäher Darminhalt neugeborener Fohlen, der durch Trinken der Kolostralmilch abgeht
Deckakt	siehe Bedecken
Deckblock	geheftete Sammlung von Deckscheinen, die dem Eigentümer eines gekörten Hengstes mit Deckerlaubnis A vom Köramt oder Zuchtverband ausgehändigt wird. Darin sind sämtliche Sprünge des Hengstes einzutragen; der Stutenbesitzer erhält daraus den Deckschein für seine Stute
Decken	siehe Bedecken
Deckerlaubnis	Genehmigung des Köramtes, einen gekörten Hengst zur Zucht zu verwenden; bei Deckerlaubnis A auch zum Decken fremder Stuten, bei Deckerlaubnis B nur für die eigenen Stuten des Halters. (Soll in Zukunft fortfallen)
Deckgeld	Entgelt für das Decken einer Stute
Deckhengst	gekörter Hengst mit Deckerlaubnis
Deckliste (Deckregister)	Zusammenstellung aller während einer Decksaison von einem Hengst gedeckten Stuten mit Eintragung sämtlicher Sprünge (Deckdaten), die jährlich dem zuständigen Zuchtverband einzusenden ist
Deckschein (Deckbescheinigung)	Ein Blatt aus dem Deckblock mit Eintragung von Hengst und Stute sowie sämtlichen Deckdaten während einer Saison
Deckstand	Raum zur Paarung von Hengsten und Stuten
Deckwand	siehe Probierwand

Eiblase	siehe Follikel
Eigenleistungsprüfung (Hengstleistungsprüfung)	Im Tierzuchtgesetz festgelegte Leistungsprüfung für gekörte Hengste
Eihaut	siehe Amnion
Eisprung	siehe Follikelsprung
Erstmilch	siehe Kolostralmilch
Fehlgeburt	siehe Abort
Fohlen	Junges Pferd bis Ende des ersten Lebensjahres
Fohlenhaar	wolliges, sog. Milchhaar, mit dem das Fohlen zur Welt kommt
Fohlenmeldung	siehe Abfohlschein
Fohlenpech	siehe Darmpech
Fohlenrosse	Erste Rosse nach der Fohlengeburt. Beginn gewöhnlich am 9. Tag, kann jedoch von 3–16 Tagen variieren
Fohlenschein (Abstammungspapier)	Abstammungsnachweis, der vom Zuchtverband nach Eingang der Abfohlmeldung und Besichtigung des Fohlens ausgestellt und seinem Eigentümer zugestellt wird. Gilt als Urkunde im strafrechtlichen Sinn und ist für ein Pferd dasselbe wie der Kfz-Brief für ein Auto
Fohlenstute	Stute mit Fohlen bei Fuß, das sie säugt
Follikel (Eiblase)	Kugelige Bläschen im Eierstock, welche die Eizellen enthalten
Follikelkontrolle	Tierärztliche rektale Untersuchung der Stute, um den Zustand des Follikels festzustellen
Follikelsprung (Eisprung, Ovulation)	Platzen eines Follikels, um ein befruchtungsfähiges Ei freizugeben, das nun in den Eileiter gelangt
Foetus	Die Frucht
Fruchthülle	siehe Amnion
Fruchtresorption	Absterben der Frucht im Laufe des zweiten Trächtigkeitsmonats und Resorption durch die Gebärmutterschleimhaut. Tritt bei ca. 17%

	der während der Fohlenrosse befruchteten Stuten auf
Frühgeburt	Geburt eines (meist lebensschwachen) Fohlens nach dem 300. und vor dem 320. Trächtigkeitstag
Geschlechtsreife	Tritt mit 12–18 Monaten ein
Gravide Stute	Tragende/trächtige Stute
Güste Stute	Wurde in der letzten Decksaison nicht tragend
Harzen, Harztropfen	Bildung von Milchtröpfchen an den Zitzen, die trocknen und wie Harz aussehen
Hengstleistungsprüfung	siehe Eigenleistungsprüfung
Ikterus, haemolytischer	Gelbsucht neugeborener Fohlen, die durch Blutunverträglichkeit verursacht und durch die Aufnahme der Kolostralmilch hervorgerufen wird. Ohne sofortige tierärztliche Hilfe Tod in wenigen Tagen
Kolostralmilch (Biestmilch, Erstmilch)	Die 12–14 h nach der Fohlengeburt produzierte Stutenmilch. Sie ist im Gegensatz zur normalen Milch gelblich, reich an Vitamin A und Antikörpern und hat eine leicht abführende Wirkung
Köramt	Staatliche Stelle der Bundesländer zur Auswahl und Einstufung männlicher Zuchttiere
Körbuch	Amtliche Bescheinigung des Köramtes mit Körschein und Deckerlaubnisschein, die dem Hengsthalter ausgestellt wird
Körkommission	Ausführendes Organ des Köramtes
Körordnung	Im Tierzuchtgesetz festgelegte Bestimmungen zur Auswahl und Einstufung männlicher Zuchttiere
Körung	Staatliche Auswahl und Einstufung männlicher Zuchttiere in Zuchtwertklassen
Körzwang	In der Bundesrepublik dürfen nur staatlich gekörte Hengste (Bullen, Eber, Schaf- und Ziegenböcke) mit Deckerlaubnis zur Zucht benutzt werden

Laktationsgipfel	Höhepunkt der Milchleistung
Laktierende Stute	Säugende Stute
Maidenstute	Noch nicht gedeckte Stute
MIP-Test (Mare Immunological Pregnancy)	Immunologisches Verfahren zur Feststellung der Trächtigkeit ab 40 Tagen nach der letzten Bedeckung, Ergebnis nach zwei Stunden
Ovulation	siehe Follikelsprung
Palpation	Untersuchung durch Abtasten
Plazenta	Mutterkuchen, Nachgeburt
Probesprung	Probeweises Decken eines noch nicht gekörten Hengstes nach Sondererlaubnis zur Feststellung der Deckfähigkeit
Probieren (abprobieren)	Feststellung der Deckbereitschaft einer Stute durch einen Hengst
Probierhengst	Hengst zum Probieren von Stuten, ohne sie zu decken. Meist in großen Gestüten zur Schonung wertvoller und vielbeanspruchter Hengste benutzt
Probierstand	Besteht im einfachsten Fall aus einer Bretterwand zwischen Hengst und Stute zum Schutz des Hengstes vor den Hufen nicht deckbereiter Stuten
Rosse (Rossigkeit, rossen)	Brunsterscheinungen der Stute, die ihre Bereitschaft zum Deckakt erkennen lassen. Dauert (im Durchschnitt) 4–7 Tage, kann von 1–37 Tagen schwanken
Spannen (fesseln, stricken)	Fesselung der Hinterbeine der Stute, um sie am Ausschlagen zu hindern
Sprung	siehe Bedecken
Stallbuch	Laufende Aufzeichnungen über die Zuchtpferde eines Gestüts, am zweckmäßigsten in Karteiform (je Pferd eine Karteikarte)
Sterilität	Unfruchtbarkeit
Tragezeit	Dauer der Trächtigkeit. Durchschnittlich 336 Tage, bei Hengstfohlen 1,5 Tage länger. Schwankungen von 310–370 Tage

Tupferprobe	Bakteriologische Untersuchung der Stutengebärmutter auf Keimfreiheit
Umrossen	Trotz Bedeckung wieder rossig werden
Uterus	Gebärmutter
Vagina	Scheide
Verfohlen, verwerfen	siehe Abort
Virusabort	Seuchenhaftes Verfohlen
Vorsekretprobe	Bakteriologische Untersuchung des Hengstes auf Geschlechtsgesundheit
Züchter	Besitzer der Stute zur Zeit der Bedeckung
Zuchtfähigkeit	Endet meist mit 20 Jahren, wird von einigen Rassen oft weit überschritten
Zuchtreife	Tritt mit 3–4 Jahren ein
Zuchtstute	Vierjährige und ältere, bei einem Zuchtverband eingetragene Stute, die zur Zucht benutzt wird
Zuchtwertklasse	Einstufung der gekörten Hengste durch die Körkommission. I = sehr gut, II = gut, III = befriedigend, IV = genügend. Für Zwkl. IV darf nur Deckerlaubnis B erteilt werden
Zuchtziel	Idealtyp, den der Züchter durch geeignete Paarung und Haltung zu erreichen sucht. Als Beispiel sei das Zuchtziel für das »Deutsche Reitpferd« genannt: »Ein edles, großliniges und korrektes Reitpferd mit schwungvollen, raumgreifenden, elastischen Bewegungen, das auf Grund seines Temperamentes, seines Charakters und seiner Rittigkeit für Reitzwecke jeder Art geeignet ist.« Auskunft über die Zuchtziele anderer Pferdegruppen, z. B. Spezialrassen und Ponys erteilen die zuständigen Zuchtverbände
Zwillingsträchtigkeit	Bei Pferden unerwünscht, da sie meist zu Abort oder zur Geburt nicht lebensfähiger Fohlen führt. Aufzucht sehr schwierig
Zyklus	Zeitliche Wiederkehr der Rosse

Vor der Decksaison

Der sorgsame Züchter, dem an einem guten, gesunden Bestand und einer ebensolchen Nachzucht gelegen ist, bereitet seine Stuten rechtzeitig für die kommende Decksaison vor. Für jede Stute legt er eine gesonderte *Karteikarte* an, auf die er alles einträgt, was mit ihrer Gesundheit zu tun hat.

▷ Datum und Art jeder Impfung
▷ Datum und Art jeder Wurmkur
▷ Datum und Ergebnis der Zahnkontrollen
▷ Beginn und Ende jeder Rosse
▷ Datum, Diagnose und Behandlung von Krankheiten
▷ Ergebnis von Labortests
▷ Datum und Ergebnis tierärztlicher Untersuchungen
▷ Datum und Ergebnis von Abprobieren, Decken, Abschlagen usw.
▷ Datum von Geburten (normal, Abort, Nachgeburt)

Diese Daten haben nur dann einen Sinn, wenn sie vollständig sind und auf dem laufenden gehalten werden.

Fruchtbarkeits-überwachung

Steht er am Anfang seiner züchterischen Laufbahn und besitzt vielleicht nur junge ungeimpfte Maidenstuten, die regelmäßig rossen, so läßt er im Juli die erste und im Oktober die zweite Grundimpfung gegen Virusabort vornehmen. Hat er bereits züchterische Erfahrung und besitzt ältere Stuten und solche, die schon gedeckt wurden, dann ist im Oktober die jährliche Nachimpfung des Gesamtbestandes gegen Virusabort fällig sowie eine tierärztliche Untersuchung (visuell, durch Palpation und bakteriologisch = Tupferprobe) der

▷ älteren, noch nicht gedeckten Stuten
▷ unregelmäßig rossenden Stuten
▷ Stuten mit Scheidenausfluß
▷ güsten Stuten
▷ Stuten, die verfohlt haben
▷ Stuten mit schwierigem Abgang der Nachgeburt

Bis zur Decksaison bleibt dem Tierarzt nun genügend Zeit, um die notwendigen Behandlungen durchzuführen. *Tupferproben*, die positiv ausfielen, müsen vor der ersten Bedeckung wiederholt werden und dürfen nicht älter als zwei Rossen sein. Sie sollen grundsätzlich während einer Rosse entnomen werden, aber

▷ nie vor dem 9. Tag nach der letzten Bedeckung
▷ nie vor dem 1. Tag einer Fohlenrosse
▷ nie vor dem 9. Tag nach einer Geburt

In vorbildlicher Weise erfolgt die Fruchtbarkeitsüberwachung in der Vollblutzucht. Jeden Herbst werden alle Zuchttiere von Sachverständigen untersucht, beurteilt und in fünf Fruchtbarkeitsklassen eingestuft. Befunde und Einstufung werden auf der »Gelben Karte« (in dreifacher Ausfertigung) vermerkt, wovon ein Exemplar das Tier bis zum Tode begleitet. Nur Stuten der Klassen I–III dürfen in der nächsten Saison einem Hengst zugeführt werden.

Die Erfolge dieses Verfahrens führten zur Einrichtung von Pferdegesundheitsdiensten in der Warmblutzucht. Ein Züchter, der sein Gestüt von dem zuständigen »*Pferdegesundheitsdienst*« (die Anschrift erfährt er von seinem Zuchtverband) betreuen läßt, hat eine sehr gute Entscheidung getroffen. Dort findet er auch Hilfe bei der Parasitenbekämpfung und Beratung in allen Fragen der Haltungs- und Zuchthygiene.

Man weiß heute, daß 80% der Fruchtbarkeitsstörungen durch mangelhafte oder falsche Haltung und Fütterung verursacht werden. Zuchtstuten brauchen Sommer wie Winter

▷ eine trockene, luftige, geräumige Unterkunft
▷ eine ausgewogene, vielseitige Ernährung
▷ genügend Licht
▷ genügend frische Luft
▷ genügend Bewegung

Was heißt »*genügend Bewegung*«? Da taucht sogleich die Frage nach dem Reiten tragender Stuten auf. Regelmäßiges tägliches Spazierenreiten oder Longieren bei schlechtem Wetter schadet

Genügend Bewegung

keiner Stute, sondern wirkt sich günstig auf ihr Wohlbefinden und die spätere Geburt aus. Von der zweiten Hälfte der Trächtigkeit ab darf man nicht mehr mit ihr springen, im letzten Drittel nicht mehr bergauf- und bergabreiten, in den letzten Wochen nicht mehr galoppieren. Trächtigkeit ist zwar keine Krankheit, aber eine Leistung der Stute, auf die man Rücksicht nehmen muß.

Keinesfalls dürfen tragende Stuten an Turnieren, Jagden oder sonstigen Wettkämpfen teilnehmen, will man keine Resorption oder Abort riskieren. Die Ausnahme bestätigt hier höchstens die Regel. Man muß sich daher entscheiden:

> entweder *Zucht oder Leistungssport.*

Beides gleichzeitig geht nicht. Das gilt ebenso für die Monate vor der ersten Bedeckung von Maidenstuten. Je länger sie im Sport bleiben, desto schwerer werden sie tragend. Anstrengungen beeinträchtigen die Tätigkeit der Eierstöcke.

Stuten, denen große Weiden und Ausläufe zur Verfügung stehen, bewegen sich in der Regel ausreichend, auch wenn dicker Schnee darauf liegt. Sind sie jedoch gefroren, voller Rauhreif oder nur oberflächlich aufgetaut, besteht die Gefahr von Stürzen, die Aborte auslösen können; dann sollten die Stuten in einer gedeckten Bahn bewegt werden.

Abgesehen von tierärztlichen Maßnahmen werden die Stuten durch maßvolle Bewegung und ausgewogene Fütterung bis zur Decksaison in *Zuchtkondition* gebracht. (Güste Stuten erhalten im zeitigen Frühjahr zusätzliche Vitamin-A- und E-Gaben.) Zu fette oder zu magere Stuten nehmen schlecht auf, tragende haben schwere Geburten.

Die Rosse

Durch die Rosse gibt die Stute ihre Paarungsbereitschaft zu erkennen. Zeichen der Rosse sind:

- Unruhe, Wiehern, Kitzeligkeit
- bei nervösen Stuten auch Ruhe und Faulheit
- Rötung und leichte Schwellung der Schamlippen
- Blitzen
- Schleimabsonderung
- vermehrtes Harnlassen (Urin riecht strenger, ist trüber)

Die Wildpferde wurden nur einmal im Frühjahr rossig, Fohlenstuten erst 4 Wochen nach der Geburt, damit die Fohlen nach 11 Monaten Tragezeit immer im Frühling zur Welt kamen.

Bei unseren domestizierten Pferden zeigt sich die Rosse im Normalfall

Normalfall

- periodisch vom Frühjahr bis zum Herbst
- im Abstand von 21 Tagen
- ist am stärksten von April bis Anfang Juli
- dauert 4–6 Tage
- und wird vom Sommer ab kürzer

Dieser Normalfall – der Wunsch eines jeden Züchters – liegt nur bei etwa 42% der Stuten vor. Dauert der Zyklus keine 21, sondern 19–23 Tage, verläuft aber regelmäßig, so ist das auch noch normal. Für den Züchter, der seine Stuten kennt und ihre individuellen Besonderheiten karteimäßig erfaßt hat, stellt das kein Problem dar; dagegen macht ihm der unregelmäßige Zyklus mit Recht Sorgen. Ebenso alle anderen Abweichungen. Soweit sie nicht erblich bedingt sind, kann er sie jedoch durch sachgemäße Haltung und tierärztliche Überwachung seines Bestandes (Pferdegesundheitsdienst) auf ein Minimum beschränken.

Mögliche Abweichungen vom Normalfall:

Anomalien

1. Fehlende Rosse
2. Stille Rosse
3. Scheinrosse (falsche, taube Rosse)
4. Verlängerte Rosse
5. Dauerrosse
6. Unregelmäßiger Zyklus

Zu 1. *Fehlende Rosse:* Sie bleibt aus, wenn die Eierstöcke erkrankt sind oder nicht arbeiten, weil die Stute zu jung, zu alt, zu fett, zu stark trainiert oder mangelhaft ernährt ist. Bei säugenden Stuten sowie nach Fruchtresorptionen kann sie ebenfalls ausbleiben, meist bis zum Absetzen des Fohlens.
Zu 2. *Stille Rosse:* Keine äußeren Anzeichen, obwohl sie vorhanden ist und auch ein Follikelsprung stattfindet.
Zu 3. *Scheinrosse:* Die Stute ist rossig und läßt sich decken, aber es erfolgt keine Befruchtung, weil der Follikelsprung aus irgendeinem Grund ausbleibt. Sogar tragende Stuten (etwa 10%) können 3–6 Wochen nach der Bedeckung umrossen oder während der ganzen Trächtigkeit. Werden sie nachgedeckt, besteht Abortgefahr.
Zu 4. *Verlängerte Rosse:* Sie wird durch rasch aufeinander folgendes Heranreifen mehrerer Eier verursacht und tritt gewöhnlich bei Maidenstuten mit geschlossenem Gebärmuttermund auf.
Zu 5. *Dauerrosse:* Die Stute ist ständig deckbereit. Dieser krankhafte Zustand wird durch Eierstockzysten verursacht.
Zu 6. *Unregelmäßiger Zyklus:* Die Rosse erscheint nicht in regelmäßigen Abständen. Ursache: meist Gebärmutterinfektionen.

Beste Zeit der Bedeckung

Je mehr man sich auf das Geschehen in der Natur einstellt, desto vorteilhafter für die gesamte Fortpflanzung. Die günstigste Zeit des Abfohlens ist der Mai; dann haben die Stuten den Haarwechsel hinter sich, geben die beste Milch, und die Fohlen können schon bald nach der Geburt auf die Weide. Hieraus ergibt sich zwangsläufig der jahreszeitliche Bedeckungstermin. Wer unbedingt Januar- oder Februarfohlen wünscht, sollte bedenken, daß auch der beste Stall niemals den Weidegang in frischer Luft ersetzen kann und daß Maifohlen meist die Februarfohlen in der Entwicklung rasch einholen, wenn nicht gar überholen.

Pferdealter: Mindestens 3, besser 4 Jahre
Jahreszeit: April/Mai – Anfang/Mitte Juli

Tageszeit:	1. Morgens, bevor sie auf die Weide kommen. *Gegenansicht:* Dann sind sie zu begierig aufs Grün und zeigen nichts Rechtes. 2. Wenn sie bereits 1 Stunde grasen. *Gegenansicht:* bei größeren Beständen sind sie schwierig einzufangen. 3. Nachmittags, wenn sie von der Weide kommen. *Gegenansicht:* dann sind sie ungeduldig und begierig aufs Kraftfutter. Wenn es warm ist, aber nicht in der Mittagshitze. *Keine Gegenansicht.*
Rossezeitpunkt:	Zur Zeit des Follikelsprungs = 24–36 h vor dem Ende der Rosse; am besten festzustellen durch tierärztliche Follikelkontrolle. Sonst vom 3. Tag der Rosse an alle 36 h decken. Nicht aber, wenn der Stutenbesitzer gerade mal Zeit hat.
In der Fohlenrosse?	Nach der landläufigen Meinung sind Bedeckungen in der Fohlenrosse am sichersten. Daß sie nicht im Sinne der Natur sind, beweisen auch die verwilderten Mustangs in USA: sie haben keine Fohlenrosse mehr. Nach Prof. Dr. Merkt erfolgt bei jeder 6. in der Fohlenrosse befruchteten Stute etwa 5 Wochen später (Beginn des Laktationsgipfels) die Resorption der Frucht. Eine Abwehrmaßnahme gegen die Überforderung der Stute. Keinesfalls dürfen in der Fohlenrosse mehr als 2 Bedeckungen erfolgen.

Das Probieren

Ist die Stute eindeutig rossig und vollkommen gesund, wird sie zum Hengst gebracht. Der Hengsthalter kann die Vorlage eines tierärztlichen Gesundheitszeugnisses, der Abstammungspapiere sowie den Nachweis von Impfungen verlangen (z. B. Tetanus, Virushusten, Virusabort). Hat die Stute ein Fohlen bei Fuß und bleibt voraussichtlich länger als 5–6 Stunden von zu Hause weg, muß das Fohlen mitgenommen und vor der Mutter auf den Transporter verladen werden. Ein Mann führt es am Halfter, ein anderer biegt den Schweif nach oben und schiebt von hinten. Da bei jedem Deckakt Bakterien in die weiblichen Geschlechtsorgane eingeschleppt werden, werden die Stuten vorher abprobiert, um den günstigsten Augenblick der Befruchtung mit einem Minimum an Bedeckungen zu erreichen. Es ist jedoch ein Fehler, Stuten nach dem Antransport sofort zu probieren und gegebenenfalls gleich zu decken, vor allem, wenn sie von der Fahrt erregt und geschwitzt sind. Sie werden zunächst zur Abkühlung und

Halten und Führen sehr junger Fohlen

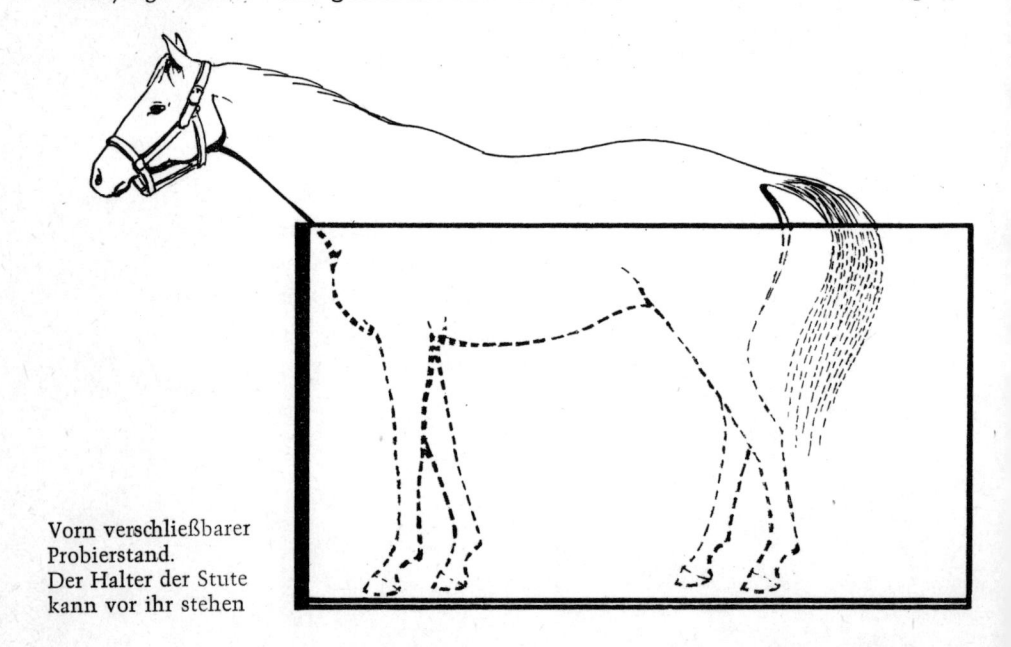

Vorn verschließbarer Probierstand.
Der Halter der Stute kann vor ihr stehen

Beruhigung in einen Stall gebracht. In dieser Zeit können die Formalitäten zwischen dem Stuteneigentümer und dem Hengsthalter erledigt werden.

Soll die Stute einige Tage auf der Deckstation verbleiben, wird ihr Eigentümer den Hengsthalter über alle Besonderheiten, auch Freßgewohnheiten, und die bisherige Fütterung unterrichten. Stuten sind keine Gebärmaschinen, sondern *jede* ist ein *Individuum*, das seinem Wesen nach behandelt werden muß. Gerade Maidenstuten regen sich in einer ungewohnten Umgebung oft auf und sind scheu im Probierstand. Erscheint dann plötzlich ein wilder, schreiender, schlagender Hengst, bekommen viele es mit der Angst zu tun und kneifen trotz Hochrosse den Schweif ein, statt ihn zu lüften und zu blitzen. Die maskuline Stute ist eifersüchtig, streitsüchtig und gibt ihre Rosse auch ungern zu erkennen, sondern quietscht und keilt. In jedem Falle sind Einfühlungsvermögen, Bestimmtheit (nicht Grobheit) und viel Erfahrung nötig. Zumindest beim ersten Probieren sollte der Stuteneigentümer dabei sein oder das Tier halten. Viele machen es sich sehr bequem: Einen Tag vor Urlaubsbeginn bringen sie die Stute/n zur Deckstation und rufen nach vier Wochen an, ob sie tragend ist/sind.

Die Stute wird aufgetrenst zum *Probierstand* gebracht. Ist er vorn verschließbar, kann sich ihr Führer vor sie stellen, andernfalls tritt er an ihre rechte Schulterseite, um bei überraschendem Ausschlagen nicht getroffen zu werden. Nun wird der ebenfalls aufgetrenste Hengst (oder Probierhengst) ruhig zu ihr hingeführt.

Im Probierstand

Bei vorn offenem Probierstand steht der Halter der Stute an ihrer rechten Schulter

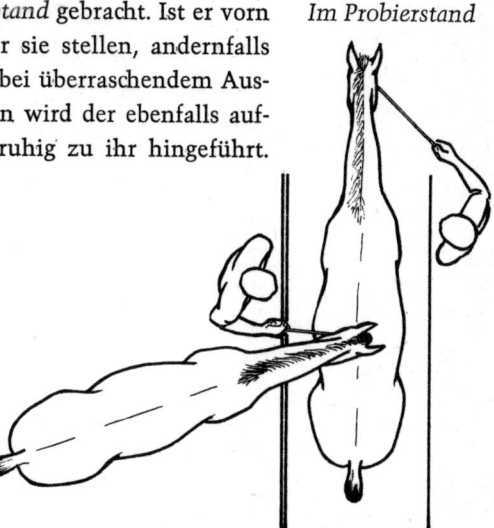

Der wohlerzogene Hengst begrüßt sie schnaubend, »spricht« leise zu ihr und beschnuppert sie vom Widerrist bis zur Kruppe. Es bestehen nun drei Möglichkeiten:

1. *Die Stute ist nicht rossig:*
   Sie legt die Ohren an, quiekt laut und schlägt aus.
2. *Die Stute beginnt rossig zu werden:*
   Sie hebt ihren Schweif ein wenig, blitzt etwas, schlägt aber dennoch aus und quiekt.
3. *Die Stute ist rossig und bereit:*
   Sie hebt den Schweif, blitzt, uriniert, schleimt, stellt die Hinterbeine breit und wiehert leise.

Nur in Fall 3 wird anschließend gedeckt. Sicherer ist jedoch eine vorherige Follikelkontrolle durch den Tierarzt. Müssen täglich mehrere Stuten probiert werden, kann man sie zur Arbeitserleichterung in einen Paddock bringen und mit dem Hengst/Probierhengst am Zaun entlang gehen. Die interessierten Stuten kommen an den Zaun, und nur diese werden dann im Probierstand probiert. Bei Verwendung eines Probierhengstes läßt man hoch rossige Stuten mit dem zur Bedeckung vorgesehenen Hengst erst noch kurz Bekanntschaft schließen.

Die Bedeckung

Vorbereitungen Um Krankheitsübertragungen vorzubeugen, muß nach dem Probieren erst der Hengst und dann die Stute an allen Körperstellen, die während der Bedeckung miteinander in Berührung kommen, mit einer milden Seife und Desinfektionsmittel gewaschen und mit lauwarmem, klarem Wasser abgespült werden. Dazu wird Zellstoff verwandt, der nur einmal benutzt wird. Damit sich der Hengst nicht verletzen kann, wird der Stutenschweif von der Wurzel ab etwa 20 cm tief eingebunden, am zweckmäßigsten mit Kreppapier zum Wegwerfen.
Vorsichtige Gestüte spannen jede fremde Stute, denn es gibt einige, die sich ohne weiteres decken lassen und als Dankeschön

Richtig gespannte Stute

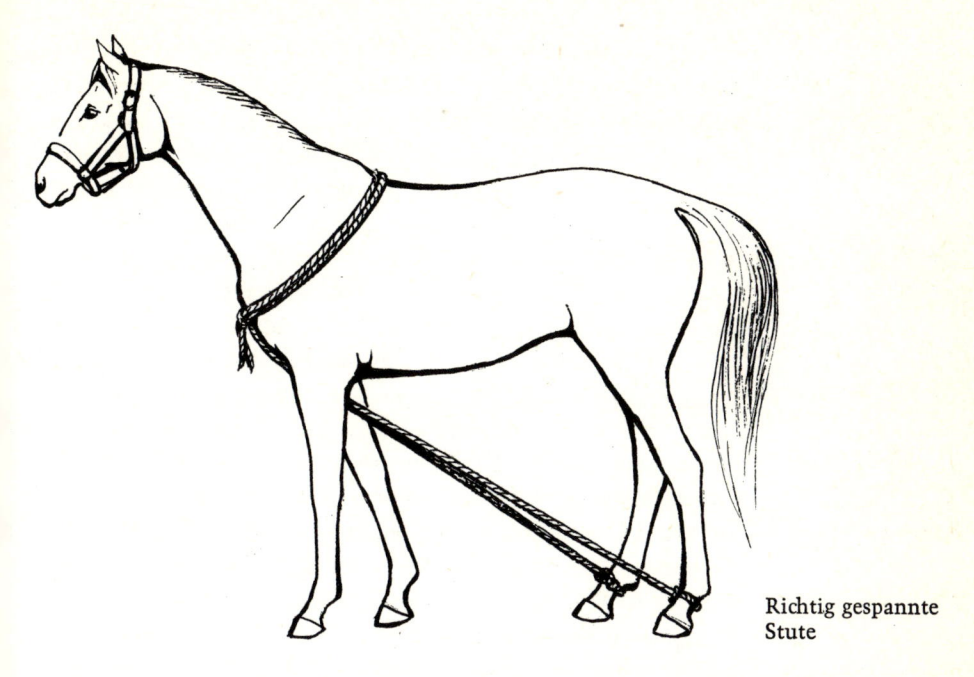

kräftig nach dem Hengst auskeilen. Erfahrene Hengstwärter legen solchen Typen noch die Bremse auf.

Die Bedeckung erfolgt am besten in einem geschlossenen Deckschuppen; dann ist man wetterunabhängig, und die Pferde werden nicht von Zuschauern oder Geräuschen abgelenkt. Das kann eine alte Scheune sein; Hauptsache, sie ist nicht kleiner als etwa 18 × 10 m und hell oder kann gut beleuchtet werden und der Boden staubt nicht. Empfehlenswert ist darin ein etwa 20–30 cm hoher Wall, um Größenunterschiede zwischen Hengst und Stute ausgleichen zu können. Hat die Stute ein Fohlen bei Fuß, bleibt es solange in einer Box und wird von jemandem getröstet. Wird in einem großen Paddock gedeckt, kann das Fohlen dabei sein; erfahrungsgemäß geschieht ihm nichts, da es Hengst und Stute aus dem Weg geht.

Der Deckakt

Ist die Stute bereit, wird der Hengst ruhig und energisch an der Decklonge zur linken Seite der Stute hingeführt. Er darf sie erst

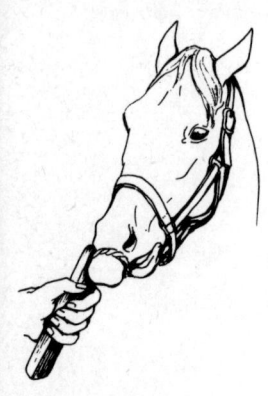

Die Nasenbremse (Nüstern freilassen) darf nur kurze Zeit einwirken; anschließend Nase massieren

bespringen, wenn er voll ausgeschachtet hat, aber dann ist keine Zeit zu verlieren. Wenn der Stutenschweif stört, nimmt ihn der Hengstwärter zur Seite. Ist die Stute nicht gespannt, hebt man ihren Kopf etwas hoch oder zur Seite, damit sie nicht kicken kann. Beim Aufspringen geht sie etwas nach vorn; man erlaube ihr das und löse ggf. die Bremse. Manche Hengste ruhen sich nach dem Absamen – man erkennt es am Zucken des Schweifes – ein paar Sekunden auf der Stute aus. Man zieht ihn also nicht herunter, sondern wartet, bis er von sich aus herabgleitet. Dann wendet man ihn sofort nach links und führt ihn von der Stute weg; manche haben nämlich die Angewohnheit, in der Erregung nach der Stute oder ihrem Führer auszuschlagen. Der Stute werden die Spannstricke abgenommen, und man führt sie zur Beruhigung etwas herum. Beide werden nun wieder mit einer guten, milden Desinfektionslösung lauwarm abgewaschen. Die Stute darf unter keinen Umständen sofort verladen und nach Hause transportiert werden, sondern muß sich erst in einer ruhigen Box entspannen können. Auch der Hengst braucht seine Ruhe.

Das Decken in der Herde

Die Befruchtungsrate ist bedeutend höher, und es spielt sich alles natürlicher ab, wenn der Hengst frei mit einer Herde (nicht mehr als 15 Stuten) auf der Weide laufen kann. Dazu muß er nicht Tag und Nacht mit ihr draußen leben, es genügt, wenn er nachts eine Box im Stutenstall bezieht. Voraussetzung ist, daß kein dauernder Wechsel stattfindet, weil das zu Unruhe und Keilereien führt. Nicht zusammen weiden dürfen:
Güste und Fohlenstuten
Hengst, Stuten und Wallache
zwei oder mehrere Hengste
Das Decken in der Herde geschieht viel differenzierter und geschickter, als es je an der Hand möglich ist. Beim Probieren stellt sich ein erfahrener Hengst immer außer Reichweite eines etwa plötzlich auskeilenden Stutenbeins. Ist sie nicht bereit, verliert er

keine Sekunde mehr an sie, sondern schaut sich nach einer anderen Schönen um oder beginnt zu grasen. Ist sie jedoch bereit, hält er sich nicht mit unnötigen Zärtlichkeiten auf, sondern deckt sie sofort. Nur bei scheueren setzt er die Zärtlichkeiten fort. Zwischendurch zwickt er sie ein bißchen. Ist sie immer noch spröde, schnüffelt er an ihrem Euter, und dann wird auch die Schüchternste schwach.
Mancher Hengst entwickelt eine geradezu raffinierte Technik. Er sucht sich eine rossige Stute aus und ist zärtlich zu ihr, bis sie zum Decken bereit ist. Nun läßt er sie stehen und geht weg. Die aufs höchste erstaunte Stute folgt ihm auf Schritt und Tritt. Aber er beachtet sie gar nicht, sondern begibt sich zur nächsten rossigen Stute und macht es genauso. Auch sie folgt ihm, auch die dritte und vierte, aber stets in der Reihenfolge der Rangordnung. Schließlich wählt er die rossigste unter ihnen aus, treibt sie an eine abgelegene Stelle und deckt sie. Keinen Augenblick zu früh und keinen zu spät. Immer im richtigen Zeitpunkt.

Die Monate danach

Wird nicht in der Herde, sondern – wie allgemein üblich – aus der Hand gedeckt, soll die gedeckte Stute 21 Tage nach Beginn der Rosse (die Zahl der Tage richtet sich nach ihrem Zyklus) wieder zum Hengst gebracht und nachprobiert werden. Steht der Hengst weit vom Heimatstall der Stute entfernt, dann läßt man die Stute, falls es möglich ist, am besten so lange auf der Deckstelle, um ihr und gegebenenfalls auch dem Fohlen den weiten Transport zu ersparen. Sonst kann auch bei einem in der Nähe stehenden Hengst nachprobiert werden.
Jeder Züchter wünscht, daß der *Idealfall* eingetreten ist, nämlich daß seine Stute
aufgenommen hat und nicht umroßt
den Hengst beim Nachprobieren abschlägt
die Frucht behält und austrägt und
ein gesundes Fohlen zur Welt bringt

Dieser Idealfall tritt nur bei etwa ²/₃ der Stuten ein. Das Ausbleiben oder Erscheinen der Rosse nach der Bedeckung ist kein zuverlässiges Kennzeichen für Trächtigkeit oder Nichtträchtigkeit. Denn es gibt Stuten, die
1. 3–6 Wochen später umrossen, obwohl sie tragend sind
2. während der ganzen Trächtigkeit rossen
3. nicht umrossen, obwohl sie nicht tragend sind.

Trächtigkeits-untersuchungen

Aus dieser Ungewißheit heraus hilft nur ein erfahrener Pferdetierarzt. Bereits 21 Tage nach der letzten Bedeckung kann er durch rektale Untersuchung feststellen, ob die Stute tragend ist oder nicht, und er kann auch gleich eventuell notwendige therapeutische Maßnahmen ergreifen. Zur Erkennung einer Früh- oder Spätresorption wird diese Untersuchung 45 Tage und 3 Monate nach der letzten Bedeckung wiederholt.

Weiterhin gibt es Methoden zum Nachweis der Trächtigkeit, die auf Veränderungen im Hormonhaushalt während dieser Zeit beruhen. Sie können durchgeführt werden:
1. Vom 45–120. Tag der Trächtigkeit
    a) Bluttest
    b) MIP-Test   } nicht ganz sicher bei Fruchtresorption
2. Vom 120–140. Tag der Trächtigkeit
    Harntest

Vom 6. Monat an kann man die Bewegungen des Fohlens beim Auflegen der flachen Hand auf die Unterbrust oder auf die rechte Flanke fühlen, später bemerkt man sie auch beim Trinken. Die Trächtigkeit äußert sich außer im zunehmenden Leibesumfang auch in einer Veränderung des Wesens. Die Stute

▷ wird neidisch und eifersüchtig
▷ hat stärkeren Appetit
▷ arbeitet unwillig
▷ bewegt sich vorsichtiger
▷ wird träge

Es ist sinnlos und falsch, mehrfach umrossende Stuten jedesmal nachdecken zu lassen. Sie gehören in die Hand des Tierarztes, denn die Sterilität wird, abgesehen von Haltungs- und Fütterungsfehlern, im wesentlichen durch Erkrankungen, Verletzungen und Veränderungen der Geschlechtsorgane verursacht.

Steht die Trächtigkeit der Stute einwandfrei fest, dann sollte der Züchter alles tun, um sie zu erhalten. Dazu gehören neben einer vielseitigen und ausgewogenen Ernährung auch regelmäßige Impfungen und Wurmkuren. Er wird die Stute nicht überfordern und sie vor Schlägen, Tritten, Ausrutschen und Stürzen bewahren, sie also nicht mit Jungpferden und güsten Stuten zusammen weiden lassen.

Im Gegensatz zur Fruchtresorption, die nach der 12. Trächtigkeitswoche nicht mehr stattfinden, können *Aborte jederzeit* erfolgen. Man unterscheidet zwischen nichtansteckendem und seuchenhaftem Verfohlen. Hiervon ist der gefährliche, hochinfektiöse *Virusabort* am meisten gefürchtet, denn er tritt in den letzten Monaten oder Wochen der Trächtigkeit ohne Krankheitserscheinungen der Stute urplötzlich ein. Da er in letzter Zeit häufiger vorkommt, sollte jeder Züchter über diese Seuche und die zu treffenden Maßnahmen genau Bescheid wissen. Am besten läßt er sich über seinen Tierarzt die von Prof. Dr. Merkt und vom Direktorium für Vollblutzucht und Rennen zusammengestellten Richtlinien kommen und hängt sie gut sichtbar im Stall auf. Bei einem Abort darf man vor allem nicht die Nerven verlieren. Man verständigt zuerst seinen Tierarzt. Bis zu seinem Eintreffen befolgt man die Vorschriften der genannten Richtlinien über Isolierung und Desinfektion und richtet sich dann nach den Anweisungen des Tierarztes. *Abort*

Die Geburt

Außer den turnusmäßigen ist sechs Wochen vor der Geburt eine zusätzliche Wurmkur notwendig, aber nicht mit Mitteln, die auch Magenbremsen vernichten, da ihre völlige Ungefährlichkeit für hochtragende Stuten noch nicht erwiesen ist. Zwei Wochen *Vorbereitungen* vor dem Abfohlen wird die tägliche Futterration etwas herabgesetzt (siehe Kapitel »Die Deckung des Nährstoffbedarfs«); eine Woche vorher sieht der Schmied die Hufe nach, raspelt die Tragränder schön glatt, damit sie nicht scharfkantig sind und nimmt selbstverständlich die Eisen ab, wenn die Stute beschlagen war.

Das Herannahen der Geburt kündet sich allmählich durch äußere Veränderungen an:

das Euter wird größer
der Bauch sinkt tiefer herab
die Muskeln in der Schweifwurzelgegend und die Flanken fallen ein
4–6 Tage vor der Geburt füllen sich die Zitzen
2–4 Tage vor der Geburt beginnen sie zu harzen

Nun wird die Tagesration noch mehr gekürzt, bei leichter Erhöhung der verdauungsfördernden Anteile (Weizenkleie, Leinsamen, Melasse).

Sodann ist die *Abfohlbox* herzurichten: gründlich auswaschen und desinfizieren, dick mit frischem Stroh einstreuen, und zwar nach den Wänden zu höher, damit die Stute wie in einem Nest liegt. Anforderungen an die Abfohlbox:

▷ geräumig
▷ sauber
▷ trocken
▷ zugfrei
▷ ruhig
▷ leicht zu beobachten, ohne die Stute zu stören

Auf der Weide? Wenn die Geburt auch ein natürlicher Vorgang ist, so zählt sie doch zu den kritischen Augenblicken im Leben der Stute und des Fohlens; schnell können tödliche Infektionen entstehen, wenn Sauberkeit und Hygiene vernachlässigt werden. Im Vergleich zur freien Steppe sind Pferdeställe ein Sammelsurium von Krankheitserregern. Ist es dann nicht besser, wenn die Stuten auf der *Weide abfohlen?* Prinzipiell schon, aber mit einigen Einschränkungen. Das Wetter sollte warm und trocken sein, damit das Fohlen, das ohne Abwehrstoffe ins Leben tritt, keinen zu krassen Temperaturwechsel durchmachen muß, wenn es aus dem warmen Mutterleib kommt. Die Stute soll robust gehalten sein, und die *Weide*

▷ muß ganz dicht eingezäunt sein
▷ darf keine Gräben und Löcher haben
▷ und keine Wasserlachen und Tümpel

Die Stute wird auch während der Abfohlzeit täglich geputzt, und zwar um so gründlicher, je mehr sie im Stall gehalten wird. After, Scham und Euter sind in den letzten Tagen der Trächtigkeit täglich mit warmem Seifenwasser und einem milden Desinfektionsmittel sorgfältig zu waschen. Zellstoff verwenden, den man anschließend wegwirft. Wenn die Eröffnungswehen einsetzen, wird die letzte Waschung vorgenommen und der Schweif wie vor der Bedeckung eingebunden, allerdings jetzt nicht mit Kreppapier, sondern mit einer sauberen Bandage. Besucher, die gern »mal zugucken« wollen, weise man höflich, aber bestimmt ab. Sie können Krankheitskeime einschleppen, stehen nur im Weg, können den Mund nicht halten und stören die Stute. Pferde lieben weder bei der Paarung noch hier fremde Zuschauer, ja, sie können die Geburt sogar hinausschieben, wenn ihnen etwas nicht paßt. Es hat schon seinen Grund, daß die meisten Pferde nachts zur Welt kommen, wenn es ruhig und dunkel ist. Der Übergang von der Dunkelheit des Mutterleibs zum hellen Tageslicht vollzieht sich niemals plötzlich, sondern ganz allmählich. Es sollte daher in der Abfohlbox kein grelles, sondern nur gedämpftes Licht brennen.

Hygiene

Die einzigen »erlaubten Fremden« sind ein paar – nicht mehr als drei – erfahrene, jederzeit griffbereite Geburtshelfer, falls keine entsprechenden Hilfskräfte auf dem Hof zur Verfügung stehen. Zwar verlaufen 90% der Geburten normal, und ich habe auch noch keine Komplikationen erlebt, aber es sind eben nur 90 und keine 100%. Und wenn Hilfe not tut, dann können Minuten über Leben und Tod entscheiden. Daher muß auch der Tierarzt über die bevorstehende Geburt unterrichtet werden.

Die erste Phase Die *Eröffnungswehen,* die wenige Minuten, aber auch einige Stunden dauern können, leiten die *erste Phase der Geburt* ein. Man erkennt sie daran, daß die Stute

unruhig umherwandert
stark schwitzt
ungeduldig scharrt
ab und zu flehmt
sich öfters hinlegt und aufsteht
gelegentlich zittert

Zusätzlich zu den in der Stallapotheke vorrätigen Medikamenten und Geräten sind einige Eimer mit warmem, abgekochtem Wasser und saubere Handtücher bereitzulegen. Nun bleibt zunächst nichts weiter zu tun, als sich ruhig zu verhalten, nicht zu reden, nicht zu rauchen, nicht herumzulaufen, sondern still zu beobachten.

Die zweite Phase Mit dem Abgehen des Fruchtwassers setzt die *zweite Phase* ein, die Stute legt sich danach auf die Seite nieder und preßt unter starken Wehen. Sollte sich die Stute mit der Kruppe so nah an die Wand gelegt haben, daß für das zu erwartende Fohlen nicht genügend Platz sein wird, muß man sie zum Aufstehen und nochmaligen Hinlegen veranlassen. Sonst ist nichts zu tun. Gewöhnlich erscheint nun bald die Nase des Fohlens zwischen den ausgestreckten Vorderbeinen (dies ist die einzige normale Lage), und kurz darauf ist das ganze Tierchen herausgepreßt. Diese Austreibungsphase kann von 5–60 Minuten dauern, durchschnittlich sind es 20 Minuten. Jede andere Lage des Fohlens, auch wenn nur ein Füßchen zu sehen ist oder wenn die Stute aufhört zu pressen, erfordert unverzügliche Hilfe, die nicht von Anfängern und Laien geleistet werden kann und in vielen Fällen auch nicht ohne Tierarzt möglich ist.

Bei der normal verlaufenden Geburt hingegen hat jeder Eingriff zu unterbleiben, auch nachher, außer, wenn die Eihaut nicht zerreißt. Damit das Fohlen nicht erstickt, ist sofort mit ganz sauberen Händen vorsichtig

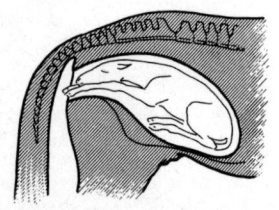

Die einzige normale
Lage des Fohlens
im Mutterleib

▷ der Kopf von der Eihaut zu befreien
▷ der Schleim aus Maul und Nüstern zu entfernen und
▷ die Zunge kurz zu erfassen, falls der Schluckreflex ausbleibt

Alles hat still und behutsam zu geschehen, ohne Stute und Fohlen zu erschrecken und aufzuscheuchen; sonst reißt der Nabel vorzeitig ab, und das Fohlen erleidet einen starken, schwächenden Blutverlust. Mutter und Kind brauchen nun ein wenig Ruhe und sollten in Frieden gelassen werden.
Beim Aufstehen reißt die Nabelschnur von selbst an der richtigen Stelle; andernfalls muß sie abgebunden und durch Drehen abgerissen werden. Auch keine Arbeit für Anfänger. In jedem Falle ist der Stumpf gut mit Jodtinktur oder Chloromycetin zu desinfizieren.

In der *dritten Phase*, die nach der Geburt des Fohlens beginnt, wird die Plazenta ausgetrieben. Im Normalfall dauert das nicht länger als 2 Stunden. Sie muß gründlich auf Vollständigkeit untersucht werden, da selbst der kleinste zurückgebliebene Teil Infektionen und Rehe verursachen kann. Nachgeburt und feuchtes Stroh sind zu entfernen, die Scham der Stute ist sorgfältig mit Zellstoff abzuwaschen. Am besten wird sie mit dem Fohlen in eine saubere, frische Box gebracht. Ist die Plazenta nach 2 Stunden noch nicht völlig abgegangen, muß der Tierarzt geholt werden. Er kann dem Fohlen gleich eine Injektion gegen Frühlähme geben.

Die dritte Phase

Nach der Geburt

Sobald die Stute sich erhoben hat, befreit sie ihr Fohlen aus dem Rest der Eihaut und leckt es voller Sorgfalt trocken. Wie ein Massagehandschuh gleitet die mütterliche Zunge über den kleinen Körper hin und regt dabei die Atmung an. Schon bald versucht das Fohlen aufzustehen, was ihm jedoch nicht gleich gelingt. Es kann sich auch nicht lang auf seinen Beinchen halten und fällt ins Stroh zurück. Doch kurz darauf ein neuer Start, der wie der erste endet. Der Züchter geht jetzt besser weg, damit er nicht in die Versuchung kommt sich einzumischen, was nur Verwirrung stiften würde. In diesen ersten Lebensstunden lernt das Fohlen nämlich die Stute als »seine« Mutter kennen und wird auf sie »geprägt«.

Die Kolostralmilch   Mit Unterstützung der Mutter gelingt es dem Fohlen allmählich, sich bis zum Euter hinzutasten und die ersten Tropfen der lebenswichtigen *Kolostralmilch* zu trinken. Fohlen kommen ohne Antikörper zur Welt und können selbst noch keine bilden. Schutzlos sind sie Krankheiten und Infektionen ausgeliefert, aber nur, solange sie noch keine Kolostralmilch getrunken haben, die sie mit den nötigen Antikörpern versorgt. In den ersten Lebensstunden können die Antikörper, ohne verdaut zu werden, die Darmwände passieren, ins Blut gelangen und somit dem Fohlen Immunität verleihen. Die Absorptionsfähigkeit ist etwa 3 Stunden nach der Geburt am größten und fällt dann sehr rasch ab, nach 24 Stunden ist sie so gut wie abgeklungen. Länger wird von der Stute auch keine Kolostralmilch produziert. Da von der Natur zeitlich alles genau aufeinander abgestimmt ist, muß das Fohlen so früh wie möglich Kolostralmilch zu sich nehmen. Die Kolostralmilch hat weiterhin die Aufgabe, für den Abgang des Darmpechs zu sorgen. In folgenden Fällen muß der Mensch eingreifen:

1. Wenn die Stute ihr Fohlen nicht annimmt.
2. Wenn das Fohlen zu schwach ist, um allein aufzustehen.
3. Wenn die Stute bei der Geburt stirbt.

Zu 1: Jungen erstgebärenden Stuten ist das Saugen manchmal unangenehm, und sie wehren sich dagegen. Ungeduld, Zwang oder gar eine Bremse sind hier völlig fehl am Platz. Man nimmt die Stute am Halfter, stellt sie etwas erhöht, klopft sie ab und redet ihr gut zu, während ein Helfer das Fohlen mit einer Schnuller-Babyflasche zu dem Euter hinlockt. Im Notfall muß die Stute eine Beruhigungsspritze erhalten.

Zu 2: Hier muß Kolostralmilch abgemolken und dem Fohlen halbstündlich körperwarm in der Flasche gereicht werden.

Zu 3: Ein vorsorglicher Züchter hat stets tiefgekühlte Kolostralmilch vorrätig, die er im Bedarfsfall auftaut, auf Körpertemperatur anwärmt und dem Fohlen portionsweise in der Flasche reicht. Er gewinnt sie entweder durch das Ausmelken einer Stute mit totgeborenem Fohlen oder nur einer Euterhälfte von Stuten mit viel Milch unmittelbar nach dem ersten Saugen des Fohlens. Die hygienisch gewonnene Milch wird in zwei Hälften geteilt und tiefgekühlt. Im Mai ist sie am besten.
Die Aufzucht von Waisenfohlen ist verhältnismäßig einfach, wenn es gelingt, rasch eine Amme herbeizuschaffen. Manchmal lassen Stuten mit viel Milch auch ein zweites Fohlen trinken. Sonst macht die Aufzucht viel Mühe, wenn auch die Fohlenmilchpräparate der Futtermittelindustrie eine Erleichterung gegenüber früher bedeuten.

Eingreifen muß der Mensch auch, wenn das *Darmpech* nicht abgeht; dann haben die Fohlen starke Schmerzen, sind unruhig, schwänzeln, wälzen sich wie bei Kolik. Manche Züchter geben den Fohlen vorbeugend grundsätzlich 2–3 Eßlöffel Rizinusöl mit der Babyflasche ein.

Darmpech

So segensreich die Kolostralmilch auch ist, in seltenen Fällen kann sie bei dem neugeborenen Fohlen eine *tödliche Gelbsucht* auslösen. »Ursache dieser Erkrankung ist eine vorgeburtliche Immunisierung der Mutterstute durch Blutgruppen des Pferdefoetus, die aus dem väterlichen Erbgut stammen« (Prof. Dr. O. Schmid). Voraussagen läßt sich diese Erkrankung nur durch Blut- und Serumuntersuchungen von Hengst und Stute.

Tödliche Gelbsucht

Die ersten Lebenswochen

Die Gesundheit des Fohlens hängt sehr stark von seiner Haltung ab; Unsauberkeit, schlechtes Stallklima, Frischluftmangel, ungenügende Fürsorge, Leichtsinn und Unvernunft haben so manches Fohlenleben auf dem Gewissen. Bei schönem, warmem

Wetter kann das Fohlen schon in den ersten Tagen mit seiner Mutter auf die Weide, aber erst läßt man die Stute heraus, damit sie sich austoben kann, und dann erst das Fohlen. Kommt es sofort mit, galoppiert es mit der Mutter um die Wette, schwitzt, wird naß und müde, steht dann frierend herum, und die Lungenentzündung ist da. Ebenso bei stundenlangem Aufenthalt in kalter Nässe. Der Durchfall am neunten Lebenstag wurde bisher immer als Zeichen für die Fohlenrosse der Mutter angesehen. Nach neuesten Untersuchungen wird er jedoch durch Strongyloidesbefall hervorgerufen. Dem kleinen Wesen droht noch eine ganze Reihe anderer Erkrankungen.

Das gesunde Fohlen

Zeichen für das gesunde Fohlen:

▷ 30–60 sec nach der Geburt beginnt es, spontan zu atmen
▷ dann hebt es den Kopf und wiehert leise zur Mutter hin
▷ spätestens 2 h nach der Geburt steht es selbständig
▷ spätestens 3 h nach der Geburt trinkt es
▷ spätestens 24 h nach der Geburt steht und geht es ganz sicher
▷ es trinkt täglich 50–60mal jedesmal 150–200 ccm
▷ es verbringt anfangs $1/3$ des Tages in der Seitenlage liegend

Test für sein Wohlbefinden:

▷ bei einem leichten Klaps auf den Rumpf steht es auf und trinkt

Das kranke Fohlen

Zeichen für das kranke Fohlen:

▷ Liegenbleiben
▷ zielloses Umherwandern
▷ Nichterkennen der Mutter
▷ Teilnahmslosigkeit
▷ Abseitsstehen
▷ Durchfall
▷ Krämpfe
▷ Bellender Husten
▷ Fieber

Bei den geringsten Krankheitsanzeichen sollte man die Temperatur messen und den Tierarzt rufen.

Über die Ernährung des Fohlens wird in dem entsprechenden Kapitel berichtet. Es genügt aber nicht, daß man ihm die notwendige Ration bereitstellt, man muß auch dafür sorgen, daß es sie erhält. Eine hungrige Stute scheint ihre Mutterliebe zu vergessen, denn hemmungslos frißt sie ihrem Fohlen auch das letzte Körnchen Kraftfutter weg. Eine Fohlenkrippe verhilft ihm auf einfache Weise zu seinem Recht.

Fohlenkrippe, aus der die Mutter nicht fressen kann

Das erste Jahr

Je früher man beginnt, das Fohlen an den Menschen zu gewöhnen und ihm Vertrauen einzuflößen, desto einfacher wird es zu handhaben sein. Man tritt ihm freundlich, aber bestimmt, geduldig, gleichmäßig und konsequent gegenüber. Wer die Fassung verliert, herumschreit und schlägt, soll die Finger von Pferden lassen; er verdirbt sie nur.

Schon in den ersten Wochen wird man ihm ein Halfter umlegen, die Füße regelmäßig aufheben und es führen. Das ist jedoch nur

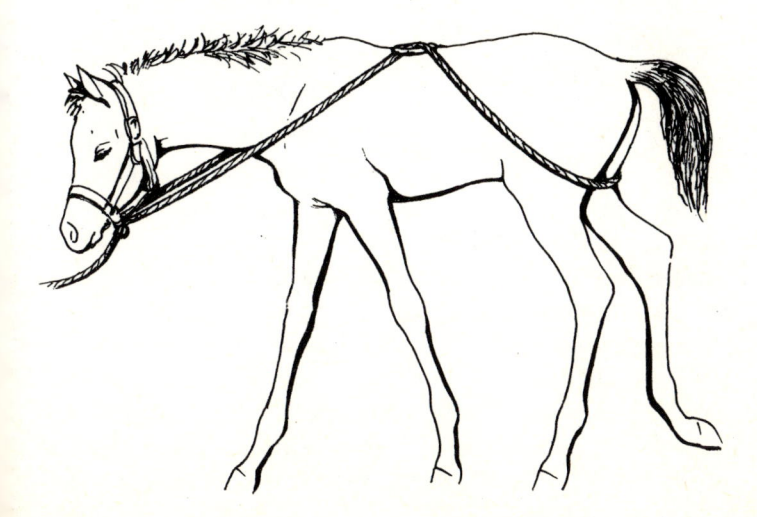

Fohlenerziehung

Erziehung des Fohlens zum willigen Mitgehen

möglich, wenn die Pferde nachts oder zumindest einmal am Tag in den Stall kommen. Viele Züchter machen es sich reichlich bequem: Sie lassen Stuten und Fohlen Tag und Nacht auf Weide gehen und schauen mal am Wochenende, ob noch alle da sind. Warum sammeln sie nicht lieber Pferdebriefmarken? In dem Buch »Aus Fohlen werden Pferde« habe ich die Aufzucht im ältesten polnischen Staatsgestüt Janów Podlaski beschrieben, es hätte auch Bábolna oder Pompadour sein können oder unser über 400 Jahre altes deutsches Marbach. Ich glaube, vor allem jeder Hobbyzüchter kann aus der jahrhundertelangen Erfahrung solcher Staatsgestüte lernen. Wenn es nicht nötig wäre, würde man sich dort kaum die Mühe des Erziehens, Wiegens und Messens machen.

Fohlen und Jungpferde brauchen

▷ vielseitige, ausgewogene Ernährung
▷ tägliche Bewegung und Galopps in frischer Luft
▷ regelmäßige Hufpflege
▷ regelmäßige Impfungen und Wurmkuren
▷ Schutz vor Witterungsextremen
▷ Erziehung
▷ Gesellschaft

Leider trifft man es in Hobbygestüten nur selten an, daß alle diese Punkte das ganze Jahr über beachtet werden.

Absetzen Mit 5–6 Monaten haben die Fohlen ihr erstes einschneidendes Erlebnis: das *Absetzen* von der Muttermilch und die Trennung von der Mutter. Nur wenige Züchter machen sich klar, welch einen psychischen und physischen Streß das bedeutet. Man hat herausgefunden, daß gruppenweise abgesetzte Fohlen 3–4 Pfund an Gewicht verlieren, Einzelabsetzer aber bis 20 Pfund. Setzt man sie gruppenweise in gerader Zahl ab, dann haben sie die Mutter rasch vergessen. Den physischen Übergang kann man ihnen durch zusätzliche Fütterung von Milchaustauscher und Fohlenstarter erleichtern. Den Müttern hingegen kürzt man die Ration für kurze Zeit. Haben sie viel Milch, wird das Euter nicht sofort abgemolken, weil das die Milchproduktion nicht abstoppt, sondern weiter anreizt. Das Euter wird mit Kampferöl oder einer Mischung aus Fett und Kampferspiritus eingerieben und erst nach 5–7 Tagen, wenn es weich und schlaff ist, ausgemolken, falls es dann noch nötig ist.

Über die Art des Absetzens – allmählich oder schlagartig – gehen die Meinungen auseinander. Beide Methoden sind richtig, wenn sie sachgemäß ausgeführt werden. Auch sollte die Trennung nach Geschlechtern jetzt erfolgen.

Jungpferde

Vor dem Kriege nahmen die bäuerlichen Zuchten vielfach eine kluge Arbeitsteilung vor: die Züchter gaben die Absetzer an Aufzüchter ab, selbst in Gegenden, wo gute Aufzuchtmöglichkeiten bestanden. So wurden Fohlen aus Niedersachsen zum großen Teil an Großaufzuchtbetriebe in Mecklenburg, Pommern und Brandenburg verkauft. Dort fanden die Jungpferde ideale Aufzuchtbedingungen und konnten sich auf weiten Koppeln in großen Gruppen, nach Jahrgängen getrennt, bestens entwickeln, was vor allem für Hengste wichtig ist.

Welch ein Unterschied zu den Verhältnissen, wie man sie hier meistens in Kleinbetrieben antrifft. Nach Blendinger (Psychologie und Verhaltensweisen des Pferdes) kann Bewegungsmangel der Fohlen und Jungpferde zu folgenden Entartungserscheinungen führen:

▷ zu große Quelligkeit
▷ unedle, übergroße Gewichtsschädel
▷ übermäßige Breithüftigkeit
▷ Temperamentlosigkeit
▷ mangelhafte Tiefe und Hochbeinigkeit sowie
▷ andere degenerative Form- und Charakterveränderungen

Hengsthaltung

Auf diesem Gebiet gehen die Sünden in die Legion. In der Hobbyzucht wird die Hengsthaltung vielfach übertrieben, vernachlässigt oder falsch gehandhabt aufgrund mangelnder Kenntnisse, mangelnder Erfahrung, aus Faulheit oder aus eigener Charakterschwäche. Ein Mensch, der nervös, zerfahren, ungeduldig, unordentlich, undiszipliniert ist und schnell die Nerven verliert, ist ungeeignet für die Hengsthaltung.

Ein Hengsthalter muß entschlossen, erfahren, geschickt, kräftig, ordentlich, zuverlässig, ruhig, konsequent und ausgeglichen sein, in allen Situationen ruhig Blut bewahren und Verständnis für die Psyche des Hengstes haben; er strömt Respekt und Vertrauen gleichzeitig aus. Ein erstklassiger Hengstwärter ist nicht mit Gold aufzuwiegen.

Hengste gehören in die Hand von Männern. Mag es auch eine Reihe von Ausnahmen geben, im allgemeinen sind Frauen zu sentimental und nicht konsequent genug. Ich muß das einmal klar aussprechen, obwohl oder vielleicht weil ich selbst einen Vollblutaraberhengst habe. Und die Hengste dieser Rasse sind besonders liebenswürdig.

Ein Hengst kann ein treuer und großherziger Freund sein, aber niemals darf er zum Spielzeug oder zum Sklaven degradiert werden. Von Zeit zu Zeit sucht er, seine eigenen Wege zu gehen, und man muß ihn vielleicht korrigieren, jedoch ohne Grausamkeit und Rachegelüste. Die Grundlage für die Beziehungen zwischen Hengst und Mensch muß gegenseitige Achtung sein.

Die Erziehung vom Absetzer zum guten Hengst ist nicht einfach, sie verlangt besonders viel Erfahrung, Konsequenz und Geduld. Er muß lernen, seinem Führer willig zu folgen und zu gehorchen, auf seinen Befehl hin anzuhalten, kehrtzumachen und mit ihm weiterzugehen. Untugenden wie Beißen, Nagen, Ausschlagen und Steigen dürfen schon dem Absetzer nicht erlaubt werden. Wer sich entschließt, ein nicht wirklich erstklassiges Hengstfohlen so früh wie möglich kastrieren zu lassen, erspart sich viel späteren Ärger und Enttäuschung.

Eine amüsante Aufstellung der Eigenschaften eines Zuchthengstes und ihre Bewertung las ich in einer amerikanischen Pferdezeitschrift. Ich möchte sie dem Leser nicht vorenthalten.

Eigenschaften	Bewertung des Zuchthengstes				
	sehr gut	gut	genügend	mangelhaft	ungenügend
Qualität	Deckt alle Stuten beim ersten Aufsprung	Muß bei großen Stuten einen Anlauf nehmen	Kann mittelgroße Stuten leicht decken, große mit Mühe, aber keine Schläger	Überfällt die Stuten wie ein Berserker oder rennt den Wärter über den Haufen	Kann keine Stute erkennen, geschweige denn decken
Energie	Rasant wie ein geölter Blitz	Schnell wie eine Rakete	Rasch wie ein D-Zug	Langweiliger Umstandskrämer	Schlafmütze, kommt nicht zum Zug
Manieren	Stark wie ein Panzer, doch läßt sich am Zwirnsfaden lenken	Kernig wie ein Elefantenbulle, aber gehorcht am langen Zügel	Kräftig wie ein Stier und braucht eine Kette zum Halten	Wird erst umgänglich, nachdem er sich ausgetobt hat	Meist unleidlich und träge
Zuchtwert	Produziert immer nur Champions	Produziert zuweilen einen Champion	Macht gute Fohlen	Gibt mittelmäßige Fohlen	Produziert nichts Gescheites
Verhalten	Ruft alle Stuten mit sanfter Stimme und wiehert, wenn sein Herr kommt	Ruft die Stuten und wiehert gelegentlich, wenn sein Herr kommt	Ruft die Stuten, nachdem der Probierhengst alles vorbereitet hat	Spielt sich auf und macht ein großes Geschrei	Schreit, schlägt aus, steigt und versetzt alle Welt in Schrecken

Die Ernährung

»Richtige Pferdefütterung ist sowohl eine Kunst als auch eine Wissenschaft.« sagt Prof. T. J. Cunha von der Universität Florida. »Ach was«, winken manche Praktiker ab, »die beste Pferdefütterung besteht aus den drei großen H's: *Hafer, Heu* und *Häcksel*. Das war schon immer so.« Wirklich? Betrachten wir einmal die Lebensweise der wilden Pferdeahnen.
Was bot ihnen die Steppenflora? Würzige Gräser und Kräuter, Zwiebel- und Knollenpflanzen im Frühling, blühende Doldengewächse, Lippen- und Kreuzblütler, durchsetzt von grasig-krautigen Salzpflanzen, Sukkulenten und Sträuchern im Sommer. Von Oktober bis Mai ernährten sie sich von verwelkten Pflanzen, Laub und Reisig, auch Wurzeln, die sie aus dem Boden scharrten. Hier und da fanden sie Samen der Steppengräser, den Vorläufern von Hafer, Weizen und Gerste.
Diese Pflanzen waren von hohem ernährungsphysiologischem Wert und enthielten alle Nährstoffe, die sie zur Deckung ihres Erhaltungs- und Energiebedarfs benötigen, in der vielfältigsten Zusammensetzung:

Eiweiße	
Kohlenhydrate	} als Energieträger
Fette	
Vitamine	
Mineralien	} als Wirkstoffe
Spurenelemente	

Der dürftige Wuchs der Steppenflora sowie die Eigenschaft, sich als Feinschmecker stets die aromatischsten und besten Kräuter auszuwählen, zwangen das Pferd, täglich weite Entfernungen zurückzulegen. Von Ruhepausen abgesehen, war es ständig in Bewegung, entweder auf der Suche nach Futter oder auf der Flucht vor Feinden. Von Hause aus ist es also ein *Rauhfutter-* und kein Körnerfresser; von Rauhfutter allein kann ein Pferd leben, von Körnerfutter allein jedoch nicht. Darauf ist sein gesamtes Verdauungssystem auch heute noch eingestellt.

Durch die Domestizierung des Pferdes änderte sich zunächst nichts an seiner Ernährungsform; es blieb auf das angewiesen, was es in der Natur, auf den Wildweiden vorfand. Erst der Krieg als der »Vater aller Dinge« brachte entscheidende Veränderungen: Stallhaltung und Sonderfütterung von Leistungspferden. Nach Kikkuli (14. Jh. v. Chr.) erhielten die Hethiterpferde Weizen, Gerste und Heu; König Salomo (965–926 v. Chr.) ließ seinen Rennern Stroh und Gerste reichen (1. Kön. 5.8). Sollten die Heere schnell und schlagkräftig sein, brauchten sie für ihre Pferde neben gelegentlicher Weide und Heu ein rasch zu verwertendes Energiefutter, das sie einfach mitnehmen konnten. Das war im Orient die Gerste und in unseren Breiten später der Hafer. Durch die Ansiedlung verdienter Offiziere und Soldaten breitete sich die Auffassung, daß eine vollwertige Pferdefütterung ohne Hafer unmöglich sei, immer weiter aus und wurde zum unerschütterlichen Gedankengut der Pferdehaltung. Da man dem Hafer sogar Wunderwirkungen andichtete, die er gar nicht besitzt, erlangte er den Ruf eines alleinseligmachenden Pferdefutters.

Nun soll der Hafer hier keineswegs verdammt werden, denn er besitzt eine Reihe wertvoller Eigenschaften; er ist schmackhaft, bekömmlich, hat einen günstigen Gehalt an Stärke, Fett, Eiweiß, Phosphorsäure und anderen Stoffen. Wir dürfen ihn nur nicht überbewerten. So hat es sich gezeigt, daß beispielsweise Mais ein besserer Energieträger als Hafer ist, eine Erkenntnis, die in dem Maisanteil vieler Fertig-Ergänzungsfutter ihren Niederschlag findet.

Ähnliches gilt für die Qualität des Heus. Bei den hohen Ansprüchen an moderne Leistungspferde ist das dargebotene Heu nur in den seltensten Fällen in der Lage, ihren hohen Eiweißbedarf zu decken. »Was in vielen Tattersalls und Rennställen als ›Heu‹ angesprochen wird«, stellt Lindau fest, »ist meist ein nährstoffmäßig und pflanzensoziologisch imaginäres Etwas!« Ohne eine vollwertige Ergänzung durch andere Eiweißträger wie beispielsweise Sojaschrot kommt man für Dauerleistungen, für säugende Stuten, Fohlen und Jährlinge nicht aus. Auch die übrigen Wirkstoffe: Mineralien, Spurenelemente, Vitamine bedürfen meist einer Ergänzung. Je höher die geforderte Leistung, desto hochwertiger, vielseitiger und ausgewogener muß die Ernährung sein. Die althergebrachten drei H's erfüllen die Ansprüche nur selten. Hören wir hierzu Prof. Bronsch:

> »Die Fütterung ist keineswegs alles,
> aber ohne optimale Ernährungsgrundlage ist alles nichts.«

Die Verdauungsorgane

Wenn ein Pferd an dem Kot eines anderen riecht, dann ist das genauso, als wenn wir die Zeitung lesen. Nasentiere verständigen sich durch Duftstoffe. In der Steppe dienten die Misthaufen seiner Artgenossen dem Pferd als Benachrichtigungsmittel, daher nennt man sie auch die Post der Pferde.

Damit das Pferd jederzeit äpfeln kann, hat es

▷ einen *sehr langen Darm* zum Vorratstapeln (je nach Pferdegröße 25–39 m lang)
▷ einen *kleinen Magen*, um den Darm nach und nach zu füllen (je nach Pferdegröße 10–18 l Inhalt)
▷ einen *Verschluß des Magenmundes*, der sich nur für das heruntergeschluckte Futter öffnet, aber nichts aus dem Magen zurück in die Speiseröhre läßt. Dadurch kann das Pferd nicht erbrechen.

Der kleine Magen ist günstig, weil er das Pferd beim schnellen Laufen nicht durch einen großen, schweren Inhalt behindert. Der lange Darm und der kleine Magen mit seinem Verschluß, diese Merkmale sind wesentlich für die Art der Futtermittel und ihre Verfütterung; Fehler können zu schweren Erkrankungen, ja, sogar zum Tode führen.

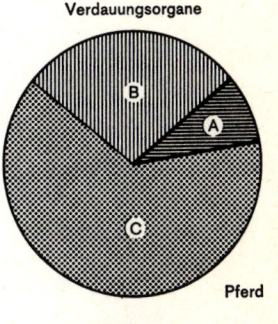

Verdauungsorgane

Pferd

A = Magen
B = Dünndarm
C = Dickdarm

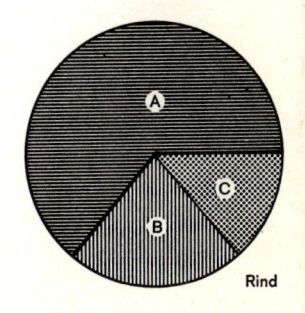

Rind

Die Nährstoffe

Aus dem Futter, das Nährstoffe und unausnutzbare Teile enthält, werden durch den Verdauungsprozeß die Rohnährstoffe herausgelöst, in Reinnährstoffe zerlegt und schließlich in resorbierbarer Form über die Lymph- und Blutbahnen dem Körper zur Verwertung zugeführt. Alles Nichtverdauliche verläßt ihn als Kot. Welche Bedeutung haben die einzelnen Nährstoffe?

Eiweiß Beginnen wir mit dem lebenswichtigen *Eiweiß*, den Proteinen. Man nennt sie die Bausteine des Lebens, denn ohne sie kein animalisches Leben. Sie sind an allen Vorgängen im Organismus beteiligt, beim Aufbau der Knochen und Gewebe, bei der Bildung der Zellen und des Blutes, der Lymphe, der Sekrete, der Haare und des Horns, alles Leben ist an sie gebunden. Für Eiweiß gibt es keinen Ersatz. Jeder Organismus hat einen täglichen Eiweißmindestbedarf; wird er nicht erreicht, kommt es zum Eiweißmangel und auf die Dauer zu schweren Erkrankungen. Auch in der Ruhe wird Eiweiß benötigt, da ständig Körperzellen zerfallen und wieder ersetzt werden müssen.

Jede Tierart hat ihre arteigenen Proteine. Das Pferd frißt die Pflanze und bildet das pflanzliche Eiweiß während des Verdauungsprozesses in seine spezifischen Eiweißarten um. Die Proteine sind von komplexem Aufbau und bestehen im wesentlichen aus Kohlenstoff, Sauerstoff, Wasserstoff und Stickstoff (COHN). Ihre Kombination nennt man Aminosäuren. Man teilt sie in entbehrliche, nicht lebenswichtige und in unentbehrliche, lebenswichtige (essentielle) und somit hochwertige Aminosäuren ein. Jede essentielle Aminosäure hat eine andere, ganz bestimmte Aufgabe im Organismus zu erfüllen.

Für das Pferd sind 10 Aminosäuren lebenswichtig, die alle in tierischem Eiweiß vorkommen, aber nur teilweise in pflanzlichem. Dennoch sind gesunde, erwachsene Pferde nicht auf die Zufuhr von tierischem Eiweiß angewiesen, weil sie im Dickdarm alle essentiellen Aminosäuren selbst zu bilden vermögen. Fohlen jedoch können das nicht, und wachsende Pferde nur zum Teil.

Sie brauchen ein vollwertiges Futter, das diese 10 essentiellen Aminosäuren enthält, und zwar im richtigen Mengenverhältnis zueinander.
Erhöhte Eiweißgaben werden gewöhnlich über den Stickstoff im Harn ausgeschieden; übermäßige Gaben jedoch belasten den Organismus. So ist mit Verdauungsstörungen und einem nicht nach 4711 duftenden Durchfall zu rechnen, wenn man die Pferde nach monatelanger Trockenfütterung übergangslos von heute auf morgen den ganzen Tag auf einer üppigen, eiweiß- und wasserreichen Frühlingsweide grasen läßt.

Kohlenhydrate

Die *Kohlenhydrate,* chemisch gesehen Verbindungen aus Kohlenstoff und Wasser, kennen wir in Form von Zucker, Stärke und Zellulose. Die Zellulose, Hauptbestandteil der Rohfaser, bildet das Gerüst der Pflanze: ihre Zellwände. In die Zellen der Samen, Knollen und Früchte bettet sie Stärke und Zucker als Vorrat. Je einfacher die Kohlenhydrat-Moleküle aufgebaut sind, desto leichter sind sie verdaulich, je komplizierter desto schwerer. Das Beispiel des Apfels macht das gut anschaulich.

Sept.	Okt.	Nov.	Dez.
CH_2O	$C_6H_{12}O_6$	$(C_6H_{12}O_6) \times 4$	$(C_6H_{12}O_6) \times 16$
▸rmaldehyd	× 6 = Traubenzucker	× 4 = Stärke	× 16 = Zellulose
sauer	süß	mehlig	holzig

Im Gegensatz zum Menschen können Pferde die Zellulose aufschließen und sogar Energie daraus gewinnen. Aber nicht mehr, wenn sie bereits in Holzfaser (Lignin) übergegangen ist. Genau wie beim Apfel spielen sich auch in den Futterpflanzen im Laufe der Monate Veränderungsprozesse ab. Aus dem zarten Gras im Frühjahr und dem saftigen Klee werden bis zum Herbst holzige, harte Stengel, wenn sie nicht vorher gemäht oder gefressen wurden. Holzfaser ist unverdaulich, verlangsamt die Futterpassage und schwemmt auf. Daher verursacht zu spät geerntetes Heu mit viel Lignin einen Heubauch, gutes Heu dagegen nicht. Zum reibungslosen Ablauf der Darmfunktionen ist Rohfaser als Ballaststoff für das Pferd unentbehrlich.

Während das Eiweiß die Bausteine der Körpersubstanz bildet, liefern die Kohlenhydrate die Betriebsstoffe, um die »Maschine« in Gang zu halten. Mit Hilfe von Sauerstoff erfolgt in den Körperzellen eine Verbrennung der Kohlenhydrate, wobei Wärme, also *Energie* frei wird; Wärme zur Erzeugung und Aufrechterhaltung der eigenen Körpertemperatur und Energie für Bewegung und Leistung. Menschen wie Tiere haben die Fähigkeit, Kohlenhydrate, die nicht zur Wärme- und Energieerzeugung benötigt werden, in Fett umzuwandeln und als Reserve aufzuspeichern. Das ist wichtig für Wildtiere, die im Winter Not leiden. Um die Lebensvorgänge und die Körpertemperatur aufrecht zu erhalten, wird das Vorratsfett verbrannt; ist es zu Ende und finden sie nichts zu fressen, erfrieren sie. Nicht die Kälte, sondern der Mangel an Nahrung zur Wärmeerzeugung verursacht ihren Tod.

Fette In der Landwirtschaft nützt man das Fettspeicherungsvermögen für die Mast aus. Etwas, was wir bei unseren Pferden allerdings nicht wollen. Fett macht lustlos und träge, nicht nur die Pferde. Meist kommt es schneller, als es verschwindet. Fett hat Hunger; fette Pferde und Menschen futtern besonders gern. Atem-, Herz- und andere -beschwerden sind dann die Folgen.

Dennoch kann auf Fett nicht ganz verzichtet werden. Es besteht aus Glyzerin und Fettsäuren, die man in gesättigte und ungesättigte Fettsäuren unterteilt. Gewisse ungesättigte Fettsäuren werden vom Tier benötigt, und zwar zum Zellaufbau wie zur Verwertung der fettlöslichen Vitamine A, D, E, K. Außerdem liefert Fett Energie: 2,25mal so viel wie Kohlenhydrate. Ein Futter mit zusätzlich 10–20% Fett wird vom Pferd ohne weiteres gefressen. Manche Pferde lassen ihre notwendigen Rationen zur Hälfte liegen, wenn sie unter Arbeitsstreß stehen. Durch zusätzliche Fettfütterung ist es gegebenenfalls möglich, daß sie trotzdem ihr Gewicht halten und nicht abmagern.

Vitamine

Von *Vitaminen* spricht heute jedes Schulkind; Wrangel verliert in der Fütterungslehre seines Standardbuchs vom Pferde nicht ein Wort darüber. Das konnte er 1895 auch nicht, denn der Begriff Vitamine wurde erst 1912 geprägt. Es sind organische Wirkstoffe, die dem Körper zwar keine Energie liefern und auch nur in winzigen Mengen benötigt werden, die aber dennoch für den Ablauf des Stoffwechsels essentiell sind. Ihre Einteilung erfolgt in fettlösliche und in wasserlösliche.

Trotz ihrer großen Wirkung sind es recht zarte Gesellen; lange Lagerung vertragen sie nicht, der Luftsauerstoff schädigt sie, und beim Kochen hauchen die meisten ihr Leben aus. Von wenigen Ausnahmen abgesehen, werden sie von Pflanzen gebildet, in den grünen Blättern, Früchten, Samen und Knollen, nicht dagegen in Stärke und Zucker. Einige kommen in der Natur nur als Vorstufen, als Pro-Vitamine vor, z. B. das Vitamin A als Carotin, erst im tierischen Körper werden sie in die eigentlichen Vitamine umgewandelt. Von vielen kennt man die chemische Zusammensetzung und kann sie daher synthetisch herstellen.

Zwar weiß man über viele Gesundheitsstörungen Bescheid, die auf Vitaminmangel infolge unnatürlicher Ernährung beruhen und die sich durch Vitamingaben beheben lassen. Aber die Forschung steht noch vor vielen ungelösten Fragen. Dennoch hat sich ein wahrer Vitaminkult entwickelt. Man hält sie – von der Werbung nachhaltig unterstützt – für ein Allheilmittel, traut ihnen Wunderwirkungen zu und vitaminisiert, was irgend geht: von der Margarine bis zum Lutschbonbon. Vitaminangereicherte Lebensmittel, Vitaminstöße, Multivitaminpräparate begleiten uns von der Wiege bis zum Grab.

In der Tierernährung verhält es sich nicht anders. Dabei soll der Wert von vitaminisierten Futtermitteln für die heutzutage meist völlig unnatürlich gehaltenen Pferde, die oft monatelang nicht an die frische Luft kommen, keineswegs bestritten werden. Es kann jedoch nicht eindringlich genug vor wahllosen, überhöhten Gaben in der Meinung: »viel hilft viel« gewarnt werden. Dadurch wird der Stoffwechselhaushalt durcheinander gebracht und das Tier gefährlich geschädigt.

Fettlösliche Vitamine

VITAMIN	VORKOMMEN	WIRKUNG	MANGELERSCHEINUNGEN
A	Als Provitamin Carotin in Grünfutter, frischem Heu, Mohrrüben, Obst; wird in der Leber in Vit. A umgewandelt	Antiinfektiös, fördert Wachstum, Schleimhautbildung, Wundheilung, Sehvermögen, Gesundheit, Fruchtbarkeit	Lebensschwäche, Krankheitsanfälligkeit (Darm, Augen, Haut, Schleimhaut, Hufhorn), Aborte, Sterilität, Nachtblindheit
D	Als Provitamin Ergosterin in Grünfutter, Getreidekeimlingen, als Cholesterin in der Haut enthalten, durch uv. Bestrahlung bildet sich Vit. D_2 bzw. D_3	antirachitisch, durch Beeinflussung des Kalzium-Phosphorhaushaltes wichtig für die Knochenbildung	Rachitis bei jungen Tieren, Knochenweiche und -brüchigkeit bei älteren
E	Grünfutter, junges Heu, Getreidekeimlinge, Kleie	vielseitigstes Vitamin; tiefgreifende, umfassende Beeinflussung des Gesamtstoffwechsels, vor allem der Zellatmung, fördert Wachstum und Fruchtbarkeit	Herz- und Kreislaufschwäche, Muskelschwund, Wachstums- und Fortpflanzungsstörungen, Sterilität, Leistungsabfall
K	Grünfutter, Brennesseln, Gerste, Mais	steuert die Blutgerinnung	ausgedehnte Blutungen durch gestörte Blutgerinnung, Blutarmut

Wasserlösliche Vitamine

VITAMIN	VORKOMMEN	WIRKUNG	MANGELERSCHEINUNGEN
B_1 Thiamin	Grünfutter, gutes Heu, Kleie, Getreidekeimlinge, Hefe, Milchprodukte, Ölschrote	appetitfördernd, greift in den Abbau der Kohlenhydrate, Fette und Eiweiße ein	Appetitminderung, Gewichtsverlust, Nervosität, Bewegungsstörungen, Herzschäden
B_2 Riboflavin	Grünfutter, gutes Heu, Kleie, Getreidekeimlinge, Hefe, Mohrrüben, Milchprodukte, Ölschrote	mit Phosphorsäure verbunden am Kohlenhydrat-, Fett- und Eiweißstoffwechsel beteiligt	Kümmern, Krämpfe, Haut- und Hufschäden, krankhafter Tränenfluß, Sehstörungen
B_6 Pyroxidin	Grünfutter, Getreide, Hefe, Ölschrote	mit Phosphorsäure verbunden, beeinflußt es den Eiweißstoffwechsel	Blutarmut, Kümmern, Haar- und Hautschäden
B_{12}	Futtermittel tierischer Herkunft	an Blutbildung, Stoffwechsel und Wachstum beteiligt	Wachstumsverzögerung, Nerven-, Herz- und Leberschäden, Hautentzündungen

VITAMIN	VORKOMMEN	WIRKUNG	MANGELERSCHEINUNGEN
Nikotin-säure Niacin	Grünfutter, Kleie, Hefe, tierische Eiweißfuttermittel	an Stoffwechsel, Hautfunktion und Verdauung beteiligt	Hautentzündungen vorwiegend in der Sattellage und in Gelenkbeugen, Darmerkrankungen
Pantothen-säure	Grünfutter, Getreide, Hefe, Milcherzeugnisse	steuert Hautfunktion, Kohlenhydrat-, Eiweiß- und Fettstoffwechsel	Veränderungen der Haut und Schleimhäute, Darm- und Atemstörungen
Folsäure	Grünfutter, Hefe,	blutbildend	Blutarmut
Cholin	Getreide, Lupinen, Soja, Hefe, Ölschrote	wirkt auf den Fettstoffwechsel in der Leber	ungünstige Futterverwertung, Leberschäden
H Biotin	Grünfutter, Mohrrüben, Melasse	an Stoffwechselreaktionen beteiligt	Durchfall, Lähmungen, Hautentzündungen
C	Grünfutter, gutes Heu, Mohrrüben, Tannen-, Fichtennadeln, Eigen-Synthese	Abwehr von Infektionskrankheiten, fördert Blutgerinnung, Appetit, beeinflußt Energiestoffwechsel	Mangelerscheinungen höchstens bei erwachsenen Pferden unter Streß und bei Jungtieren

Mineralien Spurenelemente

Viele Stoffwechselvorgänge im tierischen Organismus werden entscheidend von einigen anorganischen Stoffen, den *Mineralien*, beeinflußt. Manche davon finden sich nur in winzigen Mengen, in Spuren, weswegen man sie *Spurenelemente* nennt. Sie wirken nicht auf die augenblickliche Kondition wie die Energiestoffe, sondern auf die Entwicklung, Gesundheit und damit auch auf die Leistungsfähigkeit. Das Skelett und der gesamte Organismus sind auf die Zufuhr dieser Stoffe in ausreichendem Mengenverhältnis angewiesen. Fehler in der Versorgung treten nicht etwa schlagartig auf, sondern allmählich, dafür nachhaltig. Werden sie erst deutlich sichtbar, sind es meist schon kaum heilbare Dauerschäden.

Die Mineralien kommen im Boden vor und werden über die Pflanzen vom Tier aufgenommen. Lava, Urgesteins- und Meeresböden enthalten viele Mineralien in natürlicher Verteilung, während unsere Kulturböden durch intensive Nutzung und oft falsche Düngung daran teilweise verarmt sind. Leguminosen, Kräuter, Klee und einige Gräser sind reich an Mineralien, Knollen und Wurzeln dagegen arm; Getreide liegt in der Mitte.

Mineralien

	Art	Wirkung	Mangelerscheinungen
Mengenelemente	Kalzium (Ca)	Wesentlich für den Skelettaufbau	Rachitis, Kopfmißbildung bei wachsenden Pferden, Knochenweiche und -brüchigkeit bei älteren
	Phosphor (P)	wie Kalzium, ferner am gesamten Stoffwechsel beteiligt	Leistungsschwäche, Knochenschäden, geht mit Kalzium Hand in Hand
	Natrium Chlor (NaCl)	regelt den Säure-Basen-Haushalt und die Körpertemperatur (Schwitzen)	Appetitmangel, Schwäche, Kreislauf-, Wachstums-, Fruchtbarkeitsstörungen
	Kalium (K)	Regelung des osmotischen Drucks im Zellinnern	Mangel selten, eher Überangebot
	Magnesium (Mg)	an Knochenaufbau, Funktion von Nerven- und Muskelgewebe beteiligt	Nervosität, Zittern, Muskelkrämpfe, Weidetetanie
Spurenelemente	Eisen (Fe)	spielt große Rolle im Zellstoffwechsel und bei der Blutbildung	Blutarmut, Leistungsschwäche, Infektionsanfälligkeit
	Kupfer (Cu)	wie Eisen; ferner wichtig für Fruchtbarkeit, Wachstum, Knochenaufbau	wie Eisen; bei Fohlen Knöcheldurchbiegung
	Kobalt (Co)	als Bestandteil von Vitamin B_{12} an Blutbildung beteiligt	Blutarmut, Wachstumsstörungen, Hautveränderungen
	Mangan (Mn)	beeinflußt Knochenbildung und Fruchtbarkeit	Mangel tritt praktisch nicht auf
	Jod (J)	von der Schilddrüse zur Bildung von Thyroxin benötigt, das den Stoffwechsel steuert	Kropf (Stuten, neugeborene Fohlen), Lebensschwäche, Totgeburten, Wassersucht
	Selen (Se)	wichtig für Muskelstoffwechsel, ähnlich wie Vitamin E	Saugfohlen: Schwierigkeiten, den Kopf beim Saugen zu drehen
	Zink (Zn)	wichtig für einzelne Fermentreaktionen, Hautbildung und -funktion	schlechte Futterverwertung, Hautverdickungen, Haarausfall

Sicherlich spielen noch weitere Mineralien eine Rolle, wie Chrom, Fluor, Molybdän, Nickel, Silizium, Vanadium, Zinn; aber wir wissen noch zu wenig über ihre Bedeutung für das Pferd.

Einige der Mineralien stehen in enger Wechselbeziehung zueinander, manchmal auch noch zu anderen Wirkstoffen. Daher ist das richtige Mengenverhältnis zueinander in der Futterration außerordentlich wichtig. So soll das Kalzium-Phosphor-Verhältnis für erwachsene Pferde nie enger als 1,1:1 werden und für Fohlen nicht unter 1,5:1 sinken, da sie zum Skelettaufbau mehr Kalk benötigen. Bedenkt man, daß sich das Ca:P-Verhältnis in den Knochen um 2:1 bewegt, so erscheinen die Kalziumwerte zu niedrig. Lindau forderte daher auch für erwachsene Pferde zur Stabilisierung der Knochensubstanz ein Ca:P-Verhältnis von 1,5:1, besser von 2:1, denn viele üble Knochenwucherungen und Niederbrüche bei Leistungspferden gingen eindeutig auf eine Kalziumunterversorgung zurück. Damit sich Kalzium und Phosphor richtig entfalten können, muß übrigens genügend Vitamin D im Organismus vorhanden sein.

Darüber hinaus besteht noch eine Reihe von Wechselwirkungen zwischen den verschiedenen Mineralien, z. B. zwischen Natrium und Kalium; hier wird ein Verhältnis wie 1:5 für das günstigste gehalten. Da der Kaliumgehalt in Rüben, Hafer, Heu und Gras gewöhnlich 2–6mal so hoch ist, zeigt sich vor allem bei Weidepferden oft ein Natriummangel, verbunden mit einem Heißhunger auf Salz. Vorsicht also mit der Kaliumdüngung auf Pferdeweiden! Hier bleibt noch vieles zu erforschen, zumal heutzutage Pferde auch auf Böden gezüchtet werden, die entweder zu arm oder zu reich an Mineralien sind.

Ebenso gefährlich wie bei Vitaminen wirken sich überhohe Gaben von Mineralien aus; sie rufen oft die gleichen Erscheinungen wie eine Unterversorgung hervor, z. B. Kropf bei Jod-Mangel/Überdosis. Alle Nähr- und Wirkstoffe haben ihre speziellen Aufgaben, jedoch nicht jeder für sich, sondern miteinander. Wir müssen sie daher in ihrer Gesamtheit sehen, als Rädchen einer großen Maschine, die nur funktioniert, wenn sich alle im harmonischen Rhythmus miteinander drehen.

Der Nährstoffbedarf

Die Haltung und die Verwendung des Pferdes haben sich seit 1945 entscheidend gewandelt: sowohl im Krieg als in der Landwirtschaft sind Maschinen an seine Stelle getreten. Es zog vom Land in die Stadt, wurde vom Wirtschafts- zum Sportpferd. Hinzu kommt der starke Import von anspruchslosen Ponys für das Freizeitreiten. Alle diese Faktoren wirken sich auf den Nährstoffbedarf der Pferde aus. Leider sind unsere Kenntnisse darüber noch unvollkommen, weil sich die Wissenschaft erst seit einigen Jahren mit den Fragen der Pferdefütterung befaßt.

DLG-Tabellen   Über den Nährstoffbedarf der Wiederkäuer, Schweine und des Geflügels, also des »Nutz«-viehs, liegen seit langem exakte Untersuchungen vor, die in den Futterwert- und Nährstofftabellen und in den Standards für Mineral- und Vitaminmischungen der DLG (Deutsche Landwirtschaftliche Gesellschaft) ihren Niederschlag fanden. Aber erst im Jahre 1974 hat die DLG eine »Futterwerttabelle für Pferde« veröffentlicht, die von der Universität Hohenheim erarbeitet wurde.

Wieso weiß man über die anderen Tiergattungen so viel und über den Nährstoffbedarf des Pferdes so wenig? Das hat mehrere Gründe. Einmal handelt es sich bei den anderen um kurzlebiges »Nutz«-vieh, das bei seinem ungeheuren Bestand dem Menschen einen ungleich höheren wirtschaftlichen Nutzen bringt. Da lassen sich Untersuchungen leichter durchführen und lohnen sich auch eher. Forschungen kosten Geld; wer ein Interesse an ihren Ergebnissen hat, läßt sie sich etwas kosten. Bei uns ist das Pferd kein Wirtschaftsfaktor, der groß in die Waagschale fällt, Untersuchungen zahlen sich kaum aus. Anders in USA, wo das jährliche Wirtschaftsvolumen für die rund 9 Millionen Pferde auf 13 Milliarden Dollar geschätzt wird. Das ergibt für die Forschung eine gesunde finanzielle Basis. Daher stammen die meisten Untersuchungsergebnisse der letzten Zeit aus den USA.

Zum anderen liegen die Schwierigkeiten im Pferd selbst. Die Leistung des Nutzviehs besteht in der Produktion von Milch, Eiern,

Wolle, Fleisch. Für ihre Bewertung nach Quantität und Qualität lassen sich klare Maßstäbe und Vergleiche schaffen. Die Milchleistung einer Kuh nach Litern und nach Fettgehalt ist einfach zu bestimmen. Da gibt es keine Mißverständnisse. Ebenso genau kennt man den Nährstoffbedarf, um eine bestimmte Menge Milch von einem bestimmten Fettgehalt zu erzeugen; nach dem »Milcherzeugungswert« sind für 1 l Milch mit 4%/o Fett 60 g verdauliches Eiweiß und 275 Stärkeeinheiten zu verfüttern.

Anders beim *Pferd*. Abgesehen von dem Milch- und Fleischverzehr einiger Nationen liegt seine Leistung nicht in der Produktion von Nahrungsmitteln, sondern in der *Fortbewegung*. Als es noch hauptsächlich als Zugtier benutzt wurde, war es verhältnismäßig einfach, einen Maßstab für die Zugleistung und den Nährstoffbedarf zu finden. Durch den Wandel zum Reitpferd besagen diese Maßstäbe nicht mehr viel, und ihre Ernährungsempfehlungen mit wirtschaftseigenen Futtermitteln wie Silage, Ackerbohnen, Felderbsen, Futterwicken, Kartoffeln oder anderen Hackfrüchten sind auf das moderne Sportpferd kaum anwendbar.

Kraftleistung

Gleichmäßige Dauerleistungen wie beim Nutzvieh erfordern eine gleichmäßige Ernährung. Das Huhn soll jeden Tag ein Ei legen, vom Pferd dagegen werden sehr unterschiedliche Leistungen verlangt, die sich nicht täglich wiederholen. Das Springpferd muß nicht nur Hindernisse verschiedener Höhe und Breite überwinden, es soll das auch noch schnell tun. Bei *schnellen Kraftleistungen* steigt der Energiebedarf erheblich an, während der Eiweißbedarf ziemlich gleich bleibt. Viele unwägbare Momente kommen hinzu, die den Kraftaufwand und damit den Nährstoffbedarf beeinflussen: Kondition (Trainingszustand, Haarwechsel), Außentemperatur, Art des Geländes (eben, bergig), Zustand des Bodens (hart, elastisch, aufgeweicht), Verfassung des Reiters. Wie soll man die Leistung eines Dressurpferdes und den dafür benötigten Energiebedarf ermessen? Wie sehen vergleichbare Maßstäbe für Freizeitpferde aus, die sporadisch ins Gelände geritten werden? Selbst auf der Rennbahn liegen ungleiche Bedingungen vor: unterschiedliche Gewichte, Jockeys, (oft auch) Alter und Geschlecht. Außerdem wird keine absolute, sondern nur eine relative Schnelligkeit verlangt: der Sieger muß schneller als die übrigen sein.

Futteransprüche Weitere Schwierigkeiten ergeben sich durch die verschiedenen Rassen, die zum Reiten verwandt werden, und ihre *unterschiedlichen Futteransprüche*. Während die ruhigeren, kaltblütigeren Schläge, die Ansatztypen, aus ihrer Nahrung mehr Fleisch und Masse bilden (z. B. Rheinisches Kaltblut, Fjordpferd), setzen die lebhaften Atmungs- und Umsatztypen sie mehr in Energie und Temperament um (z. B. Vollblutaraber, Achal-Tekkiner, Englisches Vollblut). Sie haben einen höheren Grundumsatz, der konzentrierteres Futter und weniger Rohfaser verlangt. Auch hinsichtlich der Futterqualität sind die Galopper anspruchsvoller als die Schrittpferde, vor allem die »Trinker des Windes« und die schnellen Achal-Tekkiner.

Nach dem Zweiten Weltkrieg traten die damit verknüpften Probleme durch die Einfuhr der verschiedensten Ponyrassen besonders deutlich zutage, als man sie wie Großpferde, nur mit geringeren Mengen, ernährte. Es stellte sich nämlich heraus, daß Ponys bei viel Kraftfutter und/oder üppiger Weide (und wenig Arbeit) eher zu Verfettung, Nierenverschlag und Rehe neigen als Großpferde, daß sie also genügsamer sind. Diese Genügsamkeit wurde folgendermaßen begründet: sie haben eine andere Futterverwertung, da »Zähne mit langen, starken Wurzeln ... es dem Robustpferd ermöglichen, auch minderwertiges Heu, hartes Gras, selbst Heidekraut und Zweige nährend zu zerkleinern und zu verwerten« (PP 10/1968). Eine durchaus einleuchtende Erklärung, die auch in den vorhergehenden Auflagen dieses Buches vertreten wurde, die aber aufgrund der Veröffentlichungen von Professor Meyer nicht mehr aufrechterhalten werden kann, denn: »Ponys unterscheiden sich, bis auf die Größe, in ernährungsphysiologischer Hinsicht nicht von Großpferden. Vergleichende Untersuchungen haben gezeigt, daß die Futterverdaulichkeit bei diesen Pferdegruppen in gleicher Größenordnung liegt.« (S. 345, Löwe/Meyer, »Pferdezucht und Pferdefütterung«.)

Dennoch wird ihre Genügsamkeit nicht bestritten, nur sollte man nicht verallgemeinern und behaupten, daß grundsätzlich alle Ponys genügsam seien. Meyer billigt diese Eigenschaft nur einigen Rassen zu: Shetland-, Exmoor-, Islandpony und Fjordpferd; diese »haben sich in jahrhundertelanger Entwicklung an die Futterverhältnisse extensiver Standorte adaptiert. Ihr Verhalten (ruhiges Temperament) sowie die starke Hautisolation (dichtes Haarkleid, Unterhautfettgewebe) bedingen offenbar einen geringeren Energieaufwand im Erhaltungsstoffwechsel«. Für Ponys aus wärmeren Gegenden und solche mit vermehrten Araber- und/oder Englisch Vollblutanteilen hingegen treffe das nicht zu: New Forest, Welsh Mountain, Haflinger und Bosnische Gebirgspferde (Bosniaken).

Zu dieser Gruppe gehört ferner das Deutsche Reitpony, das in den letzten Jahren aus der Kreuzung von Ponystuten mit Veredlerhengsten entstanden ist. Den Anstoß zu derartigen Kreuzungen bildete der Wunsch nach einem eleganteren Turnierpferd in Kleinformat für Jugendliche von 12–16 Jahren. Für diesen Verwendungszweck passen die ausgesprochenen Pony-Exterieurs mit den breiten Ganaschen, die sich schwer beizäumen lassen, den dicken Unterhälsen, die sich gegen das An-den-Zügel-stellen wehren, die Tonnenbäuche, die den Sattel gern rutschen lassen, nicht so recht. Den Vorteilen der größeren Rittigkeit und der schwungvolleren Gänge solcher Sportponys stehen jedoch erhöhte Ansprüche an Haltung und Fütterung entgegen. Mit zunehmender Veredelung werden sie anspruchsvoller und machen schließlich genausoviel Arbeit wie die Stall-Großpferde. Werden sie dann plötzlich aus Zeitmangel vernachlässigt, so reagieren sie wesentlich empfindlicher als unverkreuzte Ponys.

Die benötigte Energiemenge und damit auch der Nährstoffbedarf eines Tieres wird davon bestimmt, was es *leistet*. Ein ausgewachsenes Pferd, das täglich Leistungen vollbringt, braucht mehr als eines, das nur zum Wochenende oder gar nicht geritten wird. Eine Binsenweisheit, nicht wahr? Aber anscheinend nicht für jedermann; gäbe es sonst so viele überfütterte Pferde?

Erhaltungsbedarf

(Falls Sie mich jetzt fragen sollten, woran man erkennt, ob ein Pferd weder zu dick noch zu mager ist, so würde ich antworten: wenn man die Rippen nicht sieht, aber mit der darübergleitenden Hand fühlen kann.)

Ein ausgewachsenes Pferd, das außer fressen, trinken und verdauen nichts tut, kann zwar nicht von Luft, aber praktisch von Stroh und Wasser leben, denn es benötigt lediglich Energie für seinen Erhaltungsstoffwechsel. Hierfür hat es einen bestimmten *Erhaltungsbedarf*. Er ändert sich nicht nur im Laufe seines Lebens, sondern auch im Laufe des Jahres. Während des Haarwechsels wird er höher, aber auch im Winter, da bei Minusgraden mehr Wärme zur Aufrechterhaltung der Körpertemperatur erzeugt weden muß als bei Plusgraden.

Leistungsbedarf Sobald das Pferd eine Leistung vollbringt, verbraucht es zusätzliche Energie und hat außer dem Erhaltungs- noch einen Leistungsbedarf. Seine Höhe hängt von der geforderten Leistung ab und von der Zeit, in der sie durchgeführt wird. Ein Rennpferd benötigt für 2 km Renngalopp mehr Energie als ein Hobbypferd für einen 10 km langen Spazierritt. Es hat sich daher eingebürgert, den Nährstoffbedarf erwachsener Reitpferde nach folgenden Leistungsklassen zu staffeln:

E = Erhaltungsbedarf
L = Leichte Arbeit
M = Mittlere Arbeit
S = Schwere Arbeit
EA = Extreme Anstrengung

Und was versteht man darunter? Schauen wir uns einmal die Erläuterungen hierzu in drei Tabellen an!

Leistungsklasse	DLG-Futterwerttabelle für Pferde	»Der Steigbügel« Tägl. Reiten	Prof. Meyer Tägl. Reiten
Erhaltung	–	Bis 1 h	–
Leichte Arbeit	Freizeitsport	1–3 h	1–3 h
Mittlere Arbeit	Breitensport	3–5 h	2–4 h
Schwere Arbeit	Leistungssport	5–8 h	3–5 h
Extreme Anstrengung	Hochleistungssport	–	–

Weitgespannte Erläuterungen, die nicht übereinstimmen. Sie *Individualität* zeigen, wie schwierig es ist, hier einen gemeinsamen Nenner zu finden. Denn kein Pferd gleicht dem anderen, die individuellen Abstufungen sind außerordentlich groß. Außer dem physischen Leistungsvermögen spielt die psychische Verfassung oft eine entscheidende Rolle. Die Kuh gibt Milch, ob sie will oder nicht; das Huhn legt Eier, ob es ihm paßt oder nicht. Aber das *Pferd* läuft nur, wenn es *will* oder *Angst* hat. Vor einigen Jahren stand auf einer westdeutschen Galoppbahn ein junger Hengst im Training, der zu den allergrößten Hoffnungen berechtigte. Als er dann im Rennen eingesetzt wurde, streikte er. Im Training stets der erste, blieb er am Start wie angewurzelt stehen und blickte dem enteilenden Feld nach. Weder Zucker noch Peitsche halfen. Er stand ehern am Start und ließ sich nur noch rückwärts in seinen Stall bewegen. Am nächsten Morgen beim Training war er wieder fidel und ließ die Kameraden spielend hinter sich. Da verfiel man auf eine »Roßkur« und startete eines Tages beim Morgentraining genau wie im Rennen, nur mit dem Unterschied, daß auf seinem Rücken der unerschrockendste Jockey saß und unter ihm ein kleiner Strohhaufen lag, der just in dem Augenblick emporflammte, als der Startschuß fiel. Unser Dienstverweigerer erschrak derart, daß er wie ein Pfeil davonschoß und wie um sein Leben rannte. Nie wieder blieb er am Start stehen. Seinem Besitzer galoppierte er mehrstellige Beträge ein.

Neben dem Leistungswillen sprechen Ausbildungsstand und Erfahrung noch ein wichtiges Wort bei dem Kräfteeinsatz mit. Der Rohling wird sich mehr verausgaben als das trainierte, erfahrene Pferd, das mit seinen Kräften hauszuhalten versteht und daher auch weniger Nahrung braucht, um den Verlust zu ersetzen.

Bei Pferden, die in der Zucht stehen, tritt die Fortbewegung als *Zuchtleistung* Leistungskriterium etwas in den Hintergrund gegenüber ihren Zuchtleistungen. Die Hengste zeugen neues Leben, die Stuten lassen es in ihrem Leib heranreifen, bringen es zur Welt und säugen es, die Fohlen wachsen auf und werden Pferde. Das sind bedeutende Leistungen, die an die Qualität und die biologische

Wertigkeit der Futtermittel hohe Ansprüche stellen. Allerdings lassen sich diese Leistungen einfacher messen, da sie im Gegensatz zur Fortbewegung stofflicher Natur sind. Aber auch hier ergeben sich Unsicherheitsfaktoren bei der Bestimmung des Nährstoffbedarfs, die durch individuelle Unterschiede der Pferde bedingt sind.

StE/TDN Der Nährstoffbedarf des Pferdes und der Wert der Futtermittel wurden in den vergangenen Jahren in Stärkeeinheiten angegeben. Dieser Maßstab stammt aus der Ochsenmast. Als 1 Stärkeeinheit (StE) bezeichnet man das Fettbildungsvermögen von 1 g verdaulicher Stärke beim Ochsen.

Ein Tier lebt bekanntlich nicht von dem, was es frißt, sondern, was es verdaut. Da die Verdaulichkeit der Futtermittel bei Pferd und Rind verschieden ist und damit auch ihr Futterwert, ging man vielfach zu der in den USA üblichen Methode der TDN (Total Digestible Nutriments) über. Hierunter wird die Summe aller verdaulichen Nährstoffe verstanden. Auch die DLG-Futterwerttabelle für Pferde verwendet diesen Maßstab, und einige Firmen nennen den TDN-Gehalt ihrer Pferdefutter bereits auf den Sackanhängern. Die verdauliche Energie (Digestible Energy = DE) wird in Megakalorien (Mcal) angegeben; 1000 TDN entsprechen 4,41 Mcal DE.

Diese Maßstäbe lassen jedoch die Energieanteile außer acht, die über den Urin ausgeschieden werden und die der Körper zur Verdauung benötigt. Daher werden Futtermittel mit hohem Rohfasergehalt wie Heu und Stroh gegenüber dem leichter verdaulichen Hafer etwas überbewertet.

Bedarf an TDN, Trotz aller Schwierigkeiten müssen wir einen Weg für die Praxis
DE und Protein finden. Denn unsere Pferde haben Hunger, und wir müssen ihn stillen. Dazu brauchen wir Richtlinien, wie das am besten geschieht. Am besten heißt, sie so gut wie möglich zu versorgen und Ernährungsfehler zu vermeiden. Wenn nun Tabellen über den Nährstoffbedarf gebracht werden, dann nicht ohne ein gewisses Unbehagen, denn wir haben gesehen, wieviel unwägbare

Momente exakten Untersuchungen im Wege stehen. So nimmt es nicht wunder, daß die Angaben in der Literatur teilweise stark voneinander abweichen.

Da die DLG als die führende deutsche Fachorganisation auf dem Gebiet der Tierernährung anzusehen ist, wurden in den nachfolgenden Tabellen die Faustzahlen für den Energie- und Rohproteinbedarf von Sport- und Zuchtpferden aus der im DLG-Verlag erschienenen »Futterwerttabelle für Pferde« übernommen; Verfasser: Herr Prof. Dr. Dr. K. Drepper. Für anspruchsvolle Rassen sind die darin genannten Werte um 10% zu erhöhen und für genügsame um 10% zu kürzen.

Täglicher Bedarf für erwachsene Sportpferde   *Sportpferde*

Leistungs-klasse	je 100 kg Körpergewicht (Faustzahlen)			TDN-Bedarf für andere Körpergewichte
	TDN g	verdaul. Energie Mcal	verdaul. Rohprotein g	
E	800	3,5	70**	35mal x*
L	1000	4,4	80	48mal x − 350
M	1200	5,3	90	62mal x − 700
S	1400	6,2	100	74mal x − 900
EA	1600	7,1	120	87mal x − 1150

* x = Körpergewicht in kg^{0,75}
** Die Steigerung des Rohproteinbedarfs mit zunehmender Leistung gilt *nur* für die Trainingszeit

In der Futterwerttabelle stehen keine x-Werte für andere Körpergewichte, daher seien sie nachfolgend genannt:

x = bei 100 kg Körpergewicht   31,6
x = bei 200 kg Körpergewicht   53,2
x = bei 300 kg Körpergewicht   72,1
x = bei 400 kg Körpergewicht   89,4
x = bei 500 kg Körpergewicht   105,7
x = bei 600 kg Körpergewicht   121,2

Der tägliche Eiweißbedarf wird nach der Formel 2,78mal x errechnet.

Beispiel:

Wie hoch ist der tägliche Bedarf an TDN, DE und verdaulichem Rohprotein eines erwachsenen Sportpferdes (Englischer Vollblüter) von 500 kg Gewicht bei mittlerer Arbeit?

TDN: 62mal 105,7 = 6553 − 700 = 5853, aufgerundet auf 5900
+ 600 (10%) = 6500 g TDN

DE: 6,5 x 4,41 = 28,7 Mcal DE

Verdauliches Rohprotein: 2,78mal 105,7 = 294, aufgerundet auf 300 g verdauliches Rohprotein

Zuchtpferde Täglicher Bedarf für Zuchtpferde je 100 kg Körpergewicht (Faustzahlen)

Leistungsklasse	TDN g	verdaul. Energie Mcal	verdaul. Rohprotein g
Stuten			
im letzten Drittel der Trächtigkeit	900	4,0	80*
im Laktationsgipfel	1200	5,3	200*
Deckhengste bei			
geringer Beanspruchung	1000	4,4	130
mittlerer Beanspruchung	1200	5,3	150
starker Beanspruchung	1400	6,2	170
Fohlen			
vom 1. bis 6. Monat	1600	7,1	350*
vom 6. bis 12. Monat	1200	5,3	200*
im 2. Lebensjahr	900	4,0	150

* Davon ca. 20% hochwertiges Protein (z. B. aus Trockenmagermilch)

Die Tabellen zeigen uns:
▷ Bei erwachsenen Pferden steigt der Energiebedarf mit der Leistung, nicht jedoch der Eiweißbedarf, außer im Training
▷ Zuchttiere haben einen wesentlich höheren Eiweißbedarf
▷ Das Wachstum der Fohlen in den ersten Monaten entspricht den extremen Anstrengungen im Hochleistungssport

Durchschnittliche Gewichtszunahme von Fohlen und Jungpferden

	in Prozenten		in kg bei einem Pferd von 500 kg Endgewicht		
Alter; Ende	% des Endgewichts %	% Gewichtszunahme %	Gewicht kg	Gewichtszunahme kg	tgl. Gewichtszunahme g
Geburt	10		50		
2. Monat	23,5	13,5	117,5	67,5	1125
6. Monat	42,5	19	212,5	95	790
12. Monat	60	17,5	300	87,5	486
18. Monat	72,5	12,5	362,5	62,5	350
24. Monat	80	7,5	400	37,5	210
30. Monat	86	6	430	30	170
36. Monat	91	5	455	25	144

Die Entwicklung des Fohlens nimmt im ersten Lebensjahr einen geradezu stürmischen Verlauf. Halten wir uns die Zahlen noch einmal vor Augen:

	% des Endgewichts	% der Endgröße
bei Geburt	10	66
nach 12 Monaten	60	80

Die Erklärung für dieses Phänomen liegt auch hier in der Lebensweise der wilden Ahnen. Auf den täglichen und jahreszeitlichen Wanderungen über riesige Räume zur Nahrungs- und Wassersuche oder auf der Flucht vor Feinden mußten auch die Fohlen schon mit der Herde Schritt halten können, oder sie wurden eine Beute der Raubtiere.

Größe und Größenwachstum werden nur zu etwa 35% vererbt und zu 65% von Umweltfaktoren gesteuert. Dazu gehört auch die Ernährung. Das sollten sich die Züchter stets vor Augen halten und bei der Versorgung der Fohlen und ihrer säugenden Mütter beherzigen. Denn:

Was in den ersten 8 Lebensmonaten versäumt wird,
kann NICHT mehr nachgeholt werden.

Es ist übrigens nicht gleichgültig, in welcher Form das Pferd die verschiedenen Nährstoffe erhält. Am anspruchsvollsten sind Fohlen, weil ihr Verdauungssystem noch nicht so entwickelt ist wie bei erwachsenen Pferden. Fohlen brauchen

▷ *Leicht verdauliche* Nahrung
▷ *Konzentrierte* Nahrung, um ihren Nährstoffbedarf zu decken, da sie nur geringe Mengen zu sich nehmen
▷ *Viel Protein* zum Aufbau ihres Organismus
▷ *Biologisch hochwertiges Protein*, da sie selbst noch keine essentiellen Aminosäuren aufbauen können. Wichtig für das Wachstum sind Lysin und Methionin

Mit zunehmendem Alter sinkt der Proteinbedarf und damit auch die notwendige Konzentration im Futter. Amerikanische Wissenschaftler stellen etwas andere Forderungen als deutsche auf.

Lebensalter	Gehalt an verdaulichem Rohprotein in der Gesamtration	
	USA	BRD
bis 6 Monate	20–22%*	16%*
6–12 Monate	18–16%*	12%*
12–24 Monate	16%	10%
24–36 Monate	14–12%	
ab 36 Monaten	12–10%	8%
Deckhengste	12%	10–12%
Tragende Stuten ab 2 Wochen vor der Geburt	16%**	
Laktierende Stuten	16%**	12%**

* hochwertiges Protein
** davon 20% hochwertiges Protein

Die *Nährstoffkonzentration* des Futters richtet sich nach dem Alter, der Rasse und der Leistung. Je höher ein Pferd im Blut steht, je größer und vor allem je schneller seine Leistung ist, um so energiereicher und konzentrierter, aber auch um so leichter verdaulich muß das Futter sein.

Rohfaser

Beim Pferd sind der Konzentration jedoch Grenzen gesetzt; so können wir nicht etwa Rennpferde ausschließlich mit Zucker und Eiern ernähren. Damit die Verdauung funktioniert und Pferde sich gesättigt fühlen, brauchen sie Rohfaser als *Struktur- und Ballaststoff*. Zwar sinkt die Verdaulichkeit mit zunehmendem Rohfasergehalt der Ration, aber für die Speichelbildung, die Darmbewegung und die Mikrobentätigkeit im Dickdarm ist *Rohfaser unentbehrlich*.

Wirkung falscher Ballastgaben (nach Schreiber, etwas modifiziert)

Futtergehalt:	Folgen:
zu wenig Ballast, d. h. Futtermischung zu konzentriert, zu nährstoffreich, Futtermenge zu gering	Hungergefühl trotz Übersättigung an Nährstoffen, schlechte Verdauung, schlechte Ausnützung der Nährstoffe
zuviel Ballast, d. h. zu rohfaserreiche, schwer verdauliche, nährstoffarme Futtermischung	Überbelastung des Verdauungsapparates, Entzündung der Schleimhäute, stark gesättigt, aber Nährstoffhunger, viel Kauarbeit

Faustzahlen für den Rohfasergehalt in der Gesamtration

Alter	%	
Bis 2 Monate	6	
2– 6 Monate	8	
6–12 Monate	10	
Jungpferde über 1 Jahr	15–18	
Laktierende Stuten	15	nicht über 20%
Arbeitende erwachsene Pferde	16–18	nicht über 20%
Erwachsene Pferde, Erhaltung	20–22	

Die zur Sättigung notwendige Ballastmenge wird in kg *Trockensubstanz* gemessen. In der Praxis hat sich die Norm der lufttrockenen Ration bewährt (= 86% Trockensubstanz), die dem Feuchtigkeitsgehalt von normalem Heu und Kraftfutter entspricht.

Faustzahl für den Tagesbedarf an lufttrockenem Futter:
2% des Körpergewichts (bei mittlerer Arbeit).

Wirkstoffe Da der Bedarf des Pferdes an Vitaminen, Mineralien und Spurenelementen noch nicht bis ins letzte erforscht ist, stimmen die Angaben über seine Höhe nicht allgemein überein. So wollen wir uns auch hier an die Zahlen in der DLG-Futterwerttabelle für Pferde halten.

Tagesbedarf an Vitaminen, Mineralien und Spurenelementen von Sport- und Zuchtpferden je 100 kg Körpergewicht

	erwachs. Sportpfd.	Zuchtstuten letzt. Drittel d. Trächtigkeit	Laktationsgipfel*	Fohlen und Jungpferde 1.–6. Monat	6.–12. Monat	12.–24. Monat
Vitamine						
Vitamin A, IE	10 000	15 000	15 000	10 000	10 000	10 000
Vitamin D, IE	1 000	1 400	1 400	1 000	1 000	1 000
Vitamin E, mg	80	110	110	80	80	80
Vitamin B1, mg	7	10	10	7	7	7
Vitamin B2, mg	7	10	10	7	7	7
Vitamin B6, mg	4	6	6	4	4	4
Vitamin B12, mcg	17	24	24	17	17	17
Nikotinsäure, mg	13	18	18	13	13	13
Pantothensäure, mg	7	10	10	7	7	7
Folsäure, mg	3	4	4	3	3	3
Cholin, mg	170	240	240	170	170	170
Mineralien						
Ca, g	5,0	7,5	12,0	14,0	9,5	6,5
P, g	3,0	5,0	7,0	10,0	7,0	5,0
Mg, g	1,0	1,5	1,5	3,0	2,0	1,5
NaCl, g**	5,0	7,5	8,0	14,0	9,5	6,5
Spurenelemente						
Cu, mg	10,0	11,5	11,5	25,0	17,0	12,0
Fe, mg	100,0	115,0	115,0	250,0	170,0	120,0
Mn, mg	40,0	40,0	40,0	50,0	40,0	40,0
Zn, mg	40,0	46,0	46,0	100,0	68,0	48,0
Co, mg	0,1	0,12	0,12	0,3	0,2	0,1
J, mg	0,2	0,2	0,2	0,3	0,2	0,1

* Gleiche Zahlen für *Deckhengste*
** Der *Kochsalzbedarf* ist sehr stark von der Leistung und der Temperatur abhängig. Ein Pferd, das hart arbeitet und/oder in heißem

In der Jugend können die Tiere die *Mineralstoffe* im Futter besser auswerten als später; daher ist es ratsam, die Ca-, P- und Mn-Mengen für Pferde über acht Jahre um ein Drittel zu erhöhen. Nach Meyer und amerikanischer Literatur liegt der Ca- und P-Bedarf für Fohlen von 6–12 Monaten um etwa ein Drittel höher als im ersten Lebenshalbjahr.

Prof. Cunha, USA, hält es für vorteilhaft, *güsten Stuten* um 50% *höhere Vitamindosen* als laktierenden Stuten zu verabreichen, während Prof. Meyer empfiehlt, die Fruchtbarkeit von Problemstuten durch erhöhte Vitamin-A- und Vitamin-E-Gaben in der Zeit von Januar bis April günstig zu beeinflussen.

Das Wasser

Wasser enthält keine Nährstoffe, dennoch ist es zur Erhaltung des Lebens unentbehrlich, denn der Pferdekörper besteht zu 63% aus Wasser. Kamele können tagelang ohne Wasser auskommen, Pferde müssen mehrmals täglich trinken; es ist ihnen nicht möglich, Wasservorräte zu speichern. Genau wie uns Menschen fällt es ihnen leichter, zu hungern als zu dursten.

Auch ist es ein Märchen, daß Pferde laues oder abgestandenes Wasser mögen. Im Gegenteil, sie sind wählerisch und bevorzugen kühles, gutes Wasser. Ein Hund hingegen säuft aus jeder Pfütze.

Trinkwasser für Pferde soll sein:
▷ kühl und frisch
▷ klar und biologisch rein
▷ geruchlos
▷ ohne Beigeschmack
▷ frei von gesundheitsschädlichen Stoffen.

Klima lebt, verliert beträchtliche Salzmengen über den Schweiß (1 g je Liter, stündlich 10–15 g) und über den Urin. Es wurde festgestellt, daß ein mittelschweres Pferd bei mäßiger Arbeit täglich 50–65 g Salz über die Haut und 30–35 g über den Urin ausscheidet.

Wasserbedarf Maßgebliche Faktoren für die Höhe des Wasserbedarfs:
- Alter
- Größe
- Leistung
- Jahreszeit
- Fütterung

Je trockener und rohfaserreicher die Fütterung ist, desto mehr Wasser wird zu ihrer Verdauung benötigt, je kg durchschnittlich 3 Liter. Andererseits kann dem Pferd mit (regennassem!) Grünfutter so viel Wasser zugeführt werden, daß es oft Schwierigkeiten bereitet, solche Mengen wieder auszuscheiden.

Täglicher Wasserbedarf (nach Prof. Meyer)

für	Liter
Fohlen	10–15
Sportpferde	
leichte Arbeit	30–40
schwere Arbeit	60–80
laktierende Stuten	40–60

Im allgemeinen decken nur Fohlen einen Teil ihres Wasserbedarfs in Form von Milch. Aber bei den Beduinen Arabiens war es üblich, ihren Pferden Kamelmilch zu reichen, denn das Wasser in den Wüstenbrunnen war oft so bitter und brackig, daß die Pferde es ablehnten, die Kamele jedoch nicht.

Daß frische Stutenmilch auch für erwachsene Pferde begehrenswert sein kann, würde ich nicht glauben, wenn ich es nicht selbst gesehen hätte. Zur Bedeckung durch meinen Vollblutaraberhengst kam einmal eine Fjordstute mit Fohlen, die so viel Milch hatte, daß sie bereitwillig auch das Fohlen einer anderen Stute trinken ließ. Wie erstaunte ich jedoch, als ich sah, daß Ahmed, ein sechsjähriger, wesentlich größerer Halbblutaraberwallach, eines Tages vor ihr in die »Knie« ging und behaglich das süße Naß aus ihrem vollen Euter saugte. Sie ließ es ruhig geschehen und betrachtete voller Wohlwollen ihren großen »Sohn«.

Die Deckung des Nährstoffbedarfs

Bevor wir uns überlegen, *wieviel* wir von jedem Futtermittel verabreichen, schauen wir uns erst einmal an, welche grundsätzlichen Forderungen sie erfüllen müssen.

Alle Futtermittel sollen

sauber		*nicht* verschmutzt, verdorben	
einwandfrei		*nicht* stark quellend	
schmackhaft		*nicht* dursterregend	
bekömmlich	und	*nicht* blähend, gärend	sein
sättigend		*nicht* gehaltlos	
ernährend		*nicht* verfälscht	
		nicht gesundheitsschädlich	

Prägen wir uns daher ein:

Pferde sind keine Abfalleimer.

Sicherlich leuchtet das jedem Pferdehalter ein. Aber er wird sich nun fragen, wie er die Bedarfsnormen in dem vorhergehenden Kapitel — mögen es auch nur Richtzahlen sein — in der praktischen Fütterung anwenden kann. Das ist nicht so ohne weiteres möglich, denn dazu müßte er den Nährstoffgehalt seiner Futtermittel kennen. Auf 24 Seiten der DLG-Futterwerttabelle für Pferde findet er die durchschnittlichen Gehaltswerte und Standardabweichungen einer Unzahl von Futtermitteln. Greifen wir einige Zahlen für fünf traditionelle Pferdefutter heraus.

Gehaltswerte je kg Futtermittel

Art	Rohfaser	verdaul. Rohprotein	TDN	DE
	g	g	g	Mcal
Weidegras	25– 70	25–40	94–124	0,43–0,55
Wiesenheu	196–348	38–72	293–450	1,26–1,88
Haferstroh	361–437	9	315	1,30
Hafer	80–124	87	640	2,74
Weizenkleie	95–127	112	529	2,32

Auszüge aus den »RAMIKAL« Mineralstoff- und Spurenelement-Tabellen (3. verbesserte Auflage)

Mineralien und Spurenelemente in 1 kg Futtermittel

Art	Kalzium g	Phosphor g	Magnesium g	Kalium g	Natrium g	Eisen mg	Kupfer mg	Mangan mg	Kobalt mg	Zink mg
Weidegras	1,5– 4,1	0,5–0,65	0,4–0,6	2,6– 6,3	0,2–0,3	25– 80	1,2– 2,6	4,0–30,0	0,015–0,02	4,0–10,0
Heu	4,2–17,5	1,8–3,5	1,5–3,8	6,4–18,5	0,5–1,7	80–240	5,6–15,0	37,0–60,0	0,065–0,20	25,0–70,0
Haferstroh	3,1	0,6	1,4	12,5	3,0	200	3,0	107,0	0,070	118,0
Hafer	1,2	3,6	1,4	4,3	0,4	86	3,5	60,0	0,025	32,0
Weizenkleie	1,2	11,5	5,3	13,2	0,2	50	9,0	65,0	0,075	55,0

Vitamine in 1 kg Trockensubstanz

Art	Fettlösliche Vitamine			Wasserlösliche Vitamine					
	Carotin mg	Vit. E mg	Vit. D I. E.	Vit. B$_1$ mg	Vit. B$_2$ mg	Vit. B$_6$ mg	Folsäure mg	Pantothensäure mg	Nikotinsäure mg	Cholin mg
Weidegras	41–785	9–435	–	2,9–11,9	7,7–11,0	–	–	–	–	–
Heu	0–400	15–247	508–2985	1,8– 4,2	6,8–17,8	–	bis 2,29	7,9–31,7	30–44	810–1525
Hafer	0,0	6,6	–	7,0	1,6	1,3	0,33	13,4	16	1070
Weizenkleie	2,6	10,0	–	7,9	3,1	6,0	1,65	30,0	200	900

Haferstroh: keine Vitamine   I. E. = Internationale Einheiten   1 mg Carotin entspricht 333 I. E. Vit. A

Diese Tabellen lassen die großen Qualitätsschwankungen erkennen und zeigen, daß Gras nicht gleich Gras, Heu nicht gleich Heu und Hafer nicht gleich Hafer ist. Wie kommt das?

Die Qualität des *Weidegrases* wird beeinflußt durch

    die Pflanzenzusammensetzung
    den Mineralstoffgehalt des Bodens (Düngung)
    das Klima
    das Alter
    die Weidenutzung und -pflege

Die Qualität des *Heus* wird darüber hinaus noch beeinflußt durch

    den Zeitpunkt des Schnitts
    die Art der Werbung
    die Art der Lagerung

Die Qualität des *Hafers* wird beeinflußt durch

    die Sorte
    den Mineralstoffgehalt des Bodens (Düngung)
    das Klima
    die Ernte (Trocknung)
    die Lagerung
    das Alter

Als Eiweißlieferant muß Weidegras sowohl wie Heu eiweiß-, mineralstoff- und vitaminreich sein (Pflanzenzusammensetzung siehe Kapitel Weiden). Gutes Heu soll 20–25% Rohfaser, 7% verdauliches Rohprotein und 430 g TDN/kg enthalten. Heu ist das »Brot« des Pferdes. Von Heu allein kann es leben, wie wir bereits wissen, von Hafer allein dagegen nicht. *Heu*

Welche Forderungen soll es erfüllen?

                        Heu

soll sein: *soll nicht sein:*
mindestens 6 Wochen alt   frisch
geschwitzt haben

soll sein:	soll nicht sein:
in der Blüte geerntet	zu früh, zu spät geerntet
gelbgrün und blätterig	braun, ausgebleicht
aromatisch duften wie Kräutertee	faul oder muffig riechen
trocken	klamm, feucht
Kräuter und Leguminosen enthalten	aus Gräsern allein bestehen
griffig	weich, wollig oder holzig
frei von gesundheitsschädlichen Stoffen, sauber	voller Giftpflanzen und Unkräuter, verunreinigt schimmelig, moderig, staubig
mild, süß schmecken	scharf, sauer schmecken

All das kann man sehen, fühlen, riechen und schmecken; jeder kann das lernen. Man wird es auch bald heraushaben, ob man es mit Heu vom ersten Schnitt zu tun hat, das die Pferde lieber mögen, oder mit Grummet, das weicher ist. Über den Zeitpunkt, ab wann Heu verfüttert werden darf, sagt eine alte Bauernregel:

Heu nach Hubertus (3. November)
Grummet nach Weihnachten

Heubewertungsschlüssel

Bewußt erwähnen wir auch das *Grummet,* denn oft hat man keine Wahl beim Einkauf, sondern muß nehmen, was zu haben ist, besonders, wenn man kein Großabnehmer ist, sondern vielleicht beim Landwirt um die Ecke beziehen muß. Die DLG hat einen dreiteiligen *Heubewertungsschlüssel* entwickelt, wonach Heu zu beurteilen ist. Der erste Teil enthält die *Sinnenprüfung* nach Aussehen, Geruch, Griff und Verunreinigung; Teil zwei betrifft die *botanische Untersuchung* und bewertet die Pflanzenzusammensetzung, dafür werden 60 Punkte vergeben, wobei

Gräser	je 1% Anteil	0,2 Punkte
Kräuter	je 1% Anteil	0,5 Punkte
Klee	je 1% Anteil	1,0 Punkte

erhalten. Für Giftpflanzen, schädliche und minderwertige Arten werden radikale Abzüge vorgenommen.

Obwohl die beiden ersten Teile schon sehr viel über die Qualität aussagen und auf den Eiweiß-, Mineralstoff- und Vitamingehalt

Rückschlüsse erlauben, so kann der äußere Eindruck dennoch außerordentlich täuschen; besteht das Heu aus viel Kräutern und Klee, darf man annehmen, daß seine Eiweißdecke vollwertig ist und alle lebenswichtigen Aminosäuren enthält, da jede Wiesenpflanze einen anderen Eiweißaufbau hat. Genaue Auskunft erteilt Teil drei des Heubewertungsschlüssels, nämlich die *chemische Analyse*. Gramatzki empfiehlt daher, jede Heupartie erst chemisch analysieren zu lassen, bevor man sie verfüttert. Nur so erkennt man den Futterwert und kann danach die notwendigen Ergänzungsfutter auswählen. Das ist zweifellos richtig und vor allen Dingen für größere Gestüte wichtig, damit die Mutterstute dem Fohlen alle wichtigen Lebensstoffe zum Aufbau mitgeben kann. Empfehlenswert ist es auch überall, wo Hoch- und Höchstleistungen von Reitpferden verlangt werden. Schaden kann es nirgends, aber in der Praxis des »Normalverbrauchers« wird sich das nicht durchführen lassen. Ihm bleibt nichts anderes übrig, als die Sinnen- und botanische Prüfung des Heus vorzunehmen und ein Ergänzungs- oder Mineralstoffgemisch einer anerkannten Firma zusätzlich zu geben.

Chemische Analyse

Um Einseitigkeiten zu vermeiden, empfiehlt es sich, Heu nicht immer vom gleichen Lieferanten zu beziehen. Auch wer Heu selbst wirbt, sollte zwischendurch andere Partien verfüttern und beim Kauf möglichst darauf achten, daß es nicht von Pferdeweiden stammt. Ganz besonders muß vor dem Ankauf von billigem *Autobahnheu* gewarnt werden, das manchmal sogar kostenlos angefahren wird. Dem Benzin ist Blei zugesetzt, dessen *giftige* Rückstände sich mit den Abgasen auf die Wegränder legen und Konzentrationen erreichen, die weit über die Schädlichkeitsgrenze hinausgehen. Dasselbe gilt für stark befahrene Straßen; bis zu 100 m Entfernung werden Weiden und Äcker von dem Bleistaub verseucht, also auch Stroh. Nach einer ADAC-Meldung vom April 1976 sollen nur die ersten 30 m gefährdet sein.

Kein Autobahnheu

Noch bis zur jüngsten Zeit geisterte in der Landwirtschaft die Vorstellung, die sogar in der Literatur ihren Niederschlag fand, daß gutes Heu den Kühen, aber keinesfalls den Pferden vorzusetzen ist, denn das sei eine »landwirtschaftliche Sünde«. Wir müssen immer bedenken, daß hohe Leistungen sich nicht auf der Basis minderwertiger Ernährung bewerkstelligen lassen. Wenn es heißt, daß Ponys in der Qualität ihrer Futtermittel nicht so anspruchsvoll sind, so bedeutet das nicht, daß ihnen schimmeliges oder verdorbenes Heu vorgeworfen werden darf, das ergibt Dämpfigkeit und Verdauungsstörungen. Ihr Heu muß nicht besonders gehaltvoll sein, aber von einwandfreier Beschaffenheit. Wer ausnahmsweise einmal etwas klammes Heu verwenden muß, kann es verbessern, indem er 400–500 g Viehsalz oder Algenmehl pro Doppelzentner einstreut; dann lasse man aber Lecksteine weg. Ob Groß- oder Kleinpferde: *niemals verdorbenes Heu!* Dann lieber gutes Haferstroh. Es ist auch ausdrücklich davor zu warnen, solches Heu etwa als Einstreu zu benutzen, da die Gefahr besteht, daß es doch gefressen wird und schwerste Störungen verursachen kann.

Von dem schwedischen *Timotheeheu* flüstert man sich Wunder ins Ohr, es ist viel schlechter als sein Ruf. Zwar wird es gern gefressen, ist aber dennoch arm an Kalk, Phosphor und Eiweiß, dagegen reich an Rohfaser. Reines *Klee-* oder *Luzernheu* hat zwar genügend Eiweiß und Kalzium, dafür wenig Phosphor, so daß das Ca:P-Verhältnis bis zu 8:1 betragen kann. Die wertvollen Stoffe darin bleiben nur erhalten, wenn die zarten Blatteile bei der Werbung nicht abbröckeln, was sehr leicht geschieht; zurück bleiben die rohfaserreichen Stengel. Mehr als $1/4$ der Gesamtheumenge sollte davon nicht verfüttert werden.

Trockengrün   Im Laufe des Winters nimmt der Wert des Heus immer mehr ab, und zu Frühjahrsbeginn enthält es nur noch Spuren an Carotin. Anders ist es bei *Trockengrün* aus Klee, Luzerne, Gras oder Troblako. Hier haben wir es mit einem durch Warmlufttrocknung gewonnenen Futtermittel zu tun, das einen hohen Gehalt an Carotin und Mineralstoffen besitzt, aber nur, wenn das Futter jung gemäht und sofort getrocknet wird. Der Bewertungsschlüssel der DLG verlangt pro kg Trockengrün als Minimum 80 mg Carotin und sieht als Optimum 150–200 mg an. Da Carotin unter Einwirkung von Sauerstoff leicht zerstört wird, muß Trockengrün in luftdichten Säcken verpackt werden. Prof. Meyer empfiehlt es als Zusatzfutter für Fohlen und Mutterstuten, vorausgesetzt, es ist *kein* feingemahlenes Grün*mehl*. Die im Handel befindlichen *Heubriketts* aus festgepreßtem Trockengrün sollen den Pferden *Schwierigkeiten* beim Kauen bereiten.

Heu ist nicht nur wichtig als Nährstoffträger, sondern auch als Lieferant von Trockenmasse, von *Ballast* zur Sättigung und mechanischen Förderung der Verdauung. Dieser Aufgabe wird *Stroh* in erhöhtem Maße gerecht. Überdies ist es auch mineralstoffreich. Als *bestes Futter*stroh ist nicht zu zähes und nicht zu weiches *Haferstroh* anzusehen. Sommerweizenstroh läßt sich auch verwenden. Roggenstroh ist härter, schwerer verdaulich und kann zu Verstopfungen führen. Wegen seiner harten und spitzen Grannen, die Maulschleimhautverletzungen verursachen können, ist Gerstenstroh ungeeignet. Entschieden abzuraten ist von Leguminosenstroh, da es blähend wirkt, Bohnen- und Erbsenstroh außerdem noch verstopfend.
Daß Stroh trocken, staub-, unkraut-, pilz- und rostfrei zu sein hat, ist zwar eine Selbstverständlichkeit, sicherheitshalber wird aber darauf hingewiesen.

Stroh

Über die Bedeutung des *Hafers* als Kohlenhydrat- und Energiespender haben wir inzwischen so viel gehört, daß wir uns nun auf die Anforderungen an seine Qualität beschränken können. Genau wie Heu darf er nicht frisch verfüttert werden, weil das Kolik gibt, sondern erst nach 2 bis 4 Monaten Lagerzeit. Es ist nicht leicht, frischen von altem Hafer zu unterscheiden; deshalb kauft man am besten *vor* der Ernte so viel ein, daß der Vorrat bis Weihnachten langt.
Der Futterwert des Hafers wird durch seinen Stärkegehalt bestimmt und verliert mit steigendem Spelzenanteil. Spelzen sind Ballast, den wir billiger über Stroh füttern können. Guter Hafer zeichnet sich durch große, griffige Körner aus und ist schwer; man bewertet ihn nach dem Hektolitergewicht, wobei 65 kg beste Qualität ist und die untere Grenze nicht unter 51 kg liegen sollte.

Hafer

Früher schwor man auf La-Plata-Hafer, heute mehr auf Schweden-Hafer. Allgemein füttert man ihn ganz, aber alten Pferden, solchen mit Zahnfehlern und Fohlen bis zu zwei Jahren besser gequetscht. 1 Sack ganzer Hafer ergibt 1½ Sack gequetschten.

Beim Einkauf ist Vorsicht geboten, da man die Qualität dann nicht mehr so gut erkennen kann, ein Umstand, der geradezu zum Schummeln reizt. Hat man keine eigene Quetsche, sollte man gut 10 Zentner kaufen, damit zur Mühle fahren und beim Quetschen dabei bleiben. Doch wer kann das schon?

Hafer

soll sein:	*soll nicht sein:*
2 bis 4 Monate alt	frisch (riecht noch nach Erde)
groß, schwer, vollrund	klein, leicht, spelzenreich
hellweiß im Querschnitt	bitter schmeckend
frisch, süß riechen	muffig, auffällig riechend
trocken, hart, griffig	pappig, klebrig, feucht
glänzend	matt, mit grauen Spitzen
frei von Verunreinigungen	voll Rost- oder Brandpilzen
ungebeizt	gebeizt (giftig)

Weizenkleie Auf andere Körnerarten wie Weizen, Gerste, Mais brauchen wir nicht näher einzugehen, da sie als Einzelfutter praktisch ohne Bedeutung sind, wohl aber als Bestandteile von Fertigfuttern. Das Müllerei-Abfallprodukt *Weizenkleie* hat einen milde abführenden Charakter. Bei ausschließlicher Fütterung mit den 3 H's (Hafer, Heu, Häcksel) wird die Darmtätigkeit leicht schleppend.

Kleie ist locker, ballt sich aber nicht im Magen. Man mischt sie entweder unter das Kraftfutter (nicht mehr als 1 kg täglich) oder gibt sie als *Mash*, der sich bei hart im Leistungs- und Rennsport herangenommenen Pferden, ferner während des Haarwechsels sehr bewährt hat.

Englisches Rezept für Mash:
> ½ Eimer Kleie mit kochendem Wasser übergießen, mit einem Stock umrühren, bis alles gleichmäßig feucht ist; Eimer mit einem Sack bedecken. Nach ½ Stunde ist alles genügend abgekühlt.
> Etwas Quetschhafer darunter mischen sowie 1 Pfund Leinsamen, der einen ganzen Tag gelinde gekocht hat.

Zu hohe Kleiegaben wirken erschlaffend. Die Pferde sehen zunächst gut aus, schwitzen aber leicht und magern bei strenger Arbeit ab. An nicht oder an wenig arbeitende Pferde sollte man im Sommer gar keine Kleie verfüttern.

Leinsamen unterstützt die diätetische Wirkung der Kleie, muß jedoch *gekocht* oder (täglich frisch) *geschrotet* werden, da die harte Schale nicht verdaut werden kann und er sonst das Pferd wieder so verläßt, wie er hineinkam: unversehrt, bis auf wenige zerkaute Samen. Bei Verwendung einer kleinen elektrischen Kaffeemühle mit Schlagwerk ist das Schroten eine Arbeit von Sekunden. Aufgrund des Reichtums an ungesättigten Fettsäuren erzeugt Leinsamen ein schön glänzendes Fell. Prof. Meyer empfiehlt tägliche Gaben von 50–80 g an Fohlen und von 100–120 g an erwachsene Pferde. — *Leinsamen*

In Fachmagazinen tauchen immer wieder Artikel darüber auf, daß man den Pferden auch Obsttrester, Kartoffeln, Bohnen, Erbsen, Rüben, Biertreber, Lupinen, Silage und alles mögliche sonst verfüttern kann. Gewiß, das ist möglich, in der Reitpferdehaltung aber mehr oder weniger bedeutungslos. Wer seine Pferde in der Nähe des Bauernhofes hält und ihnen aus diätetischen Gründen gelegentlich *Silage* füttern will, kann es tun, vorausgesetzt, daß sie gefressen wird. Sie muß aber auf Basis *Milchsäure* entstanden sein und darf keine Buttersäure enthalten. — *Zusatzfutter*

Von den Rüben kommen *Mohrrüben* in Frage, allenfalls noch Zuckerrübenschnitzel. Möhren schmecken süß und werden sehr gern gefressen, sie beugen Koliken und Durchfällen vor, regen die Darmtätigkeit an und sind zweifellos ein ausgezeichnetes Beifutter; nur Wunder darf man nicht von ihnen verlangen: sie ersetzen weder Wurmkuren, noch vermögen sie den Carotin-Bedarf allein zu decken. Sie sind jedoch *gründlich* zu *reinigen*, und sowohl das *grüne Kraut* als auch die *grünen Köpfe* müssen *abgeschnitten* werden. Im russischen Vollblutarabergestüt Tersk erhalten alle über 6 Monate alten Pferde täglich 1–2 kg Möhren. Neuerdings sind schwedische *Trockenmöhrenschnitzel* im Handel, die einfach zu handhaben sind. Im Prospekt heißt es, man könne sie trocken oder aufgeweicht geben. Nach meiner Erfahrung sollte man sie am Abend vorher einweichen; man wird erstaunt sein, wieviel Wasser sie aufsaugen. Es gibt jedoch Pferde, die sie weder trocken noch feucht nehmen.

Zuckerrübenschnitzel quellen infolge ihres Pektingehaltes sehr stark auf und müssen vor dem Füttern in der vierfachen Wassermenge aufgeweicht werden, andernfalls kann es zu Schlundverstopfungen oder gar zu Magenzerreißungen kommen. Bei warmem Wetter gehen feuchte Schnitzel, vor allem wenn sie mit Melasse versetzt sind, rasch in Gärung über, so daß sie jedesmal frisch anzusetzen sind.

Rote Beete, *Äpfel* und *Topinambur* wirken günstig auf die Verdauungstätigkeit ein und sind den Pferden als Beigaben eine angenehme Abwechslung im ewigen Einerlei, aber eben nur als diätetische Beigaben. Die Topinamburknollen, auch *Pferdekartoffeln* genannt, mögen sie genauso gerne wie Mohrrüben. Sie müssen allerdings auch genauso sorgfältig gereinigt werden.

Einseitigkeit/ Vielseitigkeit

Die genannten Futtermittel gehören zu den drei Hauptgruppen:
1. *Grün-* und *Saftfutter* (Weidegras, Silage, Mohrrüben, Topinambur)
2. *Rauhfutter* (Heu, Stroh)
3. *Kraftfutter* (Hafer, Weizenkleie, Leinsamen, Zuckerrübenschnitzel)

Die beiden ersten Gruppen dienen in erster Linie der Eiweißversorgung (außer Stroh), während die dritte Gruppe als der hauptsächliche Energielieferant anzusehen ist. Auch wenn die einzelnen Futtermittel alle geforderten Ansprüche

      sauber
      einwandfrei
      schmackhaft
      bekömmlich
      sättigend
      ernährend

erfüllen, so kann die Gesamtration in ihrem Futterwert dennoch unzulänglich sein. Weil entweder das Verhältnis Rauhfutter : Kraftfutter und damit das Ca:P-Verhältnis nicht stimmt oder weil sie einseitig ist.
Was heißt einseitig?
Vergleichen wir die vielfältige Steppenflora, von der die Wildpferde lebten, mit der Pflanzengesellschaft des heutigen Grünlandes und damit des Heus. Meist besteht es nur aus 6–7 verschiedenen, mit Stickstoff getriebenen Gräsern auf der Grundlage von Deutschem Weidegras. Leguminosen und Kräuter sind durch einseitige Düngung unterdrückt (denn Gräser bringen einen höheren Ertrag) und die Mikroorganismen durch Gülle und Jauche verdrängt. Als Folge davon breiten sich die Stickstoffpflanzen Hahnenfuß, Bärenklau, Wiesenkerbel, Brennessel und Stumpfblättriger Ampfer immer mehr aus und nehmen überhand. Ein Heu, das sich auf wenige Futterpflanzen beschränkt, ist weder schmackhaft noch biologisch wertvoll, sondern einseitig und damit mangelhaft.
Pferde haben – als Erbe ihrer wilden Ahnen – ein großes Verlangen nach vielseitiger Ernährung. Ist eine Weide von einer Tannen- oder Fichtenhecke eingezäunt, und es steht eine Buche dazwischen, dann knabbern sie mit Vorliebe an der Buche. Und besteht sie aus Buchen mit einer Tanne dazwischen, gehen sie an die Tanne. Wer hätte nicht schon beobachtet, daß Pferde alles daransetzen, um an Pflanzen außerhalb der Weide zu gelangen? Diesem Begehren nach Vielseitigkeit muß die Ernährung entgegenkommen.

Genug der Problematik und der Schwierigkeiten! Ich höre schon den Leser stöhnen, er will nun endlich wissen, wie er damit fertig wird und wie er seine Pferde optimal ernähren kann. Und zwar mit einem Minimum an Arbeit. Denn nicht nur der Gebrauch der Pferde hat sich seit dem Krieg gewandelt, sondern wir auch. Wir wollen heutzutage mehr Vergnügen und gleichzeitig weniger Arbeit.
Wie sieht das also in der Praxis aus?

Fertigfutter

Die Mehrzahl der Pferdebesitzer erzeugt ihr Futter heute nicht selbst, sondern muß es kaufen. Sie hat keinen Einfluß auf die Qualität des Hafers und des Heus, sondern muß nehmen, was im Handel angeboten wird. Bei etwas gutem Willen ist es jedermann möglich, sich mit der Zeit einige Kenntnisse in der Qualitätsbeurteilung anzueignen. Das Heu kann er ansehen, fühlen, riechen und schmecken; den Hafer kann er wiegen und durchschneiden, um zu prüfen, wie er innen aussieht. Es dürfte ihm jedoch kaum möglich sein, zur Ergänzung wertvolle Eiweiß- und Energieträger wie Sojaschrot extrahiert, Leinkuchenmehl, Weizen-, Mais- und Malzkeime in Mengen für den Kleinverbrauch zu beschaffen und sie im Handbetrieb mit seinem Hafer gleichmäßig zu durchmischen. Noch schlechter sieht es bei Vitaminen und Spurenelementen aus. Alle diese Stoffe in guter Qualität einzukaufen und zu einem ausgewogenen, vollwertigen Futtermodell zusammenzusetzen, verlangt große Erfahrung und fast mathematische Kenntnisse.

Das braucht uns jedoch nicht zu bedrücken, denn die Futtermittelindustrie hat uns diese schwierigen Arbeiten bereits abgenommen; sie bietet uns heute eine große Palette der verschiedensten Pferdefutter an. Gewiß tut sie das nicht nur aus Menschen- oder Pferdeliebe. Aber es gibt eine ganze Reihe verantwortungsbewußter Firmen – denen teilweise sogar Pferdeversuchsstationen angeschlossen sind –, die sich außerordentlich anstrengen und pferdegerechte Futter herstellen, mit denen man ausgleichen kann, was über die 3 H's nicht immer erfüllbar ist. Solchen Firmen darf man ruhig sein Vertrauen schenken. Welche sind das? Bestimmt diejenigen, die sich zu dem »Arbeitskreis Pferdefutter und Fütterungstechnik der Deutschen Reiterlichen Vereinigung e. V.« in Warendorf zusammengeschlossen haben.

Welche Futterkategorien sind auf dem Markt?
Für erwachsene Pferde:
1. *Vitaminkonzentrate*, als Dauergaben oder Vitaminstoß
2. *Mineralstoff-Spurenelementgemisch*, vielfach staubfrei, auch als Lecksteine

3. *Mischungen aus 1 und 2* in Pulver-, Pellet- und Brikettform oder granuliert; manche noch mit Zusätzen, wie Heilkräuter, Meeresalgen, Melasse, Futterzucker (Pellets = Preßlinge)
4. *Ergänzungsfutter,* entweder zusätzlich zu Hafer und Heu oder anstelle von Hafer zur Eiweiß-, Energie-, Vitamin- und Mineralstoffergänzung der Futterration; meist in Pelletform
5. *Alleinfutter* anstelle von Hafer und Heu als alleiniges Pferdefutter in Pellet- oder Würfelform

Für die Aufzucht:
6. *Milchaustauscher* als Fohlenmilch zur Ergänzung oder als Ersatz der Muttermilch
7. *Fohlenaufzuchtfutter* (Fohlenstarter) für das erste Lebensjahr

Nr. 1 kann ins Futter gegeben oder injiziert werden und ist zur Überwindung von außergewöhnlichen Belastungen und Gesundheitsstörungen angezeigt: extremer sportlicher Einsatz, weite Transporte, Stallwechsel, Impfungen, starker Parasitenbefall, Haarwechsel, Wettersturz, Fruchtbarkeitsstörungen. Nr. 2 und 3 werden dem täglichen Futter nach Vorschrift beigemischt. Ihre Zusammensetzung ist gewöhnlich so, daß der Tagesbedarf auch bei minderwertigem Heu und Hafer gedeckt wird. Über *Lecksteine,* die manchmal nur aus Kochsalz bestehen, gehen die Meinungen auseinander, da manche Pferde sie überhaupt nicht anrühren; es wird zu Recht bezweifelt, ob der Kochsalzbedarf nach starkem Schweißverlust über einen Leckstein ausgeglichen werden kann, da viel zu lange geleckt werden muß. Für Stallpferde mit wenig Arbeit können Lecksteine jedoch eine angenehme Unterbrechung ihrer Langeweile sein. Ansonsten sollten Pferde – gleichgültig, was gefüttert wird – *jederzeit Zugang zu einer kompletten Mineralstoffmischung* haben, damit sie ihren Bedarf nach eigenem Ermessen decken können. Bei reiner Weideernährung ist das besonders wichtig, weil es meistens an Kalzium, Natrium und Magnesium mangelt. Bei der Auswahl der Mineralstoffmischung muß man unbedingt auf das Ca:P-Verhältnis achten. Liegt es unter 1,1 : 1, dann ist die Mischung ungeeignet; auch der schönste Prospekt ändert daran nichts.

Vitaminkonzentrate

Mineralstoff-Spurenelementgemisch

Ergänzungsfutter Die *Ergänzungsfutter* der Gruppe 4 sind eine gute Sache, denn sie ermöglichen es auch dem Laien, die Qualitätsschwankungen der traditionellen Futtermittel mühelos zu überbrücken und seine Vierbeiner vollwertig zu ernähren. Das Angebot umfaßt mehrere Sorten, unter denen er die für seine Verhältnisse passende auswählen kann:

>Mischfutter für erwachsene Pferde
>Spezialfutter für Island- und Robustpferde
>Energiefutter für Renn- und Hochleistungspferde
>Spezialfutter für Zuchtpferde

Am einfachsten in der Handhabung und am sichersten für den Nährstoffgehalt der Gesamtration sind Pelletfutter, die den Hafer vollständig ersetzen. Sie bieten folgende Vorteile:

▷ Sie enthalten wertvolle Komponenten, die dem Pferdehalter gewöhnlich nicht zugänglich sind
▷ Sie werden von den Pferden gern gefressen, da meist Geschmacksstoffe wie Melasse zugesetzt sind
▷ Sie enthalten alle Stoffe in der Zusammensetzung, die das Pferd mutmaßlich braucht
▷ Sie sind gleichmäßig in der Qualität, da die Rohstoffe in großen Partien bezogen und Schwankungen durch entsprechende Zusätze ausgeglichen werden
▷ Sie sind gleichmäßig gemischt, was nur über komplizierte Mahl- und Mischanlagen möglich ist
▷ Sie sind einfach in der Dosierung
▷ Sie stauben nicht und sind einfach zu lagern

Über die *beste Pelletgröße* und *-härte* besteht noch keine Klarheit. Einige treten für Pellets in der Größe des Haferkorns ein, andere für größere. Nach Erfahrungen in den USA wurden bisher keine Pellets völlig verweigert, gleichgültig, wie groß, hart oder weich sie waren. Man beobachtete jedoch, daß

▷ die Futteraufnahme bei kurzen Pellets länger dauert
▷ manche Pferde größere Pellets bevorzugen
▷ alle Pferde lieber weiche als harte Pellets fressen

Noch einige Bemerkungen über die beiden Ergänzungsfutter *Reformhafer* und *Spezialfutter für Island- und Robustpferde*.
Der *Reformhafer* – das älteste heute noch im Verkehr befindliche Pferde-Mischfutter – wird seit 1905 hergestellt. Da er zu 25% aus Melasse besteht, also süß schmeckt, mögen ihn die Pferde sehr gern. Melasse ist ein schwarzbrauner Sirup, der bei der Zuckerherstellung übrigbleibt und noch 50% Zucker enthält. Durch den Verdauungsprozeß wird Zucker zu Glukose abgebaut, die über die Blutbahn zu den Körperzellen gelangt und sofort in Energie umgesetzt werden kann. Bei Leistungspferden, die nach anstrengender Arbeit nicht recht fressen wollen, hat sich der Reformhafer daher bestens bewährt. Als ich meinen Vollblutaraberhengst ins Renntraining gab, lehnte er nach kurzer Zeit sein sonst sehr geschätztes Pellet-Ergänzungsfutter ab und zog Quetschhafer vor. Bald ließ er auch diesen liegen und fraß außer Heu und Möhren nur noch Reformhafer. Trotzdem blieb er so schlank, wie ich gerne sein möchte. Im übrigen ist es zweckmäßig, Reformhafer in geschlossenen Behältern aufzubewahren, denn der hohe Melassegehalt zieht bei warmem Wetter die Fliegen an.
Mit dem *Spezialfutter für Island- und Robustpferde* ist erstmalig ein Kraftfutter auf dem Markt, das auf die Ansprüche dieser Pferdegruppe eingeht. Es enthält weniger Stärke, die bei einem Überangebot in Fett umgewandelt wird, dafür mehr Trockengrün, außerdem noch Dorsch- und Algenmehl.
1970 stellte nur eine deutsche Firma ein *Alleinfutter* (Nr. 5) für Pferde her, heute tun es mehr oder weniger alle. Leider! Warum leider? *Alleinfutter*
Zugegeben, die Vorstellung der »kompletten Versorgung aus der Tüte«, die man eines Tages vielleicht beim wöchentlichen Einkauf aus dem Supermarkt mitbringt, hat etwas Bestechendes an sich. Sie kommt dem Wunsch des Menschen nach »viel Vergnügen bei wenig Arbeit« ungemein entgegen, widerspricht jedoch den seit Urzeiten gefestigten ernährungsphysiologischen Gegebenheiten des Pferdes. Zwar besitzt es ein außergewöhnliches Anpassungsvermögen – es hat sich sogar an den Stall gewöhnt –, aber kein unbegrenztes. Wer versucht, sein Verdauungssystem

umzufunktionieren, muß unweigerlich scheitern. Der Leidtragende dabei ist nicht etwa der Mensch, sondern bedauerlicherweise das Pferd.

So ließen denn die *negativen* Folgen der *Alleinfütterung* nicht auf sich warten:

    Hakenbildung an den Backenzähnen
    Kau- und Lecksucht
    Durchfall
    Kolik
    Hufrehe
    Kreuzverschlag

All das ist nicht verwunderlich, wenn man sich auf die Lebensweise der Wildpferde besinnt. Dieses »Fernwanderwild« (Zeeb) wanderte täglich viele Stunden lang und nahm dabei Nahrung auf. Nahrung, die spärlich wuchs und nicht konzentriert war. Zur Deckung des Nährstoffbedarfs mußten große Mengen verzehrt werden, die Pferde waren stundenlang am Kauen und Verdauen. Ihre Körperfunktionen waren ganz auf diese Lebensweise eingestellt, und so ist es bis heute geblieben.

Eine Aufstellung von Ahlswede über die Dauer der Futteraufnahme und die Anzahl der Kauschläge bei Rauh- und Kraftfutter ist in diesem Zusammenhang sehr aufschlußreich.

	Futteraufnahme Minuten je kg	Kauschläge je kg
Rauhfutter	40	2 600
Kraftfutter	10	800
Das bedeutet	eine Freßzeit und	Anzahl von Kauschlägen
bei täglich 5 kg Heu und 5 kg Kraftfutter	250 min	17 000
10 kg Alleinfutter	100 min	8 000
und ergibt ein tägliches Manko bei Alleinfutter von	150 min (2 h 30 min)	9 000

Im Durchschnitt liegen die Empfehlungen auf den Sackanhängern unter 10 kg, wodurch alles noch ungünstiger wird.

Kürzere Freßzeit = weniger Beschäftigung, mehr Langeweile
Weniger Kauschläge = ungenügende Zahnabnutzung, weniger Speichelbildung

Hinzu kommt die Störung der Darmflora durch fehlende Ballaststoffe. Welche Schäden daraus entstehen können, lasen wir auf der vorhergehenden Seite. Daher wird nunmehr betont, daß gutes Stroh beigefüttert werden soll. Ist es aber dann noch ein »Allein«futter?

Im Widerspruch hierzu scheinen mündliche und veröffentlichte Äußerungen einer Züchterin zu stehen, die ihre Pferde ohne Zusatz von Heu und Stroh ausschließlich mit Alleinfutter ernährt, und zwar täglich zweimal mit 1 kg je 100 kg Körpergewicht, Haflinger und Norweger erhalten weniger. Ihre Tiere würden dabei bestens gedeihen, weder Heu noch Stroh vermissen und die Hengste sogar deckfreudiger werden. Sie nennt auch den Namen des Alleinfutters. Seitdem mir jedoch zu Ohren gekommen ist, daß ihr die Herstellerfirma einen Silo aufgestellt habe, erscheinen mir diese Äußerungen in einem etwas anderen Licht.

Die *Milchaustauscher* (Nr. 6) für die Saugfohlenaufzucht sind in ihrer Zusammensetzung auf die Stutenmilch abgestimmt. Ihre Verwendung ist immer dann angebracht, wenn ein Fohlen keine oder nicht genügend Muttermilch erhält (und keine Amme zur Stelle ist), sei es, daß

Milchaustauscher

> die Stute während oder nach der Geburt gestorben ist
> die Stute ihr Fohlen nicht annimmt
> die Stute nicht genügend Milch hat
> ein Fohlen krank oder schwach ist

Kuhmilch eignet sich in diesen Fällen *nicht*, da sie anders zusammengesetzt ist, Eiweiß und nicht Albumin, sondern Kasein enthält und Verdauungsstörungen hervorruft. Die Milchaustauscher werden als Pulver geliefert und sind nach Vorschrift aufzulösen und zu verabreichen.

Um für alle Fälle vorbereitet zu sein, sollten *Züchter* vor der Abfohlsaison zumindest eine *Notpackung* davon in Vorrat halten. Jede Firma hat ihre eigene Rezeptur; da Fohlen hochwertiges Protein benötigen, achte man bei der Auswahl auf einen höchstmöglichen Gehalt an tierischem Eiweiß.

Aber: die *Kolostralmilch* kann *niemals* durch Milchaustauscher *ersetzt* werden.

Fohlenaufzuchtfutter

Die Spurenelemente Eisen und Kupfer sind lebenswichtig zur Blutsynthese. Fohlen haben bei der Geburt nur einen geringen Vorrat daran, der nicht lange vorhält. Da Stutenmilch arm an Fe und Cu ist und Injektionen bis zum Alter von vier Monaten praktisch keine Wirkung zeigen, halten es amerikanische Wissenschaftler für zwingend, daß Fohlen bereits mit 7–10 Tagen hochwertiges Kraft- und Rauhfutter erhalten, um Anämien vorzubeugen. Wegen des im Verhältnis zum hohen Nährstoffbedarf kleinen Magen-Darmtraktes muß das Kraftfutter ziemlich konzentriert sein.

Hier sind *Fohlenaufzuchtfutter* (Nr. 7) das Mittel der Wahl, vorausgesetzt, sie enthalten mindestens 20% tierisches Eiweiß wie Magermilchpulver und nicht mehr als 6% Rohfaser. Reinem Quetschhafer sind sie aufgrund ihrer vielseitigen Zusammensetzung in jedem Fall überlegen.

Futtermittelgesetz

Nach dem deutschen *Futtermittelgesetz* müssen Futtermischungen den Anforderungen der *Normentafel* und der *Typenliste* entsprechen; andernfalls ist eine staatliche Sondergenehmigung erforderlich. Mischfutter dürfen nicht lose, sondern nur in verschlossenen Packungen verkauft werden. Jede Packung ist mit einem Anhänger zu versehen, aus dem Bezeichnung, prozentuale Zusammensetzung, Gehalt an wertbestimmenden Bestandteilen, Zeitpunkt der Herstellung sowie Name und Anschrift des Herstellers hervorgehen.

Die Normentafeln *für Pferde* – ganze vier an der Zahl: Alleinfutter, Ergänzungsfutter, Mineralfutter und Mineralfutterbriketts – enthalten *nur wenige bindende Vorschriften* und lassen den Herstellern einen ziemlich weiten Spielraum. *Vorgeschrieben* sind lediglich:

	Allein-futter	Er-gänzungs-futter	Mineral-futter	Mineral-futter-briketts
Rohprotein min.%	10	7	—	—
Rohfaser max.%	20	12	—	—
Kalzium min.%	0,5	—	12	8
Phosphor min.%	0,3	—	6	4
Natrium min.%	—	—	6	4
Kobalt mg/kg	—	—	3	2
Kupfer mg/kg	—	—	180	100
Vitamine (b. Zus.):				
Vit. A I.E./kg	6 000	12 000	200 000	132 000
Vit. D I.E./kg	750	1 500	25 000	16 500

Welche *Garantie* hat man, daß das, was auf dem Anhänger steht, auch tatsächlich in dem Futter enthalten ist? Nun, welche Garantie haben Sie bei Lebensmittelkonserven? Oder wissen Sie, was die Wurst alles enthält, die Sie kaufen? Warum nennt man Leberwurst wohl »Graues Geheimnis«? Bei Pferde-*Marken*futter hingegen können wir *unbesorgt* sein, denn schließlich haben wir in Deutschland eine amtliche Futtermittelkontrolle. Die Herren erscheinen von Zeit zu Zeit unangemeldet bei den Firmen und entnehmen Proben, die dann in amtlichen Laboratorien auf Frischezustand und Gehalt untersucht werden.

▷ Fordern Sie von mehreren Firmen Unterlagen über ihr Futterprogramm sowie Proben an, vergleichen Sie die Analysen und wählen Sie, was für Ihre Pferde am günstigsten ist
Stellen Sie Preisvergleiche an
▷ Kaufen Sie nur Markenfutter von seriösen Herstellern, die über jahrelange Erfahrungen auf dem Gebiet der Pferdemischfutter verfügen
▷ Nehmen Sie keine überalterte Ware, sondern vergleichen Sie das Herstellungsdatum mit der Dauer der Gehaltsgarantie – beide stehen auf der Vorderseite des Anhängers
▷ Heben Sie die Anhänger auf
▷ Kaufen Sie höchstens einen Zweimonatsbedarf ein

Tips zum Fertigfutter

▷ Falls Ihnen Ihr Händler für größere Mengen einen Preisnachlaß gewährt, tätigen Sie mit ihm einen Abschluß und rufen Sie nach Bedarf ab
▷ Es gibt kein Futter, das für alle Rassen, Leistungs- und Altersstufen gleich gut paßt. Geben Sie daher den einzelnen Pferdegruppen das Futter, das für sie vorgesehen ist
▷ Füttern Sie nach Gewicht und nicht nach Volumen; wiegen Sie die Mengen, die Ihr Maß von den verschiedenen Futtermitteln faßt, schreiben Sie die Zahlen groß auf ein Stück Papier und hängen Sie es gut sichtbar in der Futterkammer auf. Besser als das beste Gedächtnis ist ein Zettel
▷ Beachten Sie die auf den Anhängern empfohlenen Futtermengen, aber füttern Sie individuell
▷ Nicht benötigte Milchaustauscher verfüttern Sie nach der Abfohlsaison am besten an säugende Stuten und Fohlen, indem Sie das Pulver über das Kraftfutter streuen
▷ Wenn Sie zu dem einen oder anderen Futter irgendwelche Fragen haben, wenden Sie sich ohne Zögern an die Herstellerfirma; sie wird Ihnen bestimmt gerne Auskunft erteilen
▷ Geben Sie nicht jahraus jahrein dasselbe Futter, sondern wechseln Sie gelegentlich einmal die Firma; sicherlich essen auch Sie nicht immer nur Käse aus *Holland*

Fütterungspraxis Wenn Nutzviehhalter nicht genau rechnen, machen sie pleite. Der Reitpferdehalter liebt solche Rechnungen nicht, zumal er ihre Auswirkungen nicht so rasch sieht und seine Existenz nicht von ihnen abhängt. Er hält sich Reitpferde als Hobby oder Sport, und das läßt er sich etwas kosten, da rechnet er nicht wie ein Pfennigfuchser. Und Amateure wollen ja bekanntlich nichts am Sport verdienen, sie betreiben ihn nur aus Freude am fröhlichen Wettbewerb. Daher haben die meisten wenig Lust zu komplizierten Rechnungen, sondern wollen einfache *Faustzahlen* über die *täglichen Futtermengen* im Stil von Kochrezepten. Züchter haben da gewöhnlich eine etwas andere Einstellung; wenn ihre Zucht sich tragen soll, müssen sie vollwertig und dennoch wirtschaftlich füttern, sie kommen also ums Rechnen nicht ganz herum. Wenn die TDN-Werte der Fertigfutter bekannt sind – eine Reihe von Firmen gibt sie bereits auf den Sackanhängern an –, ist das nicht weiter schwierig. Bei der Berechnung der Futterration muß außer dem Nährstoffbedarf noch das Verhältnis von *Rauhfutter zu Kraftfutter* und die notwendige Menge an lufttrockenem Futter *(Trockenmasse)* bedacht werden.

Faustzahlen für die Tagesration

Leistungsklasse	Warmblüter*	Haflinger, Isländer**	Trockenmasse in % des Körpergewichts
	Rauhfutter : Kraftfutter	Rauhfutter : Kraftfutter	
Erhaltung	2 : 1		1,75
Leichte Arbeit	1,67 : 1	4,5–5,5 : 1	2,00
Mittlere Arbeit	1 : 1	2,5–3 : 1	2,25
Schwere Arbeit	0,67 : 1	1,75–2 : 1	2,50
Hengste in der Deckzeit, Stuten im letzten Trächtigkeitsdrittel	1 : 1		2,00
Stuten im Laktationsgipfel, Fohlen	0,5 : 1		2,50

* nach Prof. Drepper
** nach Hesse

Erwachsene Sportpferde

Wie kann man nun mit Hilfe der Tabellen und der Angaben auf den Sackanhängern der Futtermittel die Tagesrationen für seine Pferde errechnen? Wählen wir als Beispiel ein erwachsenes Warmblut-*Sportpferd* von 500 kg Gewicht, das eine mittlere Arbeitsleistung zu vollbringen hat. Wir wissen bereits, daß die *Tagesration* 5900 g TDN und darin 300 g verdauliches Rohprotein enthalten muß, außerdem soll sie etwa 11,25 kg wiegen, und Rauh- und Kraftfutter sollen sich die Waage halten. Wir gehen von den bekannten Werten des Mischfutters aus und nehmen einmal an, daß es entsprechend den Empfehlungen der DLG-Futterwerttabelle für Pferde 650 g TDN je kg enthält mit 100 g verdaulichem Rohprotein und daß wir ein Heu von mittlerer Qualität haben mit 385 g TDN je kg.

Beispiel 1:

5,5 kg Mischfutter	à 650 g TDN =	3575 g TDN
6,0 kg Heu	à 385 g TDN =	2310 g TDN
11,5 kg Trockenmasse		5885 g TDN

Beispiel 2: (bei schlechtem Heu)

6,0 kg Mischfutter	à 650 g TDN =	3900 g TDN
4,0 kg Heu	à 340 g TDN =	1360 g TDN
2,0 kg Stroh	à 300 g TDN =	600 g TDN
0,1 kg lufttrockenes Futter*	à 100 g TDN =	100 g TDN
12,1 kg Trockenmasse		5960 g TDN

* aus 1 kg Mohrrüben

Beispiel 3: (bei ca. 2 h Weidegang)

5,5 kg Mischfutter	à 650 g TDN =	3575 g TDN
5,0 kg Heu	à 385 g TDN =	1925 g TDN
0,75 kg lufttrockenes Futter*	=	500 g TDN
11,25 kg Trockenmasse		5900 g TDN

* entspricht ca. 4,5 kg Gras

Die *Beispiele* lassen sich beliebig fortsetzen, je nachdem, was gefüttert wird. Wir müssen uns aber darüber klar sein, daß es sich immer nur um *grobe Richtwerte* handeln kann, weil uns lediglich die Gehaltswerte der Mischfutter bekannt sind und weil man Pferde nicht standardisieren kann. Die individuellen Unterschiede können bis zu 100% betragen. Daher: auf keinen Fall schematisch füttern und *jederzeit für Zugang* zu einem vitaminisierten *Marken-Mineralstoffutter* sorgen! Das gilt in erhöhtem Maße für Zuchtpferde.

Zuchtstuten — *Tragende Stuten* werden oft überfüttert, weil sie doch »für zwei« fressen müssen. In den ersten sieben Monaten wird die Frucht sehr langsam aufgebaut, nur der Eiweißbedarf steigt etwas an, wird aber fast immer mit der Normalration gedeckt. Fette Stuten sehen unschön aus, haben oft schwere Geburten und schwächliche Fohlen. Obwohl im 10. und 11. Monat über 50% des Fohlengeburtgewichts gebildet werden, schnellt der Nährstoffbedarf nicht schlagartig in die Höhe, zumal die Stuten dann gewöhnlich träger werden.

Vom 9. Monat an benötigen sie mehr Kraftfutter und weniger Rauhfutter. Zum leichteren Abfohlen wird die Ration 14 Tage vor der Geburt täglich etwas herabgesetzt und, sobald sich Harztropfen am Euter zeigen, noch mehr, aber Weizenkleie und Leinsamen zur Unterstützung der Verdauung hinzugefügt. Erst vier Tage nach der Geburt wird wieder mehr gefüttert, vor allem an Kraftfutter, damit die Stute ausreichend Energie für die Milchbildung erhält.

Güste und *nichttragende* Stuten brauchen nur dann mehr Futter, wenn sie arbeiten, immer aber mehr Vitamin A und E.

Zuchthengste sind außerhalb der Deckzeit wie Sportpferde zu ernähren und nicht zu mästen. Während der Deckzeit steigt der Energiebedarf bei starker Beanspruchung um etwa 50% an, nicht so der Eiweißbedarf. Es ist daher sinnlos, ihnen ein hoch eiweißprozentiges Futter zu geben. Auch die oft empfohlenen rohen Eier und viel Milchpulver sind unnötig oder gar falsch. Wenn Hengste am Ende der Decksaison schlapper werden und abnehmen, dann aufgrund des Energieverlustes und nicht aus Eiweißmangel. Vitaminstöße und Geheimmittel nützen da so wenig »wie neue Zündkerzen bei einem leeren Tank« (W. J. Tyznik).

Zuchthengste

In der ersten Lebenswoche ernähren sich die *Fohlen* ausschließlich von der Stutenmilch. Oft fressen sie dann frischen, körperwarmen Kot der Mutter; sie brauchen das zur Entwicklung ihres Verdauungssystems. Wer keine Ernährungsfehler machen will, gibt ihnen vom 7.–10. Tage an zusätzlich ein gutes Fohlenaufzuchtfutter, das entsprechend den Empfehlungen des Herstellers gefüttert und allmählich durch Zuchtfutter ersetzt wird. Heu und Gras nach Belieben. Sorgfältige Beobachtung der Fohlen sagt dem Züchter viel über ihre Entwicklung. *Genaue* Auskunft erteilen nur die Waage und das Maßband.

Fohlen

Freier Zugang zu einem *hochwertigen Mineralstoffgemisch* ist *für alle Zuchtpferde zwingend*.

Weidegang

Die gesündeste Daseinsform des Pferdes ist die Weide. Alle Vorteile des Auslaufs werden noch gesteigert, denn zu der heilsamen Wirkung des Windes und der Sonne kommt die natürliche Art der Ernährung: vitaminreiches, saftiges Grünfutter, das Auswählendürfen der Nahrung, das Fressen vom Boden bei ständiger Bewegung. Über den günstigen Einfluß des Weidegangs gibt es keine Diskussion, denn

>Weidepferde sind generell gesünder als Stallpferde
>Weidepferde sind abgehärteter als Stallpferde
>Weidepferde kennen keine Kolik
>Weidepferde neigen seltener zu Huferkrankungen
>Husten und Erkältungen sind seltener
>Krankheiten und Verletzungen heilen schneller
>Gelenk- und Sehnenleiden klingen eher ab
>Weidegang erholt strapazierte Nerven und beruhigt
>Weidegang verursacht keine Stalluntugenden

Die Weide ist ein unvergleichlicher Jungborn, besonders im Frühling, wenn nach dem langen Winter alles zu neuem Leben erwacht und die Pferde unruhig in den Ställen werden, weil sie sich nach Freiheit und nach Sonne sehnen. Doch für die meisten Reitpferde bleiben Weide und saftiges Grün unerfüllte Jugendträume, ihr Stampfen und Wiehern trifft auf taube Ohren. Dr. Lindau schrieb: »Hunderttausende von Pferden sind angesichts einer üppigen Vegetation auf Wiesen und Feldern weiter dazu verurteilt, aus Krippe und Raufe lustlos das Einheitsmahl Hafer mal Heu zu verzehren. Ja, der Mensch, ihr Freund und Heger, erfreut sich jetzt bei seinen Menüs köstlich frischen Gemüses und bringt dann, aus der gemütvollen Laune seines satten Bauches, seinem Pferd einige Stückchen Zucker.«

Sportpferde Die Mehrzahl der Sportpferdebesitzer und Turnierreiter lehnt den Weidegang ab. Mit welcher Begründung?

1. Die Böcke spielen verrückt, wenn sie herauskommen, und verletzen sich.

2. Übermäßige Belastung der Verdauungsorgane und Abnahme der Leistungsfähigkeit durch energieloses, umfang- und wasserreiches Futter.
3. Die Pferde bekommen zu wenig Ruhe.

Schauen wir uns die Argumente etwas näher an.

Zu 1: Kommen Pferde, die monatelang nur zwischen Stall und Reitbahn pendelten, plötzlich auf die Weide, dann gehts natürlich rund. Aus lauter Freude und Glückseligkeit rasen sie wie die Wahnsinnigen herum und machen die tollsten Bocksprünge. Das dauert nicht lange, dann haben sie die Köpfe unten und grasen. Nach zwei Tagen sind sie ruhig, die Weide gehört bereits zu den Selbstverständlichkeiten.

Es ist zweifellos ein Kunstfehler, ein Pferd allein auf die Weide zu lassen, wenn es die Kameraden im Stall weiß; dann regt es sich auf und rennt herum. Selbst zwei Pferde sind unruhig und wollen zu den andern zurück. Auf der Weide wird zuerst die Rangordnung in einer kleinen Keilerei festgelegt, worin bei beschlagenen Pferden allerdings eine echte Gefahr liegt. Aber man wird sie ja insoweit kennen, daß man nicht ausgerechnet zwei, die sich nicht ausstehen können, zusammen weiden läßt. Auch wird man nicht zu viele Tiere auf eine kleine Weide lassen; wenn genügend Platz vorhanden ist, verringert sich die Gefahr. Anfangs wird man sie sowieso, mit einer langen Peitsche bewaffnet, beobachten, um nötigenfalls sofort schlichtend eingreifen zu können.

Zu 2: Das Pferd frißt langsam und bedächtig, zum Kauen von 1 kg Heu benötigt es 40 Minuten. Da das Nährstoffverhältnis von Heu : Gras etwa wie 4 : 1 ist, muß es viermal so viel Gras fressen, um den gleichen Nährwert zu erhalten. Das bedeutet nicht nur eine viermal so lange Freßzeit, sondern auch viermal so viel Futtervolumen, das zu 80–90% aus Wasser besteht und bei Aufnahme größerer Mengen für schnelle Kraftleistungen sehr hinderlich ist. Weidepferde schwitzen leicht und machen bei Anstrengungen schneller schlapp, wenn sie kein Kraftfutter erhalten.

Zu 3: Weidegang beruhigt, vorausgesetzt die Weide ist groß genug und die Pferde werden nicht dauernd durch lästige Besucher gestört. Sie nehmen an dem Geschehen draußen teil und sind weniger ängstlich als reine Stallpferde. Dr. Löwe machte auf Gestüt Lindenhof seit vielen Jahren die Erfahrung, daß Galopppferde, die auf der Rennbahn ihr Nervenkostüm überstrapaziert haben, nach einigen Tagen Weidegang völlig ruhig werden. Kein Pferd überanstrengt sich auf der Weide; ist es müde, steht es da und döst oder legt sich nieder. Nach einer alten Faustregel ruht das Pferd 8 Stunden, frißt 6 Stunden und bummelt 10 Stunden. Welche praktischen Folgerungen sind daraus zu ziehen? Man sollte allen Reitpferden etwas Weidegang gönnen, aber mit Überlegung. Je höher und schneller die verlangten Leistungen sind, desto kürzer ist die Weidezeit zu bemessen. Dann wird die Weide zum »Pferde-Gesundheitsgarten« (Lindau), zum Tummelplatz mit etwas Rohkost. Wer seinem Pferd auch dies nicht zugestehen will, obwohl er die Möglichkeit dazu hat, der ernähre sich einmal ein Jahr lang nur von Trockengemüse und Dörrfleisch. Und dann sprechen wir uns wieder.

Zuchtpferde   Daß *Jungpferde* auf die Weide gehören und auch *laktierende Stuten* und *Fohlen* so früh wie möglich Weidegang brauchen, wird sicherlich niemand bestreiten. Daß es jedoch sträflicher Leichtsinn ist, sie Tag und Nacht draußen zu lassen und weder Heu, Mineralien noch Kraftfutter beizufüttern, sieht noch lange nicht jeder ein. Viele glauben, daß sie ihr Bestes getan und alle Ernährungsprobleme gelöst haben, sobald sie das Weidegatter öffnen.

Welch ein Irrtum! Wieso? wird mancher einwenden, die Wildpferde erhielten doch auch kein Kraftfutter. Gewiß. Aber ihre Fohlen mußten nicht zu Spring-, Reit- und Wagenpferden heranwachsen, und unsere heutigen Weiden haben mit der Steppenflora so wenig gemeinsam wie ein Pekinese mit seinem Stammvater, dem Wolf. Die Weide vermag zwar in der Regel den Eiweißbedarf zu decken – zumindest im Frühjahr, wo sogar ein Überangebot besteht –, kaum aber den Energie- und Mineralstoffbedarf. Auch nicht für Ponystuten, die im Vergleich zu ihrem Körpergewicht viel mehr Milch als Großpferde geben.

In ganz Europa kenne ich nicht ein einziges Staatsgestüt, das

den Fohlen und laktierenden Stuten während der Weideperiode nichts beifüttert und sie nicht wenigstens einmal am Tag – entweder abends oder/und während der Mittagshitze – zum Fressen von Kraftfutter und gegebenenfalls von Heu in den Stall holt. Ferner wird größter Wert auf eine ausreichende Mineralstoffversorgung gelegt. Daß *alle Weidepferde,* auch Jungpferde, tragende und nicht tragende Stuten, *über Nacht aufgestallt* werden, hat viele Gründe wie einfachere gesundheitliche Überwachung sowie Huf- und Körperpflege, Ausgleich der im Nährwert schwankenden und nur schätzbaren Weideernährung – hierunter fallen auch vermehrte Heu- und Strohgaben im Frühjahr, da junges Weidegras besonders eiweiß- und wasserreich ist und leicht zu Durchfällen führen kann, bei Ponys sogar zu Hufrehe – und nicht zuletzt zur Schonung der Grasnarbe.
Sollte man nicht aus den jahrzehnte-, ja, manchmal sogar jahrhundertealten Erfahrungen solcher Gestüte lernen?
Warum Weidegang für *Zuchthengste* während der Decksaison ausgesprochen ungünstig sein soll, wie in manchen Büchern steht, ist nicht einzusehen. Im Gegenteil, täglich ein paar Stunden ungezwungener Bewegung im Freien auf einer nicht zu kleinen Koppel beleben seinen Stoffwechsel und wirken beruhigend auf sein Gemüt.

Die Fütterungstechnik

Sie besteht in der Kunst, die Erkenntnisse der Wissenschaft in die Praxis umzusetzen. Und da kommen wir mit dem Rechenstift allein nicht weiter. Das Pferd setzt die Grenzen, denn jedes ist anders und will individuell behandelt und versorgt werden. Das eine frißt schnell, das andere langsam, das eine ist ein guter Futterverwerter, das andere ein schlechter, wieviel man ihm auch in die Rippen steckt, man wird sie immer sehen. Das eine ist eine Schlafmütze und muß mehr Kraftfutter bekommen, damit es lebendiger wird, dem anderen muß man abziehen, weil es sonst übersprüht vor Temperament. Ein Pferd braucht für eine bestimmte Leistung insgesamt mehr Futter oder nur mehr von einer Sorte als ein anderes Pferd gleichen Körpergewichts. Aber auch dasselbe Pferd bleibt sich nicht gleich, sondern ändert sich mit zunehmendem Alter in seinen Nahrungsansprüchen, so wie wir auch. Genau wie Blumen unter der einen Hand besser gedeihen als unter der anderen, so ergeht es auch den Pferden. Der erfahrene Futtermeister – sei er Besitzer oder Angestellter –, der seine Pferde kennt und beobachtet, ist durch nichts zu ersetzen. Die Pferde lassen ihr Befinden erkennen: durch die Art des Fressens, durch den Ausdruck der Augen, durch die Beschaffenheit ihres Fells, durch Merkmale an den Hufen, durch ihr gesamtes Benehmen. Sie haben ihre eigene Sprache, und der erfahrene Praktiker versteht sie bereits, wenn sie noch flüstern, während der Laie die Zeichen erst bemerkt, wenn sie einfach nicht mehr zu übersehen sind. Leider ist es dann oft schon zu spät. Der Anfänger arbeite in seinem Urlaub einmal bei einem befreundeten Pferdehalter mit langer Erfahrung oder in einem guten Reitpferdebetrieb oder auch in einem Gestüt und stehle dort mit den Augen, soviel er nur kann.

Tränken   Daß Selbsttränken die für den Betreuer bequemste und für das Pferd beste Art des *Tränkens* ist, wurde bereits auf Seite 50 gesagt. Vorausgesetzt natürlich, daß sie auch funktionieren, was durch Druck auf die Tränkenzunge täglich leicht zu kontrollieren ist. Offene sind hygienischer als geschlossene, weil sich darin weniger Krankheitskeime ansiedeln, zumal in ihnen der Schmutz deutlicher sichtbar ist und wohl eher entfernt wird als in geschlossenen. Selbsttränken kommen dem Verlangen des Pferdes nach frischem, kühlem, klarem, reinem, farb- und geruchlosem Wasser am ehesten entgegen. In der Box aufgehängte Wassereimer müssen nicht nur ständig nachgefüllt, sondern auch regelmäßig gereinigt werden, sollen sich nicht Algen und Keime darin ansetzen. Sie bedeuten genau wie das Tränken von Hand eine starke Arbeitsbelastung. Das Pferd erzeugt täglich bis zu 50 Liter Speichel, durch Urin und Schweiß verliert es große Mengen an Flüssigkeit, die ersetzt werden müssen. Der Tagesbedarf eines 500 kg schweren Pferdes beläuft sich auf etwa 40 Liter Wasser, kann sich aber bei Wärme und großer Arbeitsleistung auf 80 Liter steigern. Das sind allein für ein Tier 8 Eimer Wasser, die wollen geschleppt werden. Ob vor oder nach dem Füttern zu tränken ist, darüber konnte bis heute keine Einigung erzielt werden. Es ist den Pferden bestimmt nicht unangenehm, wenn man ihnen vorher und nachher Wasser anbietet. Aus Trögen mit stehendem Wasser, Brunnen ohne Tiefbohrung, undichten Brunnen, aus Tümpeln oder Teichen sollte man Pferde nicht trinken lassen; selbst vor dem munteren Bächlein, das sich lieblich durch die Wiesen schlängelt, warnt der Hygieniker, denn es kann Abwässer von Tuberkulose-Anstalten mit sich führen oder Pflanzengifte, die der Regen von gespritzten Feldern hineinspülte.

Wie oft soll man täglich füttern und tränken?

Die Verdauungsvorgänge des Pferdes erfordern ein öfteres Fressen kleiner Mengen. In früheren Zeiten fütterte man oft fünfmal täglich. Das läßt sich heute aus Zeit- und Personalmangel kaum durchführen. Aber dreimaliges Füttern ist die unterste Grenze, das gilt genauso für das Tränken. Je energiereicher und konzentrierter das Futter ist, desto öfter muß gefüttert werden, sonst kommt es zu Verdauungsstörungen wie Kolik. Die größte Portion, vor allem an Rauhfutter – etwa die halbe Tagesration – gibt man abends, dann ist ausreichend Zeit zum Kauen und Einspeicheln. Das entspricht der Natur des Pferdes am meisten. Als Nachttier hat es Tasthaare am Maul, damit es nachts sein Futter findet und nirgends anstößt, tagsüber kann es sehen. Ein arabischer Spruch lautet:

    Das Morgenfutter geht in den Kot,
    Das Abendfutter geht in die Kruppe.

Ponyhalter packen das Heu oft so, daß die Ponys jederzeit davon fressen können. Für Stuten und Fohlen ist das angebracht, für Reitponys nur, wenn sie genügend Bewegung haben.

▷ *Regelmäßig und pünktlich füttern.* Pferde haben wie Wildtiere eine innere Zeituhr. Die Verdauungssäfte haben sich darauf eingestellt. Naht der Augenblick der Fütterung, werden sie unruhig, scharren, klopfen und wiehern.

Fütterungstips

▷ *Ruhig, besonnen und zügig hantieren.* Brüllen, herumfuchteln, Türenknallen erschrickt die Pferde; trödeln macht sie ungeduldig.
▷ *Futterneidische Pferde zuerst füttern.* Sie bringen sonst zu viel Unruhe in den Stall und können sich durch starkes Klopfen die Vorderfußwurzelgelenke verletzen.
▷ *Nach dem Füttern 1 Stunde Ruhe einlegen,* damit die Pferde ihr Futter gut kauen und einspeicheln können. Gut gekaut ist halb verdaut. Läßt man ihnen nicht genügend Zeit, werden sie zu hastigen Fressern und Futterschlingern, die ihre Nahrung nicht gut auswerten. Ist es einmal besonders eilig, dann weniger füttern.
▷ *Vorsicht an Steh- und Feiertagen.* Weniger Futter geben, nur die Hälfte an Kraftfutter, da sonst leicht Futterrehe, Verschlag oder Kolik eintreten können.
▷ *Einwandfreies, sauberes Futter verabreichen.* Verstaubtes, verschimmeltes, verdorbenes und gefrorenes Futter führt unweigerlich zu Krankheiten und muß weggeworfen werden. Rüben sind sorgfältig zu reinigen und zu zerkleinern. In trockenen Sommern können sie so hart werden, daß sie unzerkleinert Zahnfleischschmerzen verursachen. Zuckerrübenschnitzel müssen einige Stunden in Wasser quellen, sonst kann es zu Schlundverstopfungen kommen; für jede Mahlzeit frisch zubereiten, da sie leicht säuern. Weizenkleie ist ebenfalls anzufeuchten.
▷ *Krippen sauberhalten.* Futterreste können sonst in Gärung übergehen, vor allem an warmen Tagen.
▷ *Abwechslung schaffen.* Nicht immer das gleiche Heu, den gleichen Hafer, das gleiche Ergänzungsfutter geben; »Speisezettel« durch einige Möhren, Äpfel, Rüben, Rote Beete, Topinambur, etwas Grünfutter »anreichern«.
▷ *Vorsicht bei gemähtem Grünfutter.* Als Leckerbissen hinzufüttern, wie Rohkostsalat, nicht zum Sättigen. *Keine* Rübenblätter, Klee, Kohl, Leguminosen und junges Gras füttern: wirken stark blähend, Kolikgefahr. Unter keinen Umständen geschnittenes Rasengras geben: klumpt, bläht, giftig (Benzin-

Rasenmäher-Abgase). Grünfutter täglich frisch ernten, nach dem Einfahren sofort verfüttern oder dünnschichtig an schattigem Ort ausbreiten. Es darf *nicht* regennaß, erhitzt, verwelkt sein oder schon gären.

▷ *Ab und zu Zweige zum Knabbern geben.* Die Pferde sind ganz versessen darauf, weil darin ätherische Öle, Bitter- und Gerbstoffe enthalten sind, die sich in Gras und Heu nicht finden. Gut geeignet sind, wenn nicht mit Pflanzen- und Insektenschutzmittel behandelt: Birke, Buche, Eberesche, Eiche, Fichte, Haselnuß, Kiefer, Roßkastanie, Rüster (Ulme), Tanne, Wildkirsche. Nach Weihnachten lege ich unseren Pferden immer den Christbaum in den Auslauf; spätestens nach zwei Tagen ist er zum Skelett abgenagt. Versuchen Sie das auch einmal, aber nur, wenn der Baum nicht mit künstlichem Schnee bespritzt war und nachdem jeder Lamettafaden sorgfältig abgelesen ist.

Doch nicht alles, was grüne Nadeln und Blätter hat, ist gut für die Pferde, im Gegenteil, vieles ist giftig und kann ihnen sogar das Leben kosten (siehe nächstes Kapitel: Gifte). Lassen Sie daher Ihr Pferd niemals unterwegs von Bäumen, Sträuchern und Pflanzen naschen.

▷ *Keine plötzlichen Veränderungen.* Die Verdauungsorgane können sich nicht schlagartig von einem Futter auf ein ganz anderes umstellen; jeden Futterwechsel langsam und schonend vornehmen. Täglich etwas mehr von dem neuen und etwas weniger von dem bisherigen Futter geben, bis nach 8–10 Tagen die Umstellung erfolgt ist.

▷ *Auf Weidegang vorbereiten.* Einige Wochen vorher zusätzlich Rüben als Saftfutter geben. Vor dem Weidegang morgens etwas Heu füttern. Erstmalig nur $^1/_2$ Stunde weiden lassen, täglich etwas mehr. Nicht mit dem Weidegang beginnen, bevor das Gras 15–20 cm lang ist. Jederzeitige Aufnahme einer guten Mineralstoffmischung ermöglichen, die Weiden sind gewöhnlich arm an Kalzium, Magnesium und Natrium, meist auch an Spurenelementen. Pferde nie auf frisch gedüngte Weiden lassen, frühestens zwei Wochen danach.

▷ *Nicht auf Koppeln* weiden lassen, in deren unmittelbarer Nähe gerade *Pflanzenschutzmittel* gespritzt werden, da sie durch Wind oder Feuchtigkeit auf die Koppel gelangen können: Vergiftungsgefahr. Mit den Nachbarn über Spritztermine und Karenzzeiten der Mittel verständigen.

▷ *Vorsicht bei Obstbaumweiden*, sobald das Obst zu reifen beginnt. Kolikgefahr durch Fressen von heruntergefallenem, angefaultem Obst, Vergiftungsgefahr durch Blausäure in Pflaumen- und Zwetschensteinen, Erstickungsgefahr durch Wespenstiche beim Fressen und Schlucken von süßem Obst mit Wespen darin. Außerdem mögen Pferde kein Schattengras.

▷ *Koppeln nie so stark abweiden* lassen, daß die Pflanzen mit Wurzeln ausgerissen und gefressen werden. Dabei wird Sand und Erde aufgenommen: Kolikgefahr.

▷ *Nicht viel Brot* geben; wenn, dann nur ganz trocken oder geröstet, andernfalls klumpt und bläht es.

▷ *Keine Salzstangen, Kekse* und *Kuchen* füttern, sie bekommen den Pferden nicht.

▷ *Die leidige Zuckerfütterei* der eigenen und fremden Pferde *unterlassen*; sie stört den Magensäurehaushalt und kann im Übermaß sogar Aborte hervorrufen. Möhren eignen sich besser zur Belohnung.

▷ *Stets beliebige Aufnahme* eines *Marken-Mineralfutters* ermöglichen, dessen genaue Zusammensetzung auf dem Begleitzettel steht, um Unterversorgungen vorzubeugen. Die Vormischungen in den Ergänzungsfuttern sind auf die vom Hersteller empfohlene Ration abgestimmt, außerdem ist ihre Zusammensetzung nicht angegeben.

▷ *Möglichst nicht aus der Hand füttern*, das macht die Pferde zu Bettlern und Knabberern.

▷ *Individuell füttern*. Jedes Pferd regelmäßig beobachten und nach seinem Bedarf, seinen Leistungen, seinen Freßgewohnheiten füttern. Von Zeit zu Zeit wiegen, das ist die sicherste Kontrolle. Beim Zunehmen: Futter abziehen. Beim Abnehmen: Futter zulegen; nimmt es trotzdem weiter ab, hat es entweder Würmer oder wird beim Reiten überfordert.

▷ *Futterverweigerung* kann verschiedene Gründe haben.
Überanstrengung: etwas Grünfutter, Möhren reichen, *Mash* oder Gruel geben, Rezept für Mash Seite 138;
Gruel: 2 Hände Hafermehl mit Wasser anrühren, ³/₄ Eimer warmes Wasser zugießen, umrühren;
starke Erschöpfung: Gruel mit gekochtem Leinsamenschleim geben, dann Mash. Zur Aufmunterung empfiehlt Wheatley einen sog. *Pick-me-up* aus 2 Eßlöffeln Salmiakgeist in ¹/₂ Liter Wasser; sehr gute Dienste leisten auch tägliche Gaben von 200–500 g *Trockenhefe,* die bei der Bierherstellung anfällt.
Zahnhaken: untersuchen und vom Tierarzt abraspeln lassen; Fieber, Krankheit: Fieber messen, Tierarzt rufen.
▷ *Täglich Kot kontrollieren.* Aus ihm läßt sich über die Art der Verdauung Wesentliches ablesen. Einzelheiten darüber S. 210
▷ *Keine »Wundermittel« kaufen.* Nur in Märchen geschehen noch Wunder.

Gifte

Im allgemeinen werden Giftpflanzen von Pferden instinktiv gemieden; es hat sich jedoch gezeigt, daß sie ihre angeborene Witterung dafür auf Weiden, die mit Herbiziden gespritzt wurden, verlieren und dann Giftpflanzen fressen, die sie sonst verschmähen. Ein Großteil der Giftpflanzen bevorzugt feuchte Standorte und ist außerdem trittempfindlich; auf trockenen Pferdeweiden treten sie seltener auf, dafür auf nassen Wiesen. Über das Heu können sie dann doch in den Pferdemagen gelangen. Getrocknet und mit anderem Futter vermischt verändern sie ihren Charakter und können vom Pferd nicht mehr als giftig gewittert werden wie Herbstzeitlose und Sumpfschachtelhalm. Andere Pflanzenarten verlieren in getrocknetem Zustand ihre Giftigkeit wie die Hahnenfußarten.
Dadurch, daß die Pferde nicht erbrechen können und alles, was einmal im Magen ist, den Körper durchwandern muß, wird die Wirkung meist noch verstärkt. Entscheidend sind die Giftmen-

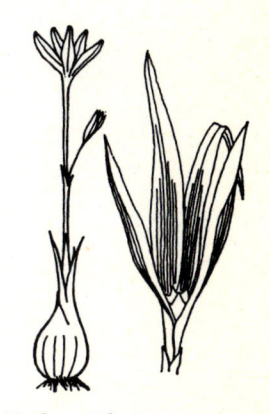

Herbstzeitlose

gen, die aufgenommen werden. Selbst Hafer ruft, regelmäßig im Übermaß gefüttert, Vergiftungserscheinungen hervor, während winzige Dosen sonst hochgiftiger Pflanzen wie Herbstzeitlose, Fingerhut, Eisenhut, Maiglöckchen, in der Medizin als wertvolle Arzneimittel gelten.

Ein Teil der Giftpflanzen wächst nicht auf Weiden, sondern auf Wiesen, Kahlschlägen und am Wegesrand, andere schmücken unsere Gärten als *Stauden, Ziersträucher* und *Zierbäume*. Sie sollten weder in Reichweite von Weiden und Ausläufen stehen, noch sollte der Wind ihre Samen hineinwehen können. Die Pferde knabbern an solchen Zierpflanzen, für die sie keine Witterung haben können, weil sie in der Steppe, der Heimat ihrer wilden Ahnen, nicht vorkommen. Höchste Gefahr besteht für Ponys, die im Garten als Rasenmäher eingesetzt werden.

Pflanzen mit schwerem Gift

1. Ackerminze
2. Adonisröschen
3. Arnika
4. Bilsenkraut
5. Blauer Eisenhut
6. Buschwindröschen
7. Buxbaum
8. Christrose, Nieswurz
9. Eibe (Taxus)
10. Fingerhut
11. Goldregen
12. Herbstzeitlose
13. Küchenschelle
14. Lebensbaum (Thuja)
15. Oleander
16. Rhododendron
17. Robinie (Falsche Akazie)
18. Scharfer-, Gift-Hahnenfuß
19. Schierling
20. Schwarzer Nachtschatten
21. Stechapfel (Datura)
22. Sumpfschachtelhalm
23. Tabak
24. Taumelloch
25. Tollkirsche
26. Wolfsmilch

Sumpfschachtelhalm

Pflanzen mit etwas leichterem Gift

27. Knolliger Kälberkropf
28. Feldrittersporn
29. Giftlattich
30. Kirschlorbeer
31. Kornrade
32. Liguster
33. Saatplatterbse
34. Sadebaum (Juniperus)

35. Schneeball
36. Schöllkraut
37. Seidelbast
38. Wilder Mohn

Nr. 1, 2, 4, 5, 12, 18, 20, 22, 24, 26, 31, 38 können im Wiesenheu auftreten und je nach Befall starke Vergiftungen hervorrufen.
Giftig sind ferner *Mutterkorn, Brand-, Rost-* und *Schimmelpilze* im Futter sowie *Getreidekörner mit Rattengift*.
Allergrößte Vorsicht ist im Umgang mit Kunststoff- und Klarsichtbeuteln erforderlich. Fohlen knabbern an solchen Beuteln aus Neugier, Pferde in der Hoffnung auf Leckerbissen. Sie müssen es mit dem Leben bezahlen. Daher merke sich jeder: *Kunststoff-Hüllen bringen den Pferden unweigerlich den Tod!* Warnschilder an Weiden und in Ställen sollten darauf hinweisen, damit sie nicht achtlos über Zäune geworfen oder in Boxen liegengelassen werden.

Weiden

Wenn Weiden ihre Aufgabe zur Ernährung und Bewegung von Zuchtpferden oder als Gesundheitsgarten und Tummelplatz für Sportpferde gut und auf die Dauer erfüllen sollen, so stellen sie einige Ansprüche, die nicht ganz einfach zu erfüllen sind. Weide ist nicht gleich Weide. Die Skala reicht von der mit Unkrauthorsten und Geilstellen durchsetzten Kahlfläche bis zur üppig grünen, saftigen Gräserwiese. Jene sieht schlecht aus und ist es auch, diese macht den besten Eindruck, aber er täuscht, denn sie bietet mit Kali überfütterte, mit Stickstoff hochgepeitschte einseitige Quantität, doch keine Qualität: keine Kräuter, keine Leguminosen, dafür ausgesprochenen Mineralstoffmangel.
Die Qualität der Weiden wird bestimmt durch die Faktoren:

Bodenbeschaffenheit	Nutzung
Lage	Pflege
Klima	Düngung
Pflanzenzusammensetzung	

Alle diese Faktoren stehen in enger Wechselwirkung zueinander, und die Kunst besteht darin, sie harmonisch aufeinander abzustimmen.

Boden- Sandige Lehmböden oder lehmige Sandböden mit durchlässigem
beschaffenheit Untergrund ergeben gute Pferdeweiden; die besten Voraussetzungen bieten höher gelegene, schwach trockene Kalkböden. Sie bringen die trittfesten Grasnarben, die der Pferdehuf verlangt. Die Trittbelastung pro Quadratzentimeter Bodenfläche beträgt beim Pferd durchschnittlich 1,25 kg, bei einem 35-PS-Trecker jedoch nur 0,85 kg. Für Reitpferde, die nur kurz und gelegentlich auf die Weide kommen, spielt die Trittfestigkeit des Bodens keine so große Rolle wie bei der Aufzucht von Fohlen, denn sie bestimmt die Form und die Festigkeit des Hufs; Bergpferde haben wesentlich kleinere und härtere Hufe als Pferde, die auf friesischen Marschweiden aufwachsen. Sumpfige Weiden eignen sich jedoch auch für Reitpferde nicht und solche mit stauender Nässe nur, wenn sie sich gut drainieren lassen. Andernfalls werden sie von den Pferdehufen rasch in Schlammflächen verwandelt und bilden dann ein Eldorado für Unkräuter und Giftpflanzen, eine paradiesische Brutstätte für Fliegen und Ungeziefer und ein ideales Milieu für die Entwicklung von Parasitenlarven aus dem Pferdekot. Das Gegenteil hiervon, zu durchlässige und daher staubtrockene Sandböden, die jeden Regentropfen sofort in die Tiefe versickern lassen, ergeben ebenfalls keine guten Weiden. Die Pflanzen können die Mineralstoffe zu ihrer Ernährung nur in gelöster Form aufnehmen. Daher ist ein ausgeglichener Wasserhaushalt des Bodens eine Voraussetzung für günstige Weideverhältnisse. Wer Weiden auf zu nassen oder zu trockenen Böden anlegen will, muß hohe Summen investieren, ohne daß er eine Erfolgsgarantie hat.

Sicherer und rascher benutzbar als Neuanlagen sind ältere Grünlandflächen mit einer geschlossenen Grasnarbe. Dem Fachmann verrät der Pflanzenbestand durch seinen Zeigerwert viel über den Feuchtigkeitsgrad des Bodens, die Nutzung und die Düngung. Der Laie läßt sich am besten vor dem Kauf durch die zuständige

Landwirtschaftsschule beraten (mit Bodenanalyse), nicht etwa von dem Verkäufer. Sonst kann es ihm passieren, daß man ihn zum Erwerb einer völlig mit Hahnenfuß verunkrauteten Weide mit dem verzückten Ausruf überredet: »Oh, schauen Sie nur diesen herrlichen Blütenteppich an, übersät mit leuchtenden Butterblumen! Sie bringen alle Glück.« Dem Verkäufer bestimmt, der Käufer ist der Dumme, und die Betrogenen sind dann die Pferde.

Lage

Daß sonnengereiftes Obst süßer ist als solches aus Schattenlagen, weiß jedermann, auch daß der Wein aus Sonnenlagen am besten mundet. Sonnig gewachsene Weidepflanzen sind gehaltvoller an Wirkstoffen und schmecken aromatischer als Schattengras. Das wirkt sich bereits im Laufe eines Tages aus: Abends ist die Weide nährstoffreicher als frühmorgens. Wie heilsam das Sonnenlicht auch für den tierischen Organismus ist, wissen wir bereits. Daher sind sonnige Süd- oder Südwesthänge den schattigen Nordlagen und auch Osthängen vorzuziehen. Allerdings sollten die Pferde durch Bäume am Weiderand, durch eine Weidehütte oder freien Zugang zum Stall die Möglichkeit haben, in der sommerlichen Mittagshitze, in der ihnen das warme Gras sowieso nicht schmeckt, Schatten aufzusuchen und sich vor Fliegen und stechenden Insekten zu schützen. Auf der Steppe gibt es das auch nicht, wird man einwenden, aber dort weht immer etwas Wind, der ihnen die lästigen Plagegeister fernhält.

Klima

Warum Weiden mindestens 100 m von Autobahnen oder anderen stark befahrenen Straßen entfernt liegen sollen, wurde auf S. 135 erläutert. Darüber hinaus sollen sie bequem erreichbar und nicht weitab gelegen sein; um so einfacher sind sie zu bewirtschaften, und um so leichter lassen sich die Pferde überwachen. Sonne, Wind und Wolken, Wärme und Kälte, Regen und Schnee, sie alle beeinflussen das Wachstum der Pflanzen und damit die Länge der jährlichen Weidezeit. Auf der grünen Insel Irland ist sie länger als in Ostpreußen. Außer dem Großraumklima spielen die Verhältnisse in den bodennahen Luftschichten, das Kleinklima, eine nicht zu unterschätzende Rolle.

In Deutschland begegnen sich die Strömungen verschiedener Klimatypen und bescheren uns einen unterschiedlichen Verlauf der Jahreswitterung; ein Tief von hier, ein Hoch von dort lassen nasse Sommer mit trockenen wechseln, je nachdem, welcher Einfluß vorherrscht: der warme Süden, der trockene Osten, der kalte Norden oder der feuchte Westen. Dementsprechend werden einzelne Pflanzenarten gefördert, andere unterdrückt, Nähr- und Mineralstoffgehalte sinken oder steigen.

Pflanzen-zusammensetzung

Je vielseitiger sie ist, je höher ihr Anteil an Leguminosen und Kräutern, desto wertvoller wird sie durch ihren Reichtum an lebenswichtigen Aminosäuren und desto schmackhafter durch aromatische Würzstoffe. Die Leguminosen zeichnen sich durch hohen Nährstoffgehalt, Eiweißreichtum und Rohfaserarmut aus; die wichtigsten von ihnen sind Weiß- und Rotklee.

Es gab Zeiten, da wurde alles außer Gras und Klee als Unkraut abgetan, aber man hat sich inzwischen darauf besonnen, daß die meisten Weidekräuter Arzneipflanzen sind, aus denen man auch heute noch wertvolle Tees und Säfte herstellt. Der Begriff Unkraut hat eine Wandlung erfahren, da einige »Unkräuter« einen hohen Futtergehalt besitzen, wie z. B. Löwenzahn. Andere wie Scharfgarbe und Salbei werden in kleinen Mengen gern gefressen, treten sie im Massenwuchs auf, werden sie auf der Weide und im Heu verschmäht. Wiesenkümmel, Wilde Möhre, Wildpetersilie, Zichorie, Kleiner und Großer Wiesenknopf, Spitzwegerich, Wiesenbocksbart, Kohldistel sind wertvolle Kräuter, wenn sie nicht überhand nehmen. Das Überhandnehmen einer Pflanzenart deutet immer auf eine Störung des biologischen Gleichgewichts hin.

Was sind Unkräuter?

▷ Pflanzen, die durch ihren Massenwuchs die vielseitige Zusammensetzung beeinträchtigen, z. B. Bärenklau, Wiesenkerbel und Stumpfblättriger Ampfer, die übrigens auf Überdüngung mit Jauche und Gülle hinweisen

▷ Pflanzen, die sich breit machen und wertvolleren den Platz wegnehmen, z. B. Gänseblümchen, Mittlerer Wegerich

Wiesenrispengras

▷ Zu harte Pflanzen wie Seggen, Binsen, vor allem die lästige Rasenschmiede
▷ Giftpflanzen

Von den *Gräsern* sind die Untergräser als die wertvollsten anzusehen; sie bestimmen die Dichte des Bestandes und seine Güte, da sie ein günstigeres Verhältnis von Blatt zu Stengel haben als Obergräser. Wertvolle Gräser für Pferdeweiden sind

    Wiesenrispengras   *(Poa pratensis)*
    Deutsches Weidelgras *(Lolium perenne)*
    Wiesenschwingel*   *(Festuca pratensis)*
    Rotschwingel   *(Festuca rubra)*
    Wiesenlieschgras*   *(Phleum pratense)*
    (Timothee)
    Weißes Straußgras   *(Agrostis alba)*
    Kammgras   *(Cynosurus cristatus)*

* = Obergras

Deutsches Weidelgras   Wiesenschwingel

Weißes Straußgras 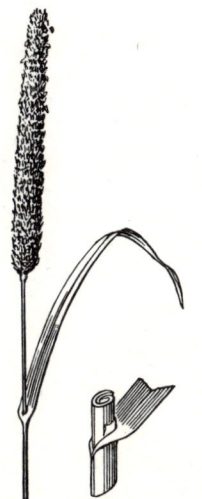   Wiesenlieschgras 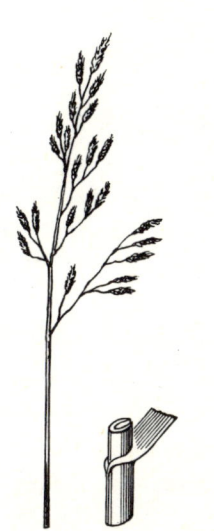   Rotschwingel    Kammgras

Jede Ansaat muß sich nach den örtlichen Boden- und Klimaverhältnissen richten; auch hierüber erteilen die Landwirtschaftsschulen Rat. Als Faustzahl für die Samenmenge mag gelten:

50 kg Grassamen pro Hektar.

Nur Hochzuchtsamen halten, was sie versprechen; billige Samen sind Verschwendung. Man muß sich jedoch darüber klar sein, daß jede Ansaat nur der Pionierbestand ist und daß sich die endgültige Pflanzengesellschaft erst im Laufe der Jahre herausbildet. Nach 10 Jahren sieht sie anders aus als zu Beginn. Spätere Nachsaaten haben nur Erfolg, wenn die Weide scharf geeggt und ein Jahr lang nicht von Tieren benutzt wird.

Nutzung Zunächst die Definition einiger oft verwechselter Begriffe.
Wechselweiden: Flächen, die abwechselnd als Weiden und als Ackerland genutzt werden.
Dauerweiden: Flächen, die nur als Weiden genutzt werden.
Je nach Intensität der Nutzung unterteilt man die Dauerweiden in:

Standweiden:	Keine Unterteilung der Gesamtweidefläche oder höchstens in 2 Koppeln, dauerndes Fressen
Koppelweiden:	Unterteilung in 4–8 Koppeln, kürzere Freßzeit
Umtriebsweiden:	Unterteilung in 6–16 Koppeln, 2–3 Tage Freßzeit
Portionsweiden:	Unterteilung in so kleine Koppeln durch Wanderdraht, daß sie von den Tieren in $1/2$–1 Tag abgefressen werden.

Welches ist die beste Nutzungsart für Pferde? Eigentlich keine, denn ihre Freßgewohnheiten widersprechen den Ansprüchen der umgrenzten Weiden, die ja nur winzig sind im Vergleich zur Steppe, dem riesigen Lebensraum der wilden Ahnen. Wir müssen daher einen Kompromiß schließen, und zwar unter Beachtung von drei Hauptmerkmalen:

1. Tiefer Verbiß: das Pferd erfaßt mit den Zangen wenige Pflanzen, beißt sie tief unten ab und kaut sie bedächtig;
2. Scharfe Selektion: ist der erste Heißhunger gestillt, nascht es als Feinschmecker mal hier und nippt mal dort, wählt diese Pflanzen aus, läßt andere achtlos stehen; insbesondere verschmäht es die Geilstellen um seine Kotablageplätze, dadurch vermeidet es instinktiv Neuinfektionen mit Wurmlarven, die aus dem Kot ausgekrochen sind und vergnügt an den Unkrauthalmen emporklettern;
3. Narbenschädigender Tritt: beim Fressen ist es dauernd in Bewegung und legt dabei im Schritt, Trab, Galopp täglich gut 5–6 km zurück, wobei seine Hufe die Grasnarbe schädigen.

Auf der *Standweide* werden die guten Gräser und Kräuter schonungslos kahlgefressen, während die Geilstellen und Unkrauthorste üppig wuchern und sich ungehindert ausdehnen, ein Bild, das man vor allem bei Robustpferdehaltungen leider oft antrifft. Solche Weiden sind nicht nur zur Ernährung wertlos, sondern auch aus hygienischen Gründen abzulehnen. Wird der Kot von solchen Weiden nicht abgelesen und kein Zusatzfutter verabreicht, sind die Pferde aus Hunger gezwungen, auch von Geilstellen zu fressen und damit Wurmlarven aufzunehmen. Wenn der Kot abgeschleppt, also über die ganze Weide verteilt wird, dann werden die Wurmlarven ebenfalls überallhin verstreut, und den Pferden bleibt keine andere Wahl, als sie ständig mitzufressen und sich laufend neu zu infizieren.

Wer problemlose Haltung so auffaßt, versündigt sich an seinen Pferden. Schrumpfen solche Standweiden gar zu Haus- oder Vorgärtenrasen zusammen, von denen sich die »anspruchslosen« Ponys jahraus jahrein ernähren müssen, kann man das nur als Verbrechen bezeichnen. Wer ahnungslosen Käufern eine derartige Ponyhaltung als richtig hinstellt, sollte dazu verurteilt werden, sich jahrelang von Rohkost zu ernähren, die nur mit seinem eigenen Kot gedüngt wurde.

Keine Grasnarbe verträgt dauerndes Zertrampeln und Zerbeißen, von einer kurzfristigen Strapaze kann sie sich erholen. Abgefressene Weidepflanzen treiben nach drei Tagen wieder aus; bis zur Weidereife benötigen sie je nach Jahreszeit 3–5 Wochen absolute Ruhe. Bei dreitägiger Freßzeit mit anschließend 3 Wochen Ruhe müßte die Weidefläche in 8 Koppeln, bei 5 Wochen Ruhe in 13 Koppeln unterteilt werden. Welcher Privatmann kann das durchführen? Die gefährlichen Strongylidenlarven entwickeln sich in 5 Tagen nach der Kotablage. Läßt man zur Vermeidung von Ansteckungen jeweils 5 Tage weiden, braucht man bei 3wöchiger Ruhe 5, bei 5wöchiger Ruhe 8 Koppeln. Wer also der Weide und den Pferden entgegenkommen will, sollte den Weg der Mitte gehen, seine Weiden in 5 Koppeln einteilen, mit jeweils 5 Tagen Fressen und 3 Wochen Ruhe. Mehr Koppeln sind besser, das setzt aber eine große Gesamtweidefläche voraus. *Portionsweiden* eignen sich nur, wenn durch Auslauf oder Arbeit für genügend Bewegung gesorgt wird.

Wer es irgendwie kann, sollte seine Weiden nicht ausschließlich mit Pferden beschicken, sondern zwischendurch mit Rindern, sie schonen die Weiden und wirken ausgleichend; Pferdeparasiten schaden ihnen nichts. Sie sollen die Geilstellen der Pferde abfressen; bei mir taten sie das leider nie. Rinder bringen auch Arbeit und Probleme mit sich, besonders in regenreichen Gegenden, wo die Kuhfladen nie trocknen und alles verschmieren. Mit Schafen ist das einfacher, dafür braucht man bei ihnen wieder andere Zäune, unter denen sie nicht durchkriechen können.

Eine weitere Möglichkeit der Schonung bei genügend Koppelflächen besteht in der abwechselnden Nutzung als *Mähweide* zur Heugewinnung.

Pflege — Einteilung in Koppeln, kurze Freß- und lange Ruhezeit, Ausgleich durch Wiederkäuer, Nutzung als Mähweide, alle diese Maßnahmen gehören bereits zur Weidepflege. Eine unabdingliche Forderung, um Pferdeweiden auf die Dauer in Ordnung zu halten, ist das *tägliche Kotablesen:* es ist genauso wichtig wie das tägliche Misten des Stalles. Wer es aus zeitlichen Gründen nicht kann, sollte es jeden zweiten Tag tun, mindestens jeden fünften; wer auch das nicht kann, soll einzelne Koppeln vier Jahre lang nicht von Pferden beweiden lassen und sie zwischendurch als Mäh- und Rinderweiden benutzen. Eine weitere Pflegemaßnahme ist der *Reinigungsschnitt* nach jeder Beweidung, um Geilstellen abzumähen und Unkräuter zu unterdrücken. Reine Pferdeweiden erfordern die sorgfältigste Pflege.

Düngung

Was die Pflanzen dem Boden an Nährstoffen entziehen, muß ihm zurückgegeben werden, soll er nicht völlig verarmen. Durch die unterschiedlichen Nährstoffansprüche der einzelnen Weidepflanzen, durch teilweise Düngung mit Kot und Harn, durch unvollkommene Ernte liegen die Verhältnisse bei der Weide komplizierter als bei Acker-Monokulturen. Es gibt kein Düngungs-Patentrezept von der Nordsee bis zum Allgäu. Bevor man dem Boden Dünger gibt, sollte man wissen, was ihm fehlt. Darüber kann nur die *Bodenanalyse* Auskunft geben. Bodenproben zur Untersuchung werden nach der Ernte und vor der nächsten Düngung entnommen, also zwischen November und März. Wer sicher gehen will, daß sie sachgemäß entnommen werden, beauftragt einen amtlichen Bodenprobennehmer der Landwirtschaftskammer; die Untersuchung sollte auf Phosphorsäure, Kali, Kalk, Magnesium, Natrium, Mangan, Kupfer, Bor und Gesamtstickstoff erfolgen. Nach OLR Dr. Rolf Schneider, Lufa Bonn, betragen die annähernden Idealwerte für Pferdeweiden

    25 mg Phosphorsäure in 100 g Boden
    20 mg Kali   in 100 g Boden
    8–10 mg Magnesium in 100 g Boden
    10 mg Natrium   in 100 g Boden
    10–20 mg Mangan   in 100 g Boden
    13–18 mg Kupfer   in 1000 g Boden
    2– 3 mg Bor

0,4% Stickstoff = 120–180 kg Rein-Stickstoff pro Hektar,
ph-Wert 5,0–6,0 auf Mineralböden (Sand- bis Lehmböden)
       6,0–7,0 auf Tonböden
       4,5–5,0 auf Moorböden

Wie erreicht man diese Werte, wenn sie gemäß Bodenuntersuchung niedriger sind? Wir können nur ein paar grobe Faustzahlen nennen, z. B. für

Phosphorsäure:	jedes fehlende mg/100 g Boden kann durch 1 dz/ha Thomasphosphat ausgeglichen werden, das noch Kupfer und Mangan enthält. Nie mehr als um 5 mg/100 g Boden auf einmal erhöhen.
Kali:	jedes fehlende mg/100 g Boden kann durch 80 kg/ha Weidekainit ausgeglichen werden, enthält noch Magnesium und Natrium. Nie mehr als um 5 mg/100 g Boden auf einmal erhöhen.
Kalk:	2 dz Hüttenkalk/ha heben den ph-Wert um 0,1 Stufe (z. B. von 5,5 auf 5,6). Nie mehr als um 0,5 ph-Stufe auf einmal erhöhen. Hüttenkalk enthält eine Reihe von Spurenelementen.

Für den Aufbau des organisch gebundenen Stickstoffgehaltes gibt es keine schnelle Möglichkeit. Grundsätzlich soll auf Pferdeweiden nur sehr knapp Stickstoff verwandt werden. Am besten ist immer eine landwirtschaftliche Fachberatung für die jeweiligen Weiden, aber durch einen Pferdeweiden-Experten, z. B. OLR Dr. Rolf Schneider, Lufa, Weberstraße 61, 5300 Bonn.

Die *biologische Methode* empfiehlt Meeralgenkalk, der aus 30 bis 60 m tiefen Bänken vor der französischen Nordwestküste stammt. Neben kohlensaurem Kalk enthält er 60 verschiedene Mineralien und Spurenelemente des Meerwassers in organischer Bindung und natürlicher Zusammensetzung. Mit zusätzlichen Phosphatgaben und organischem Dünger, möglichst Kompost, bewirkt er eine Verdrängung der Unkräuter und Förderung der Kräuter und des Klees. Nicht umsonst wird der Kompost die Sparkasse des Landmannes genannt, sein Wert als organischer Dünger ist kaum zu übertreffen, aber seine sachgemäße Bereitung ist arbeitsaufwendig und will verstanden sein. Ein guter Ersatz ist entkeimter, bei 200–300° C heiß getrockneter Klär-

Kompost

schlamm mit der schriftlichen Garantie, daß er keine Wurmeier enthält. Städtischer Müllkompost darf unter keinen Umständen auf Pferdeweiden verwandt werden, da er zerkleinertes Glas und Kunststoffteile enthalten kann. Pferdemist verwendet man sicherheitshalber nicht, sondern verkauft ihn.

Ausgeglichener Wasserhaushalt, geregelte Weideführung, sorgfältige Pflege und möglichst biologische Düngung sind die beste Art der *Unkrautbekämpfung*. Wer seine Pferde liebt, läßt alle chemischen Mittel wie Herbizide und Pestizide weg. Sie vernichten mehr als sie sollen, auch Kräuter und Klee, und werden mit dem Futter von den Pferden aufgenommen. Bedenken wir immer: Es sind *Gifte*, deren Gefährlichkeit noch gar nicht übersehbar ist. Die vielschichtigen Probleme gesunder Pferdeweiden konnten hier nur gestreift werden, ihre erschöpfende Behandlung würde ein dickes Buch füllen. Einige Hinweise sollen das Kapitel beschließen.

Unkrautbekämpfung

Bei hauptsächlicher Weideernährung wird für Pferdegruppe I insgesamt 1/2 ha, für Gruppe II 1 ha, für die Gruppen III und IV 1 1/2 ha Weidefläche benötigt. Bei Stundenweiden genügt 1 ha für 4 Ponys oder 3 Großpferde. Die Unterteilung erfolgt am besten in lange, schmale Koppeln, sie kommen dem Bewegungsdrang der Pferde mehr entgegen als quadratische.

Hinweise

Weidegröße

Das einfachste Hilfsmittel für eine geregelte Bewirtschaftung ist die Aufstellung eines *Jahresarbeitsplanes* und die Führung eines *Weidetagebuchs* (erschienen im DLG-Verlag).

Weidetagebuch

Die Pferde müssen jederzeit Zugang zu Frischwasser haben; am hygienischsten sind Selbsttränken.

Wasser

Gartenrasen genügt nicht zur ausschließlichen Ernährung, ihm fehlen Kräuter und Klee; es ist nichts dagegen einzuwenden, wenn er zwischendurch mit abgeweidet wird, vorausgesetzt, er ist nicht zu kurz und es befinden sich keine durch Pferde erreichbare Giftpflanzen in der Nähe.

Gartenrasen ungeeignet

Der Pferdehalter haftet für alle Schäden, die seine Pferde anrichten. Einfriedungen von Weiden und Ausläufen müssen daher so angelegt und gesichert sein, daß weder Pferde ausbrechen noch

Einzäunung

fremde Personen sie öffnen können. Je stabiler, desto besser. Holz bleibt Holz. Stacheldraht müßte polizeilich verboten werden, er kann übelste Verletzungen verursachen; außerdem kann er genau wie Glattdraht, auch wenn er elektrisch geladen ist, von bösen Buben leicht durchschnitten werden. Von Elektrozaun als Außenumgrenzung muß unbedingt abgeraten werden, erschreckte Pferde lassen sich nicht immer elektrisch bremsen. Zur Unterteilung von Koppeln ist er jedoch gut geeignet. Seine Höhe richtet sich nach der Pferdegröße. Man sollte nur DLG-anerkannte Geräte verwenden, die das VDE-Zeichen führen. Regelmäßige Kontrolle ist notwendig, ebenso die Anbringung von Warnschildern.

In letzter Zeit mehren sich die Meldungen über Diebstähle von Weidepferden. Ein Dieb kann unter einem Zaun durchkriechen, ein Pferd jedoch nicht, es muß durch ein Tor gehen. Weidezäune sollten daher stabile und verschließbare Tore haben.

Einen zusätzlichen Schutz – auch gegen zuckerfütternde oder auf die Weide laufende Spaziergänger – bieten lebende Heckenzäune. Forstmeister G. Heinemann, Laubach, empfiehlt in der »Freizeit im Sattel«, am besten eine Gitterhecke anzulegen: »Das Prinzip ... besteht darin, daß die in etwa 15 cm Abstand in einer Reihe gepflanzten Bäumchen (u. a. Hainbuche, Ahorn, Eberesche, Linde) in zwei Schrägrichtungen gestellt werden, so daß sie sich wie ein Gitter mehrfach kreuzen. An den Kreuzungsstellen werden die Stämmchen nach einem patentierten Verfahren mittels Schrauben zusammengefügt. ... Es tritt an diesen Stellen in kurzer Zeit eine intensive Verwachsung ein. Die Hecke bildet dann eine einzige lebende Einheit.« Und sie bietet Nistgelegenheiten für viele Vögel, die bessere und ungefährlichere Insektenvertilger sind als alle Insektizide.

Warnschilder Es kann nichts schaden, am Außenzaun Warnschilder anzubringen:

Betreten, belästigen, füttern lt. § 123 StGB strafbar.

Die Pflege

Eine verblüffende Logik und gar nicht mal so dumm. Denn wie das Wild betreiben auch frei lebende Pferde ausgiebige Körperpflege und reinigen sich von Staub, Schmutz, Hautschuppen und verklebtem Schweiß, damit die Hautatmung nicht durch verstopfte Poren behindert wird. Erreichbare Körperstellen beknabbern sie, an nicht erreichbaren erweisen ihnen die Zähne der Kameraden den Liebesdienst, oder sie schubbern sich an Bäumen und Pfählen. Die größte Wonne und gleichzeitige Massage verschafft ihnen das Wälzen im Sand, und mit ebenso großem Vergnügen suhlen sie sich und baden, wenn sie dazu Gelegenheit haben. Durch kräftiges Schütteln fällt der Schmutz mit den Hautabsonderungen ab; gelegentliche Regengüsse tun ein übriges.
Robust gehaltene und Weidepferde brauchen kaum geputzt zu werden; zu intensives Putzen schadet ihnen sogar, weil dabei die Talgschicht auf Haut und Haaren entfernt wird, die der Körper als natürlichen Witterungsschutz bildet. Es genügt, täglich den groben Schmutz oberflächlich zu entfernen, bei Reitpferden vor allem in der Sattellage, um Scheuerstellen durch Sandkörner oder andere Fremdkörper vorzubeugen.
Stallpferde werden um das notwendige Vergnügen artgemäßer Hautpflege betrogen. Da sie zur Aufrechterhaltung der Hautatmung und damit der Gesundheit unerläßlich ist, muß der Mensch diese Aufgabe regelmäßig übernehmen, und zwar um so intensiver, je mehr das Pferd durch Arbeit ins Schwitzen kommt und je mehr es mit Kraftfutter gefüttert wird. Wie wichtig das ist, geht aus dem alten Spruch hervor: Guter Putz ist halbes Futter. Der Sinn des Putzens ist die Unterstützung der Hautatmung durch Reinigung und die Förderung der Blutzirkulation durch Massage. Bei Fohlen vertieft es darüber hinaus noch das Vertrauen zum Menschen und erzieht zum Gehorsam.

Und der Vatter hat g'sagt,
I soll Roß putz'n gehn,
Wird der Hirsch im Wald a net putzt
Un is doch so scheen!

Zur Körper- und Beinpflege

Putzzeug und Pflegemittel

Reformstriegel

Kardätsche

Gummistriegel

Wurzelbürste

Schwamm

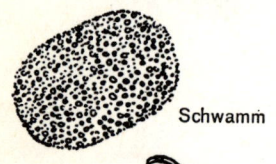

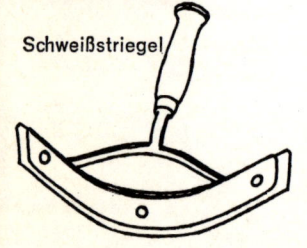

Schweißstriegel

Reformstriegel. Zum Auflockern und Aufrauhen, zum Abkratzen von Schmutzkrusten, zur Reinigung der Kardätsche. Scharfe Kastenstriegel nur bei langhaarigen Ponys zu verantworten. Gegen den Haarstrich anwenden, niemals an Körperstellen ohne Fleischpolster (Kopf, untere Gliedmaßen, Knochenvorsprünge).
Gummistriegel. Gut im Sommer, vor allem aber während des Haarwechsels; setzt sich dann rasch mit Haaren zu, die von Zeit zu Zeit zu entfernen sind.
Elektrostriegel. Gut zur staubfreien Entfernung stark verkrusteten Schmutzes; gut für robust gehaltene Pferde, die nicht so gut durchgeputzt werden sollen, Hautschuppen und fettige Teile werden nicht entfernt. Mit Handstriegel und Kardätsche ist man beweglicher als mit dem Elektrostaubsauger; solche mit rotierenden Bürsten sind gefährlich, da Mähnen- und Schweifhaare sehr leicht hineingerissen werden. Sauberhalten der Elektrostriegel ist arbeitsaufwendig.
Kardätsche. Zum Bürsten der Haare, mit dem Strich. Die Anschaffung guter Kardätschen mit echten Borsten zahlt sich immer aus. Ob mit Holz- oder Lederrücken ist persönlicher Geschmack.
Putzhandschuh. Bei sehr empfindlichen, feinhäutigen Pferden an Stelle der Kardätsche. Auch zum Auftragen von Fliegenschutzlotions und zum Shamponieren geeignet.
Wurzelbürste. Übernimmt an Kopf und Beinen die aufrauhende Funktion des Striegels. Zum Bürsten dichter Pony-Mähnen und -Schweife, nicht bei feinhaarigen Mähnen und Schweifen zu verwenden. Zum Bürsten der Hufe.
Whisp. (Eine aus Werg oder Bast gedrehte und in Knoten geschlungene, angefeuchtete Wulst, die durch heftiges Schlagen an die Wand eine glatte, ebene Oberfläche erhält.) Zum Erzielen von Hochglanz nach dem Putzen; für Leute mit viel Zeit.
Wollappen. Entfernt das letzte Stäubchen. Zum Abschluß der Putz- und Whisp-Zeremonie als Tüpfelchen auf dem i.
Schwämme. Zum Auswaschen der Körperöffnungen, einen für den Kopf, einen zweiten für After und Genitalien.

Schweißmesser oder *-striegel*. Zum Abziehen stark geschwitzter Pferde.
Waschstriegel, -bürste (mit Wasseranschluß). Zum Shamponieren und Waschen.
Wasserschlauch mit verstellbarer Düse. Zum Abspritzen der Beine oder des ganzen Pferdes mit verschieden starkem Strahl.
Frottétücher. Zum Abtrocknen.
Bandagen. Verschiedene Arten je nach Verwendungszweck: Elastik-, Flanell-, Woll-, Baumwollbandagen, Leder-Sehnenschoner.
Shampoo, Essig, Spiritus.

ZUR HUFPFLEGE

Hufräumer. Zum Auskratzen der Hufe.
Wurzelbürste. Zum Säubern.
Hufbürste. Zum Einfetten. *Keine Stahlbürsten* verwenden, sondern nur solche mit Borsten.
Hufpinsel. Zum Einölen oder für Holzteer.
Huffett mit Lorbeeröl, Hufspray, Holzteer.

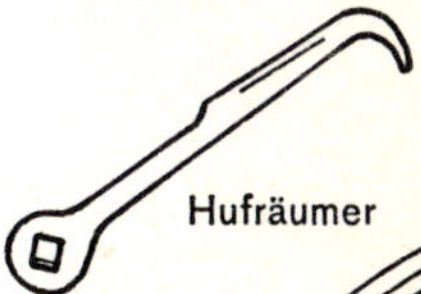

ZUR MÄHNEN- UND SCHWEIFPFLEGE

Mähnenkamm und *Wurzelbürste*. Nur für Ponys oder Pferde mit sehr starkem Haar, wo das Verlesen schwieriger ist. Nicht für Pferde mit feinen Schweifen und Mähnen.
Shampoo. Zum Waschen von Schweif und Mähne.

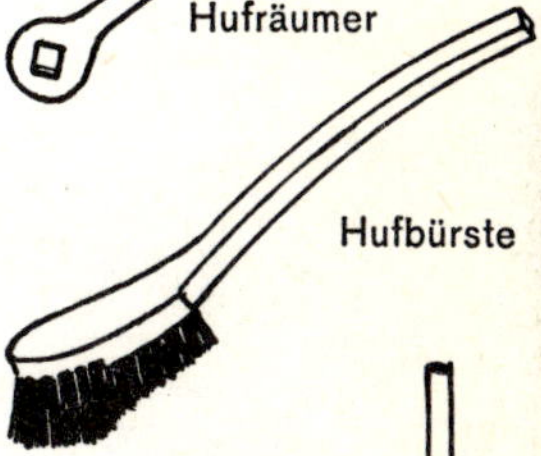

ZUR FRISUR VON SPORT- UND TURNIERPFERDEN

Reißkamm. Zum Verziehen der Mähnen.
Gummibänder, Pechfaden. Zum Mähneneinflechten.
Weißer Tesafilm. Zum Umwickeln der Mähnenzöpfe.
Fesselschere, gebogen. Zum Beschneiden des Kötenbehangs, zum Abschneiden überstehender Ohrenhaare, zum Scheren der Mähne.
Stumpfe Schere. Zum Abschneiden der Schweifspitze.
Effilierschere. Zum Verdünnen der Mähne.
Schermaschine, Handhaarschneider. Zum Scheren der Mähne, Fesselköpfe, Ganzschur.

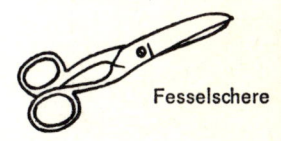

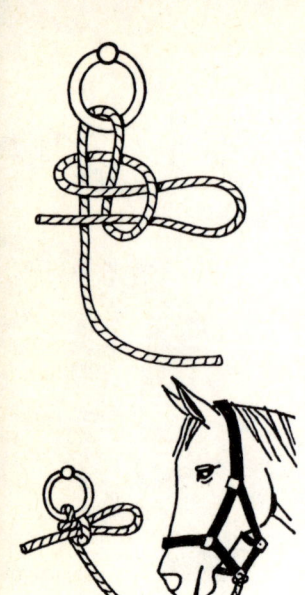

Zur Geschirrpflege

Putzbock. Zum Auflegen des Sattels und Aufhängen des Zaumzeugs und bequemen Reinigen.

Sattelseife, Sattelmilch oder *-Schaumspray.* Zum Reinigen der Lederteile von Sattel und Zaumzeug.

Lederfett. Zum Geschmeidighalten des Leders.

Metallputz. Zur Reinigung und Pflege der Metallteile.

Drahtbürste. Zur Reinigung der Filz-Satteldecke von Pferdehaaren.

Wurzel- oder *Perlonbürste.* Zum nassen Abbürsten der Sattelgurte.

Gurtenweiß. Zum Weißen von Eisengarngurten.

Flanell- und *Wollappen.* Zum Einreiben und Polieren.

Für den Pfleger

Stallschürze; tragbarer Kasten für Geräte und Putzmittel.

Anbindeknoten

Putzen — Zum Putzen führt man das Pferd am Stallhalfter aus der Box oder dem Ständer und bringt es bei schönem Wetter ins Freie, bei schlechtem oder bei Kälte in den Putz- oder Beschlagraum. Wenn irgend möglich, putze man nicht auf der Stallgasse, da immer etwas feiner Staub herumwirbelt. Läßt es sich nicht vermeiden, befeuchte man den Fußboden und öffne die Tür, außer bei starkem Frost. Zwar gibt es wohlerzogene Pferde, die beim Putzen mucksmäuschenstill stehen, dennoch ist es aus Sicherheitsgründen besser, sie anzubinden, und zwar kurz, damit sie sich nicht in Riemen oder Strick verfangen können. Man benutzt einen festen Strick aus Sisalhanf oder auch aus Perlon; er wird mit einem Knoten befestigt, den das Pferd nicht, der Pfleger aber mit einem Ruck öffnen kann. Anbinderiemen aus Chromleder befestigt man am Anbindering am besten mit Panikhaken, die ebenfalls mit einem Ruck zu öffnen sind, nicht mit gewöhnlichen Karabinerhaken. Daß der Ring oder Pfosten, an dem man das Pferd anbindet, stabil sein müssen und nicht nachgeben dürfen, sollte selbstverständlich sein.

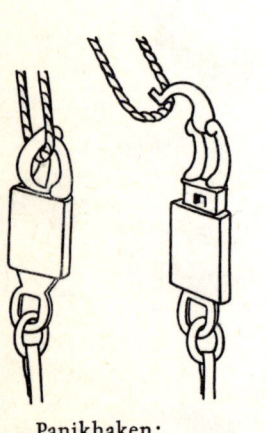

Panikhaken: geschlossen, offen

Nun mache man sich nicht gleich mit verbissenem Eifer ans Werk, sondern klopfe das Pferd erst einmal ab, streichele es am Hals und sage ihm ein paar freundliche Worte. Rohe Behandlung kann ein Pferd vollständig verderben. An seinem Verhalten läßt sich erkennen, ob das Putzen ruhig und sachgemäß ausgeführt wird oder nicht. Nervöse und kitzlige Pferde müssen so liebevoll und geduldig behandelt werden wie Babys.

Das Putzen hat gründlich, zügig und bestimmt, aber ruhig zu erfolgen, ohne hastige oder fahrige Bewegungen. Geputzt wird auf jeder Seite von vorn nach hinten: Vorhand, Mittelstück, Hinterhand, man kann mit dem Kopf aufhören oder beginnen, er wird grundsätzlich nur mit der Kardätsche gereinigt und ist stets vorsichtig zu behandeln; kein Pferd hat es gern, wenn man ihm mit

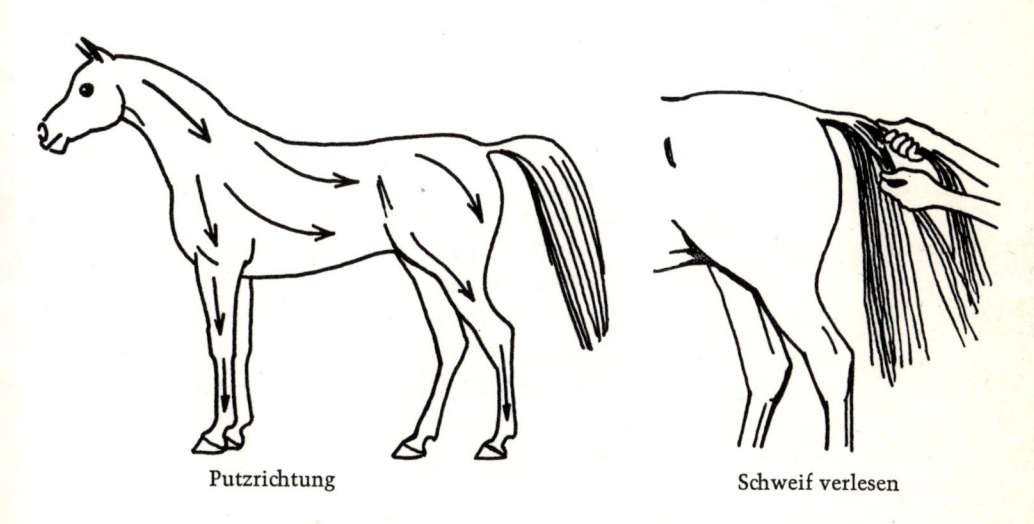

Putzrichtung   Schweif verlesen

den Kardätschenborsten in den Augen herumkratzt. Man beginnt auf der linken Seite, Kardätsche in der linken, Striegel in der rechten Hand, auf der rechten Seite ist es umgekehrt. Nach dem Auflockern durch den Striegel, falls erforderlich, gleitet die Kardätsche mit dem Haarstrich in langen, abgerundeten Strichen unter sanftem bis kräftigem Druck über den Pferdekörper, ohne zu hacken oder zu stoßen. In kurzen Abständen ist die Kardätsche am Striegel abzustreifen und zu reinigen; nach altem Brauch wird nur der Striegel auf dem Fußboden ausgeklopft. Nicht so offen liegende Körperstellen, wie Bauch, Innenseite der Hinterbeine, Fesselbeugen, unter der Mähne liegender Halsteil, Genick, werden leider oft stiefmütterlich behandelt, obwohl sie einer regelmäßigen Reinigung genauso bedürfen.

Nun treten die feuchten, aber nicht triefenden Schwämme in Aktion; mit dem einen werden Augen, Maul und Nüstern abgewaschen, mit dem anderen Genitalien und After. Für die tägliche Reinigung genügt das Auskratzen der Hufe; 1–2mal in der Woche muß eine gründliche Hufpflege erfolgen. Bürsten und Kämme haben bei feinen Mähnen und Schweifen nichts zu suchen; sie werden mit der Hand verlesen. Bei kräftigen Haaren, die fest in der Wurzel sitzen, können Mähnenkamm und Schweifwurzel gebürstet werden. Einmal im Monat sind Mähne und Schweif von Sportpferden mit Shampoo zu waschen. Wer Hochglanz wünscht, nimmt nun den leicht feuchten Whisp in beide Hände und zieht ihn mehrmals unter gutem Andrücken auf allen Stellen des Pferdekörpers entlang. Noch ein letztes Nachwischen mit einem wollenen Lappen, und das Roß blinkt in spiegelndem Glanz, von dem in Schweiß gebadeten Pfleger wohlgefällig betrachtet. Stallpferde müssen jeden Tag einmal gründlich geputzt werden, am besten morgens nach dem Füttern, nicht während der Fütterungszeiten. Wir waschen uns ja auch nicht beim Mittagessen. *Putzkontrolle:* Mit den Fingern etwas gegen den Haarstrich streichen; bleiben sie sauber und erscheinen keine staubigen Striche, gibt es nichts zu tadeln.

Hufpflege   Ohne Huf kein Pferd. Das gilt für alle gleich, ob man sie im Stall oder im Freien hält. Der Huf wächst im Monat 6–10 mm nach, und zwar nicht senkrecht nach unten, sondern schräg nach vorn in Richtung der Zehenachse. Durchschnittlich alle sieben Wochen muß er vom Schmied beschnitten und gegebenenfalls korrigiert werden, denn bei beschlagenen Pferden nutzt er sich gar nicht ab, bei unbeschlagenen meist nicht genügend oder ungleich. Wildpferde brauchten keinen Schmied. Auf den täglichen Wanderungen von rund 50 km nutzte sich ihr überaus hartes Hufhorn ausreichend ab; dabei korrigierte es sich von selbst. Ausgebrochene oder gespaltene Hufe, wie man sie heute oft bei Weidetieren antrifft, die manchmal monatelang keinen Schmied sehen, kamen nicht vor.

Für unsere Kulturpferde ist regelmäßige Hufpflege durch den Hufschmied erstes Gebot, gegen das leider viel gesündigt wird. In manchen Köpfen spukt sogar die unsinnige Vorstellung herum, im Winter brauche nicht so oft beschlagen zu werden, da die Pferde dann ja meist weniger geritten würden. Das Hufhorn wächst ständig weiter, gleichgültig, was die Pferde tun; genau wie unsere Fuß- und Fingernägel auch weiterwachsen, wenn wir schlafen. Zu lange Hufe überlasten die Sehnen.

Ob Pferde beschlagen werden müssen oder barfuß gehen können, hängt von ihrer Verwendung und der Härte des Hufhorns ab.

Verwendung:	Beschlag:
Zuchtpferde mit Weidegang	unnötig
Reitpferde, die unterwegs nur auf weichen Waldwegen und Wiesen gehen	bei gutem Hufhorn unnötig
stärkere Beanspruchung, Jagden, Rennen	bei gutem Hufhorn nur vorn
Turniere, Distanzritte, Military. Reiten auf befestigten Straßen und steinigen Wegen	Vollbeschlag

Faustregel: Wird der Huf nicht rascher abgenutzt, als er nachwachsen kann, und ist die Hornwand so stabil, daß weder Risse noch Brüche entstehen, können die Pferde barfuß gehen, andernfalls müssen sie beschlagen werden. Ohne Schmied kommt man in beiden Fällen nicht aus.

Früher brachte man die Pferde zur Schmiede, heute kommt der Schmied zu uns. Bevor man einen Stall baut und Pferde kauft, stelle man fest, ob ein Hufschmied in der Nähe wohnt, der bereit ist, *regelmäßig* zu kommen. Ist das nicht möglich, kann man keine Pferde halten. Das ist bitter, aber wahr.

Leider wird gelegentlich die Meinung vertreten, daß jeder das Ausschneiden der Hufe und das Aufnageln der Eisen selbst können sollte. Davor kann nicht eindringlich genug gewarnt werden. Schmieden und Tierärzten stehen die Haare zu Berge, wenn sie so etwas hören. Und warum? Weil sachgemäßes Beschneiden und fachgerechtes Beschlagen viel anatomisches Wissen über Bau und Mechanismus des Hufes sowie langjährige Erfahrung erfordern, die der Laie nicht von heute auf morgen erwerben kann. Selbst ein Werkzeugschmied ist noch lange kein amtlich geprüfter Hufbeschlageschmied.

Erschwerend kommt hinzu, daß 70–80% unserer erwachsenen Pferde keine völlig normale Bein- oder Hufstellung haben, in vielen Fällen die Folge versäumter oder falscher Hufpflege bei

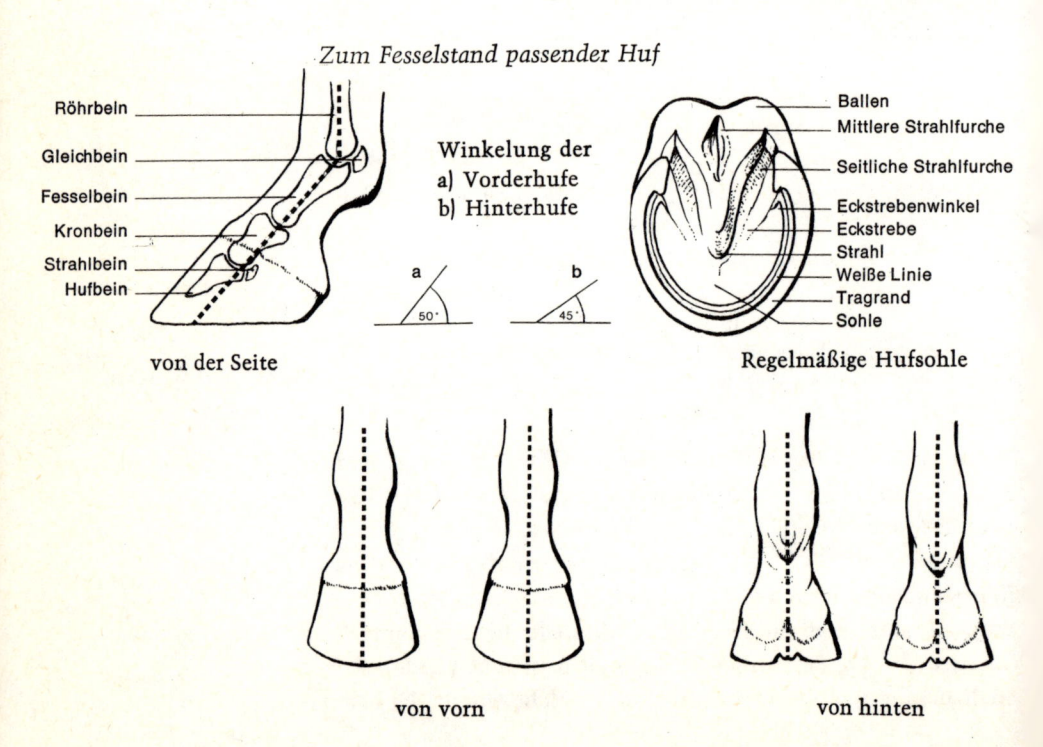

Zum Fesselstand passender Huf

Röhrbein
Gleichbein
Fesselbein
Kronbein
Strahlbein
Hufbein

Winkelung der
a) Vorderhufe
b) Hinterhufe

a 50°   b 45°

Ballen
Mittlere Strahlfurche
Seitliche Strahlfurche
Eckstrebenwinkel
Eckstrebe
Strahl
Weiße Linie
Tragrand
Sohle

von der Seite

Regelmäßige Hufsohle

von vorn

von hinten

Fohlen und Jungpferden. Hier muß der Schmied genau wissen, wie er die Korrektur am Hornschuh vorzunehmen hat nach dem Prinzip: *Paßt der Huf zum Fesselstand?* Er paßt, wenn die Zehenachse, von der Seite, von vorn und von hinten gesehen, gerade verläuft und nicht gebrochen ist.

Alle Abweichungen hiervon sind fehlerhaft und müssen korrigiert werden, gegebenenfalls mit Hilfe von Spezialhufeisen. Um Zustand und Stellung der Hufe genau feststellen zu können, müssen die Pferde in natürlicher Haltung auf ebenem Boden stehen und gehen. Jeder gewissenhafte Schmied untersucht so die Hufe erst einmal gründlich, bevor er mit der Arbeit beginnt. Nachher kontrolliert er sie ebenso.

Einige wenige Beispiele für Abweichungen

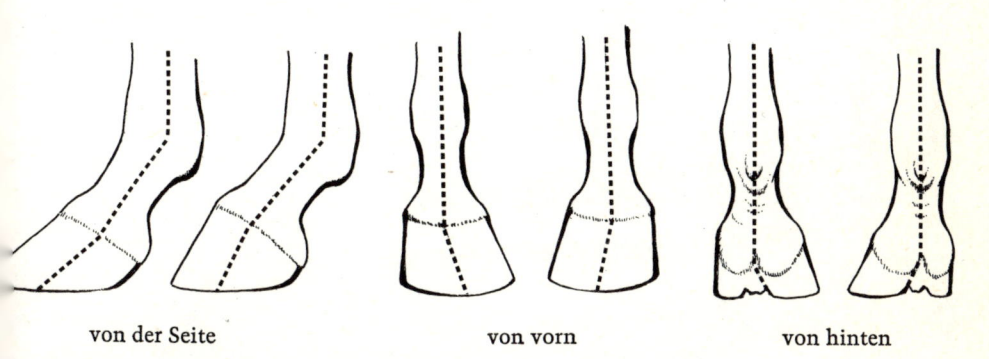

      von der Seite   von vorn   von hinten

Die Hufe müssen ausgeschnitten werden – gleichgültig, ob die Pferde beschlagen sind oder nicht –, wenn

▷ sie zu lang geworden sind, 10 mm und mehr
▷ sie unregelmäßig gewachsen sind und die Zehenachse, von vorn, hinten oder seitlich gesehen, nicht mehr gerade verläuft, sondern gebrochen ist

Der länger gewachsene Teil ist jeweils stärker zu kürzen.
Bei beschlagenen Pferden werden die *Eisen* nach dem Ausschneiden entweder wieder aufgeschlagen oder, falls sie *abgenutzt sind*, *erneuert*.

Darüber hinaus müssen Pferde *frisch* beschlagen werden, wenn
▷ ein Eisen verbogen, verschoben, gebrochen oder verloren ist
▷ ein Eisen locker ist
▷ die Nieten nicht mehr festsitzen oder abgebrochen sind

Hufpflege beginnt im zarten Fohlenalter. Sobald es 14 Tage alt ist, übt man das Hochheben der Füße, so daß es brav steht und willig die Beine hergibt, wenn vier Wochen später der Schmied zum ersten Mal nach ihm schaut. Was tut er an den Hufen des kleinen Kerlchens? Er kürzt zu lang gewordene Teile mit dem Hufmesser, raspelt etwa nach außen verbogene Wände gerade und berundet die Kanten mit der Hufraspel, damit sie nicht ausbrechen können. Das ist ungeheuer wichtig und muß regelmäßig geschehen. Fohlenhufe nutzen sich auf harter Weide beispielsweise oder bei ungenügender Bewegung nicht gleichmäßig ab. Wird das vom Schmied rechtzeitig korrigiert, kommt es zu keinen Dauerschäden. Sonst entstehen durch

einseitige Abnutzung der inneren Seiten → bodenenge Hufe
einseitige Abnutzung der äußeren Seiten → bodenweite Hufe
vermehrte Abnutzung der Zehen → Bockhufe

Was sollte der Besitzer selbst können?
Unbeschlagene Pferde:
Die Hufkanten mit der Raspel berunden, falls sie etwas ausgebrochen sind. Er lasse sich das erst von seinem Schmied zeigen und führe es einmal unter dessen Aufsicht aus. Bei Fohlenhufen darf nicht zuviel weggenommen werden, und er muß wissen, daß sie eine andere Form haben als die erwachsener Pferde, der sie erst nach etwa einem Jahr ähneln.
Beschlagene Pferde:
Er sollte ein Eisen abnehmen können, falls es locker, zerbrochen oder verschoben ist oder falls das Eisen des anderen Beines verlorenging. Dazu sind nötig:

1 Beschlagbock   1 Hufraspel
1 Beschlaghammer   1 Helfer
1 Abnahmezange mit Nietvorrichtung

Huf des neugeborenen Fohlens

Fohlenhuf

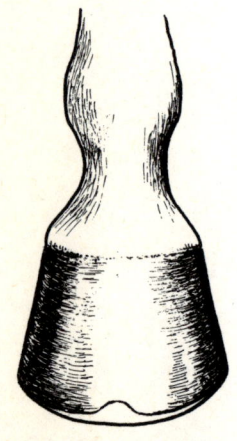

Huf des erwachsenen Pferdes

Der Huf wird nun gerade auf den Beschlagbock gesetzt und festgehalten. Dann werden die Nägel am Hornschuh mit der Nietklinge aufgenietet, d. h. die Spitzen hochgebogen, damit sie wieder gerade sind. Die Nietklinge lockert die Nägel nun etwas, mit dem Beschlaghammer werden sie nach dem Eisen hin zurückgeschlagen, so daß die Köpfe etwas aus dem Eisen hervorstehen und mit der Abnahmezange leicht herausgezogen werden können. Sind alle Nägel entfernt, wird das Eisen mit der Abnahmezange abgenommen, nicht abgerissen, und der Hufrand, falls notwendig, etwas glattgeraspelt. Auch hier nicht herumprobieren, sondern es erst einmal unter Aufsicht des Schmiedes tun. Das Eisen des anderen Vorder- oder Hinterbeines muß auch abgenommen werden. Wenn Sie nicht einsehen wollen, warum, dann laufen Sie einmal einen ganzen Tag mit nur einem Schuh herum. Das Pferd kann nun 2 bis 3 Tage bis zum Eintreffen des Schmiedes ohne Vorder- oder Hintereisen gehen.

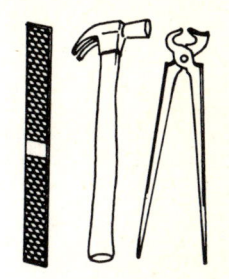

Hufraspel, Beschlaghammer, Zange

Wichtig ist, daß man entweder selbst die Pferde beim Beschlagen *gut aufhalten* kann oder einen guten Aufhalter hat. Es ist darauf zu achten, daß die Beine so natürlich wie möglich angehoben werden, weder in zu spitzem Winkel noch zu weit abgestreckt, daß also das Pferd nicht gezwungen wird, irgendwie verkrampft zu stehen und Schmerzen zu verspüren, sonst wird auch das sanfteste Gemüt unruhig und widersetzlich. Das ist die natürliche Reaktion gegen Überforderung. Schwierigkeiten können auftreten, wenn der Aufhalter Angst hat und nicht fest hält oder wenn er zu fest hält. Nach einem Stehtag beschlagen zu lassen, ohne die Pferde vorher gut zu bewegen, ist Tierquälerei. Man gebe ihnen auch erst etwas zu fressen; mit knurrendem Magen ist Geduld selbst für Philosophen eine Strapaze.

Gibt ein Pferd grundsätzlich die Füße nicht willig her oder steht nicht ruhig, so verdient entweder der Züchter eine Tracht Prügel, der es als Fohlen nicht zum Aufheben der Beine erzogen hat, oder der Vorbesitzer, der es durch falsche Behandlung beim Beschlagen verdorben hat. Wer nicht genügend Geduld besitzt und Erfahrung in der Behandlung solcher Tiere, kaufe nur »*schmiedefromme*« Pferde und lasse sich das beim Kauf schriftlich zusichern.

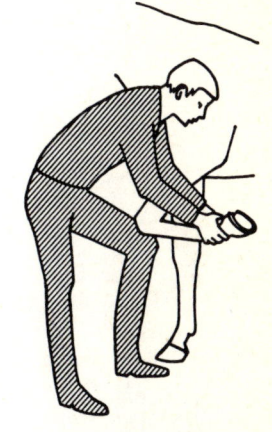

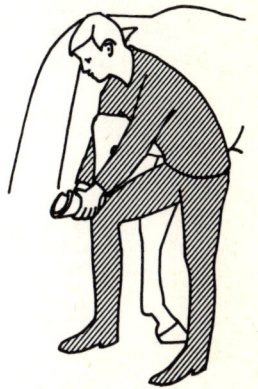

Richtiges Aufhalten ist wichtig

Absichtlich beschreiben wir hier nun *keine Zwangsmittel*, denn einmal ist ihre Anwendung gefährlich, und zum anderen verstärken sie höchstens die Widersetzlichkeiten, da die Ursachen nicht behoben werden. Nur durch Ruhe, Geduld und Bestimmtheit kann das gestörte Vertrauen zwischen Mensch und Pferd wiederhergestellt und ihm die Angst genommen werden. Schon das tägliche Hufeauskratzen trägt zur Schmiedefrömmigkeit bei. Kommt man so nicht zu Rande, läßt man dem Pferd vor dem Beschlagen vom Tierarzt eine Beruhigungsspritze geben. Gewöhnlich genügt eine einmalige Behandlung; geschieht beim Beschlagen nichts Ungewöhnliches, wird das Pferd beim nächsten Mal ruhig stehen. In jedem Fall wirkt es beruhigend, wenn man ihm etwas Heu vorlegt oder Radiomusik spielen läßt.

Bei Stallpferden müssen die Hufe *täglich ausgekratzt* werden, vor allem der Schmutz in den Eckstreben ist sorgfältig zu entfernen; bei Weidepferden sollte es mindestens zweimal wöchentlich geschehen, um Strahlfäule und Hufkrebs vorzubeugen und um Fremdkörper zu entfernen, die sich festgeklemmt haben könnten. Benutzt wird ein nicht zu spitzer Hufräumer, kein Draht und keine scharfen Gegenstände. *Einmal wöchentlich* – zweimal kann nicht schaden – werden die Hufe *gründlich* mit Wasser und Wurzelbürste *gereinigt*. Einige Tropfen 10%ige Kupfervitriollösung, in die tiefsten Stellen geträufelt, wirken vorbeugend gegen Strahlfäule. Nach dem Abtrocknen, vor allem der Fesselbeuge, falls sie versehentlich naß wurde, kann der Huf hauchdünn eingefettet oder mit Hufspray besprüht werden. Bei einem gesunden Huf hat das allerdings nur kosmetische Bedeutung, weil er von einer fett- und wasserfesten Glasur überzogen ist. Man glaube nicht alles, was auf Prospekten angepriesen wird.

Die besten Hufpflegemittel sind nach wie vor:

    Ausreichende Bewegung
    Saubere, trockene Einstreu
    Tägliches Auskratzen
    Wasser zum Waschen

Hufspray

Frisieren und Scheren

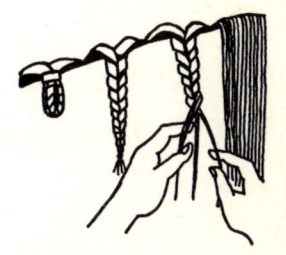

Da die Natur alles zweckmäßig einrichtet und nicht nach Modelaunen, hat sie dem Pferd an verschiedenen Körperstellen Schutzhaare wachsen lassen. Die kurzen Haare über der Schweifwurzel schützen die Genitalien und den After wie ein Dach vor Regen und Schnee, der Kötenbehang schützt die Fesselbeuge; Mähne, Schweif und Schopf wehren Fliegen ab. Weide- und Robustpferde müssen diesen Schutz behalten. Nach der heutigen Geschmacksrichtung jedoch sieht ein naturbelassenes Pferd ungepflegt aus; Sport- und Turnierpferde haben frisiert zu sein. Da sie die meiste Zeit ihres Lebens sowieso im Stall verbringen, erleiden sie dadurch keinen gesundheitlichen Schaden.

Die *Mähne* soll dünn und eine Handbreit lang sein. Das erreicht man durch *Verziehen,* indem man wenige Haare mit dem linken Daumen und Zeigefinger dort erfaßt, wo die Mähne enden soll, und die kürzeren Haare mit dem Mähnenkamm in der rechten Hand nach oben toupiert. Dann werden die längeren Haare in der linken Hand einmal um den Kamm gewickelt und mit einem Ruck ausgezogen. Manche Reiter *scheren* ihren Pferden die Mähnen radikal ab; mich erinnert das immer an Glatzen.

Vor Vorstellung in Material-, Eignungs- und Dressurprüfungen ist es üblich, die Mähnen *einzuflechten.* In regelmäßigen Abständen werden Zöpfchen geflochten, am Ende mit Gummibändchen oder Pechgarn befestigt, damit sie nicht aufgehen; dann schlägt man die Enden ein und wickelt sie mittels weißem Tesafilm mit dem Zopfanfang am Mähnenkamm fest. Mit dem Schopf wird ebenso verfahren.

Mähne einflechten

Der *Schweif* soll an der Rübe schmal sein und nach unten breiter werden. Dazu werden die unteren Haare an der Schweifwurzel entweder verzogen oder mit der gebogenen Schere abgeschnitten. Fasanenschweife liebt man nur an Arabern; Sport- und Turnierpferde sollen gerade, nicht zu lange Schweife haben. Ganz lange Schweife lassen kleine Pferde kleiner erscheinen, im übrigen können sie beim Rückwärtsrichten hinderlich sein. Zum Kürzen faßt man den Schweif mit der linken Hand unterhalb der Schweifwurzel, geht gerade herunter bis zur gewünschten Länge, dreht ihn um und schneidet ihn mit der geraden Schere ab.

Die *Fesselhaare* werden über einem darunterliegenden Kamm mit der gebogenen Fesselschere oder der Schermaschine so ausgeschoren, daß ein kurzes Zöpfchen stehenbleibt, an dem herabfließendes Wasser nach unten tropft und nicht in die Fesselbeuge. Aus den *Ohren* heraustehende Haare schneidet man mit der Fesselschere ab, nachdem die Ohrmuschel zusammengedrückt wurde.

An Weide- und Robustpferden müssen alle diese Haare belassen werden. Sollen sie an Schauen oder Turnieren teilnehmen, wird man die Haare sorgfältig pflegen und waschen und der Mähne – außer bei Arabern – eine gleichmäßige Länge geben. Die Zöpfchen eingeflochtener Ponymähnen werden nicht eingeschlagen, sondern hängen lang herunter und können, damit sie gut fallen, unten mit Bleiband beschwert werden.

Scheren oder *nicht scheren;* die Diskussion hierüber ließ schon Freundschaften zerbrechen. An sich ist es unnatürlich und darf bei robust gehaltenen Pferden grundsätzlich nicht vorgenommen werden. Das Scheren des Winterpelzes verhindert das starke Schwitzen bei der Arbeit. An sich sollten Pferde im Winter überhaupt nicht naßgeritten werden, vor allem Robustpferde nicht, die anschließend in einen sehr kalten Offenstall kommen. Bei Stallpferden kann die Schur in Ausnahmefällen angezeigt sein:

1. Bei Turnierpferden, die im Winter auf die nächst höhere Leistungsgruppe vorbereitet werden und sich dabei aufregen
2. Bei nervösen Pferden, die rasch in Schweiß geraten
3. Bei Pferden, die im Stall stark nachschwitzen und von morgens bis abends nicht trocken werden

In Fall 2 und 3 kann das starke Schwitzen ein Zeichen von Überanstrengung, Überforderung oder falscher Fütterung sein. Man sollte versuchen, die Ursachen abzustellen.

Geschoren wird gewöhnlich das ganze Fell bis auf die Sattellage. Nach der Schur sind die Futterrationen zu erhöhen. Grundsätzlich müssen geschorene Pferde im Stall eingedeckt werden.

Vor der Arbeit	Vor dem Aufsatteln werden Strohhalme oder Sägespäne aus Mähne, Schweif und Hufen entfernt. Aber nicht nur das Pferd, auch das Geschirr muß sauber sein und gut passen. Was nützt das

teuerste Sattelzeug, wenn es schweißverklebt, voll angebackener Haare und angetrockneter Schmutzkrusten ist, wenn es rutscht oder das Zaumzeug falsch verschnallt ist! Schlecht heilende

Richtig und falsch verpaßtes Zaumzeug mit Hannoverschem Reithalfter

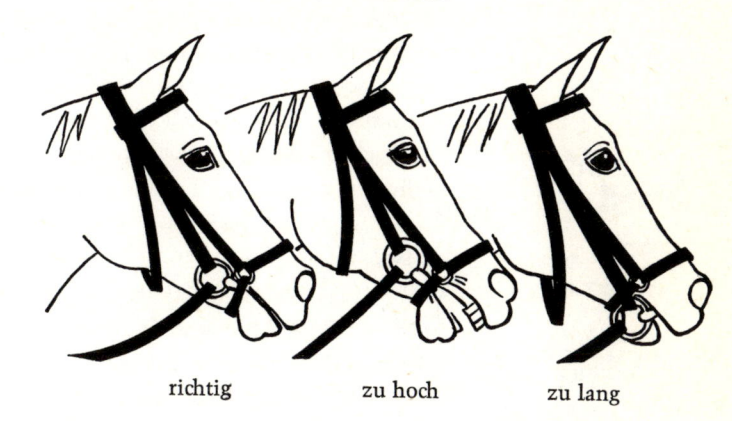

richtig   zu hoch   zu lang

Scheuerstellen und Verletzungen sind die Folge. Brüchiges Leder an Steigbügelriemen, Sattelgurt oder Zügel kann den Reiter unter Umständen das Leben kosten. Vor jedem Aufsitzen sind Sättel und Zaumzeuge zu kontrollieren, auch die Mundstücke, die nicht so ausgeschliffen sein dürfen, daß die Mundwinkel darin eingeklemmt werden.

Für welchen Sattel man sich entscheidet, hängt nicht nur vom Verwendungszweck des Pferdes ab, sondern auch von dem Pferd selbst. Auf Ponys mit oft flachem Widerrist und mehr oder weniger starken Weidebäuchen passen die üblichen Großpferdesättel nicht, die für andere Exterieurs und Kaliber konstruiert sind. Ursula Bruns empfiehlt zum Reiten auf Ponys über 125 cm Stockmaß zwei Arten von Spezialsätteln, die sie in Anlehnung an englische und isländische Trachtensättel mit der Sattlerei Fritz Goertz in Jülich entwickelt hat. Benutzt man sie in Verbindung mit einem Schweifriemen, dann fühlen sich Pferd und Reiter wohl. Für Kinder auf Ponys unter 125 cm Größe haben sich Sattelkissen gut bewährt.

Junge, rohe Pferde setzen ihre Beine noch nicht so geschickt wie erfahrene und können sich, vor allem an der Longe, leicht Ver-

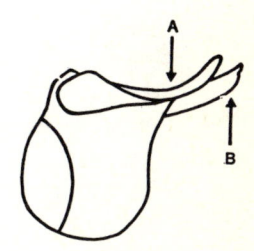

Ponysattel

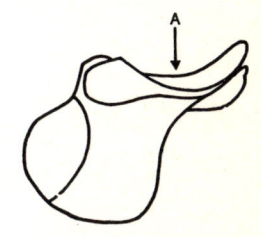

Großpferdesattel

A = tiefster Punkt
B = Trachten

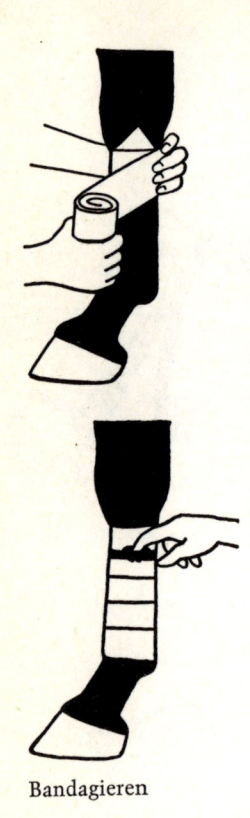

letzungen und Überbeine zuziehen. Davor schützt man sie durch Bandagen. Richtiges *Bandagieren* ist nicht einfach, denn die Bandagen dürfen weder zu stramm sein und die Blutzirkulation unterbinden noch so locker, daß sie aufgehen und rutschen. Man beginnt an der Außenseite des Beins direkt unterhalb des Vorderfußwurzelgelenks, wobei das Ende als Dreieck schräg nach oben stehenbleibt, dann wickelt man herunter bis zum *halben* Fesselkopf, geht wieder nach oben und wickelt nun das umgeschlagene Dreieck mit ein. Die Schleife wird außen gebunden und in die Bänder gesteckt oder man nimmt Bandagen mit Elastik-Sicherheitsverschluß. Nie tiefer als bis zum halben Fesselkopf wickeln, weil die Bandage sonst bei der Bewegung des Gelenks nach unten durchrutscht und sich lockert.

Nach dieser Beschreibung allein kann richtiges Bandagieren nicht gelernt werden, sondern nur unter der praktischen Anleitung eines Fachmannes. Ungeübte werden mit Schnallbandagen, Sehnenschonern und Streichkappen besser zu Rande kommen. Früher benutzte man nur Wollbandagen, heute vielfach auch elastische oder Flanellbandagen. Bei Springpferden, auch bei älteren, ist es vielfach üblich, unter die Bandage eine Watteschicht zu legen, die mit einer Spiritus-Wasserlösung getränkt werden kann. Gegen Kron- und Ballenverletzungen schützt man Springpferde durch Springglocken, das Ausgleiten auf rutschigem Boden verhindern Stollen in den Eisen. Elastikbinden sind vor der ersten Verwendung zu waschen, damit sie sich bei Feuchtigkeit nicht zusammenziehen und das Blut stauen. Bei Ritten durch Wasser oder über tiefen Sand ist das Bandagieren nicht empfehlenswert. Nach dem Abwickeln der Bandagen sind die Beine stets etwas zu massieren und nach anstrengender Arbeit außerdem mit einer Wasser-Kampfer-Spiritus-Mischung abzureiben.

Bandagieren

Winterreiten Der Genuß eines *winterlichen Rittes* durch stiebenden *Schnee* bei strahlendem Sonnenschein kann durch das lästige Ballen des Schnees in den Hufen beschlagener Pferde schwer getrübt werden. Das Einlegen von Huflederkitt oder Einkleben von Schaumstoff ist keine ideale Lösung, auch nicht das Aufschlagen von Kunststoffplatten zwischen Eisen und Huf, weil sich darunter unbemerkt Fäulnisherde bilden können. Es bleibt abzuwarten, wie sich die kürzlich in der Schweiz entwickelte Einlage bewährt, bei der die Hufsohle frei bleibt. – Gegen Ausgleiten helfen Stollen, die jedoch nach jedem Ritt wieder herauszuschrauben sind. Hufsohle und Fesseln werden vor dem Ausritt eingefettet. Bei großer Kälte trägt der Reiter warme, bequeme Kleidung, nicht zu enge Handschuhe und Stiefel, schützt seine Ohren und legt seinem Pferd eine Gummitrense ins Maul.

Während der Arbeit

Ruhe und Bewegung! lautet eine Grundforderung für die Gesunderhaltung der Organismen. Ob der Reiter das richtige Maß für sein Pferd findet, hängt von seinem Einfühlungsvermögen, Können und der Erfahrung ab. Zwar zählen Nichtstun und Fett zu den größten Feinden des Pferdes, aber Überanstrengungen ebenso. Wieviel junge, kräftige Pferde sind infolge Überforderung bereits dämpfig oder beinkrank! Und mancher Verschlag hat seine Ursache in Überanstrengung ohne Pause oder in zu reichlicher Fütterung bei mangelnder Arbeit.

Schwere Fehler begeht:
▷ Wer Leistungen ohne ausreichendes Training verlangt
▷ Wer vor größeren Anstrengungen besonders viel Hafer füttert
▷ Wer im Hinblick auf bevorstehende Anforderungen die Arbeit einschränkt
▷ Wer nach mehreren Ruhetagen plötzlich Höchstleistungen fordert
▷ Wer nach großen Strapazen mehrere Stehtage einlegt, ohne das Pferd wenigstens täglich eine Stunde zu führen
▷ Wer bei Pausen unterwegs fressen läßt, ohne den Sattelgurt zu lösen
▷ Wer mit losen, klappernden Eisen weiterreitet
▷ Wer unterwegs ein müdes Pferd sich selbst überläßt, **anstatt auf es einzuwirken und weiterzutreiben, damit es nicht stolpert**
▷ Wer nach großen Anstrengungen ein schwitzendes Pferd in kaltes Wasser reitet
▷ Wer ein erhitztes Pferd im Zug stehen läßt
▷ Wer im Winter ein Pferd aus dem warmen Stall nimmt, in der kalten Halle sofort trabt und galoppiert, anstatt erst 10 Minuten am langen Zügel Schritt zu reiten und es langsam zu lösen
▷ Wer immer dicker wird und sein Pferd dabei abmagern läßt

Nach der Arbeit   Der Reiter darf, aber das Pferd soll nicht naßgeschwitzt von der Arbeit kommen, doch das läßt sich nicht immer vermeiden. Zunächst lockert man die Gurte, hebt den Sattel leicht an, nimmt ihn aber nicht sofort ab, sondern läßt ihn noch einen Augenblick bei lockeren Gurten liegen, bis sich der Rücken ein wenig abgekühlt und die Blutzirkulation normalisiert hat. Inzwischen kann man ihm die Hufe auskratzen, Augen, Nüstern, Maul und die übrigen Körperöffnungen auswaschen — Schweißstellen an den Ohren nicht vergessen — und ihm einige Schluck zimmerwarmen Wassers zur Erfrischung reichen.

Vielfach wird empfohlen, das Pferd nun zu führen, bis es trocken ist. Dann klebt der Schweiß fest und läßt sich eigentlich nur noch durch Waschen entfernen, am besten unter Verwendung von Pflege-Shampoo. Es geht schneller, den Schweiß mit einem Schweißmesser oder -striegel abzuziehen und das Pferd dann zu waschen. Voraussetzung ist warmes Wasser oder eine Waschbox. Beim Abspritzen (aber nicht mit hartem Strahl) ist vorsichtig an den Beinen zu beginnen und langsam nach oben zu gehen, aber nicht auf der Nierenpartie zu verweilen. Manche Pferde müssen erst langsam mit dem Wasser vertraut gemacht werden, damit sie ruhig stehen. Das Wasser wird nach dem Abspritzen mit dem Schweißmesser abgezogen.

Anschließende Abreibungen der Röhrbeine und Sattellage mit verdünntem Spiritus wirken erfrischend, verhüten Muskelschmerzen und Hitzepickel oder Hautekzeme, zu denen manche Pferde neigen. Geschwollenen Röhrbeinen tun Stallbandagen über Nacht gut, die man über den Fesselkopf hinaus und weniger fest als Arbeitsbandagen wickelt. Nun kann mit Frottétüchern trockengerieben werden oder mit zwei Strohwischen, die in großen Bogen gegeneinander geführt werden. Wer keine Zeit dazu hat, legt dem Pferd eine Schicht Stroh auf den Rücken und dann eine Decke darüber. Wenn das Stroh feucht ist, muß es ausgewechselt werden.

Eine besondere Freude bereitet es den Pferden, wenn man sie bei warmem Wetter nach dem Abspritzen auf die Weide oder den Auslauf läßt. Derjenige, der die Pferde putzen muß, schließt nun besser die Augen, denn sie fangen sofort an, sich mit Inbrunst zu wälzen und sehen dann aus wie ... Ideal ist im Sommer eine Schwemme oder gar ein Pferde-Swimmingpool, wie man ihn auf amerikanischen Ranchs nicht selten antrifft.

Ist keine Waschbox vorhanden, muß das Abspritzen bei kühlem, zugigem Wetter und im Winter unterbleiben. Schmutzkrusten oder Schneereste an den Beinen werden mit warmem Wasser abgewaschen, anschließend ist gut abzutrocknen. Ponys in Offenstallhaltung soll man im Winter nicht naßreiten. Kälte macht durstig; man reiche aber zunächst lauwarmes Wasser, über das man eine Handvoll Weizenkleie streut. Manche Pferde haben nach stundenlanger Arbeit oft Schwierigkeiten zu stallen. Legt man ihnen frisches Stroh unter und pfeift vielleicht eine muntere Weise, tritt der Erfolg meist ein.

Nach dem *Pferd* kommt das *Sattelzeug* an die Reihe. Hängen an der Satteldecke lediglich ein paar Pferdehaare, kratzt man sie mit der Drahtbürste ab; ist sie schmutzig und feucht vom Pferdeschweiß, legt man sie nicht zum Trocknen in die Sonne oder in die Sattelkammer, sonst wird sie hart und verursacht beim nächsten Ritt Scheuerstellen. Man schrubbt sie mit warmem Wasser ab und läßt sie dann trocknen. Ist der Sattel sehr verschmutzt oder verschwitzt, reinigt man ihn mit Sattelmilch oder -spray oder lauwarmem Wasser mit etwas Salmiakgeist und läßt ihn trocknen; dann wird er dünn mit Lederfett eingefettet und später nachpoliert. Das Leder des Zaumzeugs wird genauso behandelt. Metallteile poliert man gelegentlich mit einem schonenden Metallputz. Lebensmüde trocknen übrigens Leder am Ofen oder auf der Heizung, wodurch es bald brüchig wird.

Sattel- und Geschirrpflege

Das Gebiß wird mit Wasser und Schwamm oder Schwammtuch gut gereinigt und dann trockengerieben. Sattelgurte sind mit Salmiakgeistwasser abzubürsten, da festsitzender Schmutz und Schweiß wundreiben können; anschließend werden sie mit Gurtenweiß bestrichen, was bei Nylongurten entfällt. Manche Sattelpolsterungen klumpen von Zeit zu Zeit zusammen und scheuern dann. Zur gleichmäßigen Verteilung der Füllung klopft man sie tüchtig aus, eine ausgezeichnete Verwendung der Reitgerte.

Vorbeugen

Vorbeugen ist besser als Heilen! schrieb Xenophon schon vor über 2000 Jahren. Wer kennt sie nicht, diese selbstverständliche Wahrheit! Und doch wird sie so oft vernachlässigt. Licht, Luft, Futter und Bewegung allein genügen noch nicht, um unser Pferd auf die Dauer gesund zu erhalten, denn es hat einige Feinde, die wir ihm fernhalten müssen, kleine Gesellen, die ihm nachstellen: Insekten, Parasiten und Mikroben. Was können wir dagegen tun? Drei Möglichkeiten stehen uns offen: *Hygiene, Parasitenbekämpfung* und *Impfungen*.

Hygiene   Sie umfaßt die *Regelmäßigkeit* der Wartung, die Verabreichung einwandfreien Wassers und Futters, die Sauberhaltung des Geschirrs, der Krippen, Tränken und des gesamten Stalles. Darüber hinaus erstreckt sie sich auf alles, womit das Pferd in Berührung kommt, also auch auf Ausläufe und Weiden.
In *Ordnung, Pünktlichkeit* und *Sauberkeit* haben wir bewährte Helfershelfer. Wenn wir die täglichen Arbeiten stets zur gleichen Zeit und in der gleichen Reihenfolge ausführen, dann geht uns alles so in Fleisch und Blut über, daß wir nichts vergessen. Auch nicht das Säubern der Krippen und Tränken anschließend an das Misten.
Einmal wöchentlich, am besten immer am selben Tag, sollten die Decken gefegt, die Lampen abgestaubt, Fenster, Wände und Türen mit Desinfektionslösungen abgewaschen werden, z. B. mit VL-Kombi. Viermal jährlich ist eine Desinfektion des Stalles einschließlich des Putzzeuges angezeigt. Zur Hygiene gehört auch die Isolierung neu eintreffender oder an Infektionskrankheiten leidender Pferde sowie von Stuten nach einem Abort. Isolierboxen und Boxen von Gaststuten, die zur Bedeckung kamen, sind gleich nach dem Freiwerden zu desinfizieren.

Unsaubere Ställe sind Brutstätten für Bakterien und Ungeziefer. Selbst Mäuse und Ratten fühlen sich wohl. Der beste Schutz, daß sie sich nicht auch in saubere Ställe verirren, ist eine Katze. Fliegen und Insekten lieben Dreckecken, Pferdekot und Urin. Halten wir alles sauber und lüften gut, bringen wir Schwalbenbrettchen an, falls sonst keine Nistmöglichkeiten vorhanden sind, dann haben wir ihnen den Spaß am Stalldasein schon ziemlich vergällt. Gelegentliches Aussprühen mit Koniferenöl oder einem *Fliegenmittel*, das auf Pyrethrum-Basis aufgebaut ist und keine Insektiziden enthält, vertreibt sie weitgehend.

Bei allen Sprays, Streifen und Strips erkundige man sich genau nach der Zusammensetzung. *Insektiziden* vertreiben nicht nur die Schwalben oder lassen sie gar sterben, sondern bleiben auch bei dem Pferd auf die Dauer nicht ohne Schädigungen. Sie treten nur wesentlich später auf als bei den kleinen Schwalben, und das macht die Gifte so *heimtückisch*. Es wurde schon versucht, Stallwände mit Farben zu bestreichen, die Insektiziden enthalten. Dann setzten sich die Fliegen zwar nicht mehr auf die Wände, dafür aber vermehrt auf die Pferde. Und so soll es geschehen sein, daß ein Besucher einem Rappen auf die einladende Kruppe klopfte und erstaunt ausrief: »Ach, es ist ja doch ein Schimmel!«

Aus Amerika sind einige Mittel zum Sprühen und Einreiben auf dem Markt, die das Pferd auf der Weide oder beim Ausreiten mehr oder weniger lang vor quälenden Insekten schützen. Leider mußte ich feststellen, daß die Pferde nach wenigen Jahren dagegen allergisch werden und überaus quälende Ödeme und Ausschläge bekommen. Auf der Weide tun Ohrenkappen und Fliegendecken gute Dienste, falls sie nicht von den Kameraden heruntergerissen werden.

Ohrenkappen

Parasiten

Alle Parasiten sind Schmarotzer, die auf Kosten ihres Wirtes leben. Das Pferd kann von äußeren und inneren Parasiten befallen werden.

Zu den *äußeren Parasiten* zählen die anzeigepflichtigen *Räudemilben*, die bei gut genährten Tieren jedoch nicht auftreten, und die *Läuse*, die sich mit Vorliebe auf ungepflegten, erschöpften und schlecht genährten Pferden einnisten. Dort krabbeln sie herum, stechen und saugen Blut, und die Weibchen kleben ihre Eier (Nissen) an Mähne, Schweif und die Haare der Beine. Man findet sie leicht, wenn man mit dem Finger gegen den Haarstrich fährt; Mittel zur Behandlung erhält man vom Tierarzt.

Weitaus gefährlicher sind die *inneren Parasiten*, die Würmer und die Magenbremse. Das Pferd wird von mehr Parasitenarten befallen als die anderen Haustiere, und zwar immer von mehreren gleichzeitig, in der Regel von folgenden:

1. Große Strongyliden — Blut-, Ader-, Palisadenwürmer
2. Kleine Strongyliden — Blut-, Ader-, Palisadenwürmer
3. Trichostrongylus — Magenfadenwürmer
4. Oxyuren — Pfriemenschwänze
5. Gastrophilus — Magenbremsen, Magendasseln
6. Askariden — Spulwürmer
7. Strongyloides — Zwergfadenwürmer

Pferde ohne Würmer gibt es nicht; wenige sind unbedenklich, erst der Massenbefall ruft Schäden hervor und setzt die Abwehrkräfte herab. Pferde mit weit über 30 000 Würmern sind keine Seltenheit. Askariden und Strongyloides, die typischen Fohlenwürmer, können Fohlen den Tod bringen oder sie so schädigen, daß sie sich ihr Lebtag nicht mehr ganz davon erholen. Erst im Laufe von vier Jahren entwickelt das Pferd eine gewisse Immunität und Altersresistenz gegenüber den Arten, mit denen es einmal Kontakt hatte, nicht gegen solche, mit denen es sich unterwegs, auf Wanderungen, Turnieren und Schauen infiziert. Die Parasiten kennen keine Rassentrennung, ihnen ist das Pony so lieb wie der Vollblüter.

Sie alle sind Magen- und Darmparasiten; außer der Magenbremse legen sie dort ihre Eier ab, die mit dem Kot ausgeschieden werden. Daraus entwickeln sich durchschnittlich innerhalb von fünf Tagen ansteckungsfähige Larven. Voraussetzung für jede Entwicklung ist Feuchtigkeit und eine Minimaltemperatur. Je wärmer und je feuchter die Umwelt ist, desto flotter geht diese Entwicklung vor sich. Im absolut Trockenen entwickelt sich nichts, aber die Eier bleiben monate- bis jahrelang lebensfähig. Die Matratzenstreu ist ein geradezu ideales Milieu für die Larvenentwicklung.

Die Larven der Zwergfadenwürmer bohren sich durch die Haut schlafender Fohlen hindurch; die übrigen Larven gelangen mit dem Weidegras, mit dem Heu oder Stroh vom Stallboden oder durch Ablecken der Stallwände, an denen einige emporkriechen, in Magen und Darm. Aber dort bleiben sie nicht, und nun werden sie gefährlich und pathogen, am schlimmsten sind die drei großen Strongylidenarten Str. vulgaris, Str. edentatus und Str. equines, sie wandern kreuz und quer durch die Organe, durch Leber, durch Lunge, durch die Bauchspeicheldrüse, sie bohren sich durch Darmwand, Bauchfell und Blutgefäße. Auf dieser Wanderung, die je nach Art bis 11 Monate dauern kann, lassen sie es sich wohlergehen, fressen von ihrem Wirt rücksichtslos Gewebe und Nahrungsstoffe, saugen Blut und lassen ihre giftigen Stoffwechselprodukte zurück. Inzwischen wachsen sie zu stattlichen Exemplaren heran, Oxyuren, die im Magen bleiben und nicht wandern, bis zu 10 cm und Askariden bis zu $1/2$ Meter

Parasitenkreislauf auf der Weide

Länge. Wenn sie dann im geschlechtsreifen Stadium in Magen und Darm ihre Reise beenden und Eier ablegen (Askariden täglich 1 Million), ist der Hauptschaden bereits geschehen.

Etwas anders in der Eierübertragung verhalten sich die Magenfadenwürmer und die Magenbremse. Die Eier der Magenfadenwürmer werden von Fliegenmaden geschluckt und entwickeln sich zu ansteckenden Stadien, wenn die Fliege ausschlüpft; mit Fliegen in Futter oder Wasser finden sie den Weg in den Pferdemagen. Die Magenbremse, eine gelbschwarze Fliege, kittet im Spätsommer ihre gelben Eier im Flug an den Vorderbeinen und der Umgebung des Pferdemauls fest. Nach rund zwei Wochen haben sie das ansteckungsfähige Stadium erreicht, die Larven schlüpfen bei der Berührung der warmen Pferdezunge aus und bohren sich hinein; nach einem Monat kommen sie wieder heraus, werden in den Magen abgeschluckt, wo sie sich an der Schleimhaut anheften und acht Monate lang Blut saugen. Im Hochsommer kommen sie als fingerkuppendicke Larven mit dem Kot heraus, kriechen in den Boden und schlüpfen nach 4 Wochen als Bremsen aus, die wieder ihre Eier auf den Pferden ablegen.

Die Gefährlichkeit der noch nicht geschlechtsreifen Jugendstadien wird dadurch erhöht, daß sie durch keine Untersuchung nachzuweisen und durch kein derzeitiges Wurmmittel sicher zu bekämpfen sind. Eine Kotuntersuchung sagt nur etwas über die augenblicklich im Pferd befindlichen geschlechtsreifen Parasiten aus, aber nichts über die gefährlichen Jugendstadien. Äußerlich sieht man den Pferden bei schwachem Befall meist nichts an; werden die Auswirkungen sichtbar, so sind sie immer ein Zeichen für starken Befall und schwere Schädigungen. Sie äußern sich in

Trägheit	schlechtem Appetit
Schlaffheit	Leistungsabfall
stumpfem, struppigem Fell	Hautkrankheiten
Verdauungsbeschwerden	Kolik
Abmagerung	Intermittierendem Hinken

Leider wird die wahre Ursache oft nicht vermutet, sondern Ernährungsfehler oder organische Erkrankungen. Trotz der Entwicklung modernster und wirksamster Wurmmittel ist der Parasitenbefall in den letzten 20 bis 30 Jahren gleichgeblieben; an dem Ausmaß der Verwurmung hat sich kaum etwas geändert. Woran liegt das? An der allgemeinen Gleichgültigkeit. Wenn überhaupt Wurmkuren durchgeführt werden, dann 1–2mal jährlich nach Schema F. Das ist hinausgeworfenes Geld.

Eine *wirksame Wurmbekämpfung* ist nur möglich, wenn sie

4mal jährlich bei allen Pferden und 6mal bei Fohlen gleichzeitig

durchgeführt wird, und zwar systematisch durch Ihren Tierarzt. Nur er verfügt über hochwirksame, moderne Mittel, denn diese werden nicht über Reitsport-Geschäfte vertrieben. Von Stein »mit zusätzlichem Schutz gegen Würmer« lasse man die Finger, sie helfen nur den Kassen der Hersteller und Händler. Die Mittel in der Hand des Tierarztes haben eine Breitbandwirkung gegen mehrere Parasitenarten. Aber bis jetzt gibt es noch kein Mittel, mit dem man gleichzeitig alle die genannten Parasiten erfolgreich bekämpfen kann, auch wenn geschickt aufgezogene Prospekte etwas anderes behaupten. Es ist daher nicht gleichgültig, was Sie wann und wem verabreichen. Einzelheiten finden Sie in dem Artikel von Dr. Helmut Ende »Wurmkuren womit?« (Reiter Revue international, März 1976).

Um die Bekämpfung und ihre Auswirkung in den Griff zu bekommen, wäre eine vorherige Kotuntersuchung zu Beginn nötig und dann jeweils einige Wochen nach Verabreichung des Mittels. Da sich die Eier der gefährlichen großen nicht von den Eiern der weniger gefährlichen kleinen Strongyliden unterscheiden und eine exakte Diagnose nur durch Larvenzüchtung möglich ist, hängt der Erfolg der Untersuchung entscheidend von der Behandlung der Kotproben ab. Sie müssen so frisch und so schnell wie möglich beim Untersuchungsamt sein. Auch dort herrscht freies Wochenende; Proben, die samstags eintreffen und bis montags liegenbleiben, sind wertlos. Zur Erzielung sicherer Ergebnisse:

▷ Probennahme Montag früh, auch Sonntag abend, wenn Versand mit Nachtzug möglich

Kotuntersuchung

▷ 1–2 Kotballen mit der Hand im Plastikbeutel ergreifen, Beutel umstülpen
▷ Pferdenamen, mit Bleistift auf Pergamentpapier geschrieben (unverwischbar), einlegen
▷ Beutel verknoten. Für jedes Pferd besonderen Beutel
▷ Sofort verpacken, an heißen Tagen Beutel mit Eis beilegen, gut mit Plastik umhüllen, damit nichts feucht wird
▷ Sofort per Eilboten versenden oder dem Untersuchungsamt bringen
▷ Den Proben ist ein Anschreiben beizufügen:

Anbei ... Kotproben meiner Pferde. Ich bitte um Untersuchung auf Magen- und Darmwürmer mit Differenzierung der Arten und auf Leberegel
Die Kotproben wurden am ... um ... Uhr entnommen und am gleichen Tag um ... Uhr abgeschickt
Den Befund bitte ich, Herrn Dr. ... in ..., eine Durchschrift und die Rechnung an mich zu senden

Kotprobennahmen

Diese Daten braucht der Untersucher, denn danach richtet sich die Untersuchungsmethode.

Arbeiten in Zusammenhang mit der Wurmkur:
▷ Gründliches Ausmisten des gesamten Stalles
▷ Desinfektion des gesamten Stalles einschließlich der Arbeitsgeräte, z. B. mit Salernil Spezial. 100%ig sicher ist nur das Abblasen mit dem Dampfstrahlreiniger oder, falls man gut feuerversichert ist, das Abbrennen mit der Lötlampe! Eine Weidedesinfektion gibt es nicht
▷ Aufladen und Abtransport des gesamten Misthaufens

Unterstützende Maßnahmen zur Verhütung eines Massenbefalls:
▷ Trockene, luftige, saubere Stallungen
▷ Nicht vom Stallboden füttern
▷ Trockene Weiden, trockene Ausläufe
▷ Tägliches Misten und Kotentfernen von Weiden und Ausläufen
▷ Jedes neu hinzukommende Pferd einer Wurmkur unterziehen und drei Tage getrennt von den anderen halten
▷ Bei Weideausgleich durch Rinder nur ältere nehmen, da jüngere Träger von Trichostrongylus axei sein können
▷ Nicht vor Abtrocknen des Taus weiden lassen
▷ Nach der Wurmkur frische Koppel benutzen
▷ Keinen Pferdemist auf Pferdeweiden geben
▷ Körperstellen mit Magenbremseneiern täglich feuchtwarm abwaschen, abgelöste Eier und Larven mit Insektenspray abtöten

In Amerika ist zwischen den Wurmkuren die *Low-level-Methode* vielfach üblich; mit dem Futter werden pro Pferd täglich 1–3 g des Wurmmittels verabreicht. Diese Dosen töten die geschlechtsreifen Würmer zwar nicht sofort ab, schädigen sie aber so sehr, daß sie nach einiger Zeit keine Eier mehr legen. Höchstwahrscheinlich werden auch frisch aufgenommene Larven geschädigt.

Gegen einige Krankheiten, die durch Bakterien oder Viren hervorgerufen werden, kann mit Hilfe von Impfungen eine Immunität erzeugt werden und der Ausbruch der Krankheit fast immer verhindert werden: *Impfungen*

1. Tetanus (Wundstarrkrampf)
2. Pferdeinfluenza (-grippe)
3. Tollwut
4. Virusabort (seuchenhaftes Verfohlen)
5. Borna'sche Krankheit

Tetanus, verursacht durch das Gift des Bazillus gleichen Namens, kommt zwar nur selten vor, verläuft aber für nichtgeimpfte Pferde in der Regel tödlich. Der Bazillus kann durch die kleinste Wunde in den Körper gelangen; er wandert rasch ins Rückenmark und erzeugt dort ein Toxin, das 500mal giftiger ist als Strychnin. Heilserum vermag dann kaum noch zu helfen. Ganz verkehrt ist es, ein an Tetanus erkranktes Tier in eine Klinik zu schicken; die Aufregungen des Transports und die Umstellung in die fremde Umgebung kommen einem sofortigen Todesurteil gleich. *Tetanus*

Dies alles läßt sich durch die *aktive Immunisierung* mit Tetatoxoid vermeiden. Der Reiter sollte es für sich ebenso handhaben; denn es ist bodenloser Leichtsinn, sich ungeimpft ins Auto oder aufs Pferd zu setzen.

Die Krankheiten des Atmungsapparates gehören zu den Geißeln unserer Pferde. Dem Endstadium der *Dämpfigkeit* liegt eine Bronchitis (Entzündung der Bronchien) zugrunde, die schließlich in eine unheilbare Lungenüberdehnung übergeht und meist durch eine Herzschwäche kompliziert wird. Die überwiegende *Pferdeinfluenza*

Mehrheit der Erkrankungen beruht auf der Infektion der Lunge und Atemwege, bekannt als *Pferdeinfluenza*, Pferdegrippe, Hoppegartener Husten, Brüsseler Krankheit. Der Viruserreger ist hoch ansteckend und sorgt für eine schnelle und massive Verbreitung, ganz besonders bei Pferdeansammlungen in Renn- und Reitställen, auf Turnieren, Jagden und Auktionen.

Anfangs zeigen die Pferde nur etwas Husten oder Nasenausfluß und machen keinen kranken Eindruck. Wird dieses akute Stadium sofort durch den Tierarzt behandelt, pflegt es gutartig zu verlaufen. In der Regel werden die Symptome jedoch nicht ernst genommen, und darin liegt die große Tragik. Denn aus der akuten entwickelt sich schleichend eine chronische Bronchitis. Wenn die Krankheit die feinen Bronchien erreicht hat und schwellen läßt, kann die Atemluft kaum noch passieren. Dann haben wir das dämpfige, das schweratmende, pumpende Pferd, das nicht mehr zu heilen ist.

Wird ein Husten eingeschleppt, ist sofort der Tierarzt zu rufen und der ganze Bestand 2 bis 3 Wochen zur Ruhe zu stellen; erkrankte Pferde dürfen erst nach völliger Ausheilung wieder arbeiten. Auch hier läßt sich wirksam durch eine *aktive Immunisierung* vorbeugen. Bei Verwendung des *Doppelimpfstoffes* gegen *Tetanus und Pferdeinfluenza* kann man gleich zwei Fliegen mit einer Klappe schlagen.

Tollwut

Tollwut, eine tödlich verlaufende Virusinfektion des Gehirns und Rückenmarks, kann auch beim Pferd vorkommen. Gefährdet sind hauptsächlich Weidepferde in tollwutbedrohten Gebieten, die nachts im Freien bleiben. Sie sollten schutzgeimpft werden.

Virusabort

Ein *Virusabort* trifft den Züchter so überraschend wie ein Blitz aus heiterem Himmel, denn die erkrankte Stute stößt den Foetus am Ende der Trächtigkeit ohne vorherige Anzeichen plötzlich ab. Verantwortlich ist das winzige, hochansteckende Rhinopneumonitisvirus, das durch Tröpfcheninfektion der Atemwege übertragen wird. Bei erwachsenen Pferden ruft es für kurze Zeit etwas Fieber und gelegentlich einen klaren Nasenausfluß hervor, was meist übersehen wird, bei Fohlen schweren Husten, der in Lungenvereiterung übergehen kann. Hier bietet sich die Schutzimpfung zur Vorbeugung an, obwohl es auch dann noch zum Abort kommen kann, wenn der Erreger durch die Scheide in die Gebärmutter gelangt.

Die *Borna'sche Krankheit* ist eine Virusinfektion des Gehirns und Rückenmarks, die nach 14 Tagen in 80–90% der Fälle tödlich endet. Sie befällt Pferde und Schafe in bestimmten Gebieten. In gefährdeten Gegenden ist daher zu impfen.

Borna'sche Krankheit

Impfübersicht

Art der Impfung	Wer ist zu impfen?	Zahl der Grundimpfungen	Beste Zeit	Jährl. Wiederholungsimpfungen	Beste Zeit
Tetanus/ Influenza+ komb.	Alle Pferde des Bestandes	2 im Abstand von 4–6 Wochen	1.: Septemb. 2.: Okt./Nov.	1	Febr./März
Virusabort (Rhinopneumonitis)	Alle Einhufer des Gestüts (auch Esel)	2 im Abstand von 3–4 Monaten	1.: Juli/Aug.* 2.: Okt./Nov.*	1	Okt./Nov.*
Tollwut	Weidepferde	1	3–4 Wochen vor Weidegang	1	3–4 Wochen vor Weidegang
Borna'sche Krankheit	Pferde in gefährdeten Gebieten	1	Herbst/ Winter	1	Herbst/ Winter

+ Für »Reise«pferde, die ständig an Turnieren, Jagden oder anderen Veranstaltungen teilnehmen, wird eine zusätzliche Impfung gegen Influenza im August empfohlen.

* Diese Daten wurden zur Vereinfachung gewählt. Genau genommen ist die erste Impfung bei tragenden Stuten zwischen dem 3.–4. Trächtigkeitsmonat vorzunehmen, die zweite zwischen dem 6.–7., die jährliche Wiederholungsimpfung ebenfalls zwischen dem 6.–7. Monat. Jedes Gestüt sollte sich daher seinen *individuellen Impfplan* aufstellen.

Da die Impfungen gegen Virusabort und Tetanus/Influenza nicht gleichzeitig durchgeführt werden dürfen, ist bei nichtgeimpften Pferden die Grundimmunisierung gegen Tetanus/Influenza auf die Monate Februar/März zu verlegen.

Von Impfungen *ausgeschlossen* sind:

>Pferde unter 3 Monaten
>Pferde im Training
>Kranke Pferde
>Stuten nach dem 9. Trächtigkeitsmonat.

Alle Maßnahmen haben nur dann einen Sinn, wenn sie *systematisch bei allen Pferden* des Bestandes *gleichzeitig* durchgeführt werden. Dazu gehört auch die genaue Einhaltung der Fristen zwischen den einzelnen Impfterminen und die *regelmäßige* Durchführung der *Wiederholungsimpfungen*. Bei Pferden im Training und kranken Tieren werden die Impfungen nachgeholt, sobald es möglich ist. Gestüte richten ihren Impfplan so ein, daß bei Stuten die Impfungen bis zum 9. Trächtigkeitsmonat abgeschlossen sind und Fohlen erst geimpft werden, wenn sie 3 Monate alt sind. Für jedes geimpfte Pferd stellt der Tierarzt einen gesonderten *Impfpaß* aus, in den er Datum und Zweck der Impfung, Art, Hersteller und Operationsnummer des Impfstoffs einträgt und alles mit Unterschrift und Stempel besiegelt. Wichtig ist natürlich, daß der Impfpaß jederzeit griffbereit ist, so daß alle Nachimpfungen darauf vermerkt werden.

Jahres-Gesundheits-Programm

Am besten stellt man mit seinem Tierarzt ein *Jahres-Gesundheits-Programm* auf, in dem nicht nur die Impfungen und Wurmbekämpfungen festgelegt werden, sondern auch die Zahnuntersuchungen und eine Ganzuntersuchung.

Von seinem Tierarzt kann man kostenlos einen vorgedruckten »Pferdegesundheitsplan« (nach Dr. Helmut Ende) aus Pappe mit eingeschlagener Aufhängeöse erhalten, den man an einer übersichtlichen Stelle im Stall aufhängt. Er enthält verschiedene Spalten für durchgeführte Impfungen, Wurmkuren, Kotproben- und Zahnuntersuchungen, die jedesmal gewissenhaft auszufüllen sind; auf einer gleichen Tabelle trägt der Tierarzt dieselben Daten für seine Kartei ein. Dieser Plan ist ganz allgemein gehalten; jeder kann ihn für seine Verhältnisse abändern. In einem Gestüt wird er anders aussehen als in einem Reitstall, in dem nur ausgewachsene Sportpferde stehen.

Darüber hinaus ist es für jeden Pferdehalter empfehlenswert, sich zu Jahresbeginn einen *Monats-Terminkalender* aufzustellen, in dem er die Fälligkeitstermine für Impfungen, Wurmkuren, Zahnuntersuchungen und den Schmied vermerkt. Für den Reitpferdehalter ist das sehr einfach, da jede Maßnahme bei all seinen Pferden gleichzeitig durchgeführt werden kann. Für den Züchter kommen noch weitere Daten in Frage, die er größtenteils erst nach den Fohlengeburten eintragen kann und die individuell verschieden sind. Er wird natürlich versuchen, so viele Termine wie möglich zusammenzulegen. Eine gute Gestütsführung ist ohne einen solchen Kalender und ohne lückenlose Aufzeichnungen nicht möglich.

Der verantwortungsbewußte Züchter wird dabei stets an die ungeheure Wichtigkeit einer *ausreichenden Fohlenentwurmung* denken, die Termine sorgfältig in seinen Kalender eintragen und sie gewissenhaft einhalten. Sie seien nachfolgend genannt:

Fohlenentwurmung (nach Dr. M. Stoye)

Alter		Behandlung
10 Tage	1.	
17 Tage	2.	
24 Tage	3.	Kur gegen Spul- und Blutwürmer
31 Tage	4.	
38 Tage	5.	
2 Monate		
4 Monate		
6 Monate		Kur gegen Zwergfadenwürmer
9 Monate		
12 Monate		

Die Kur, die in den Dezember oder Januar fällt, muß auch gegen Magenbremsen wirksam sein. Der Jährling wird wie erwachsene Pferde viermal jährlich entwurmt.

Wenn etwas unklar ist oder *Schwierigkeiten* auftauchen, mit denen man nicht fertig wird, wende man sich an seinen *Tierarzt* oder an den zuständigen »*Pferdegesundheitsdienst*«, einer überaus segensreichen Einrichtung.

Gesundheitsplan für erwachsene Reitpferde; keine Zuchtstuten im Bestand*

Pferdename Ab- stammung Geburts- datum Eigentümer	Jahr	Durchgeführte Impfungen		
		Tetanus/Influenza kombiniert	Influenza	Sonstige Impfungen je nach Gegend
		Erstimpfung zweimal im Abstand von 4–6 Wochen September/Oktober dann jährlich einmal Februar/März	Zusatzimpfung für Turnierpferde August	Tollwut einmal jährlich 3–4 Wochen vor Weidegang Borna'sche Krankheit einmal jährlich Herbst/Winter
Pferd:				
Pferd:				

* sonst auch gegen Virusabort impfen

Gesundheitsplan für Zuchtpferde

Pferdename Ab- stammung Geburts- datum Eigentümer	Jahr	Durchgeführte Impfungen		
		Tetanus/Influenza kombiniert	Virusabort	Sonstige Impfungen je nach Gegend
		Erstimpfung zweimal im Abstand von 4–6 Wochen dann jährlich einmal jeweils Februar/März	Erstimpfung zweimal im Abstand von 3 Mon. im 3.–4. und 6.–7. Trächtigkeits- monat (Juli), dann jährl. im 6.–7. Träch- tigkeitsmonat	wie oben
Pferd:				
Pferd:				

(nach Dr. *H. Ende*, modifiziert)

Kotproben Datum Ergebnis einmal jährlich	Wurmbekämpfung, Zahnuntersuchung					Schmied		Ganz- unter- suchung
	Wurmkuren (Datum), Medikamentenname, Menge, Art der Verabreichung				alle 6–8 Wochen		
	März-April	Juli-August	Oktober	Dezember			
	Zähne		Zähne				Befund
	1. Wurmkur	2. Wurmkur	3. Wurmkur	4. Wurmkur	Datum		April

Kotproben Datum Ergebnis einmal jährlich	Wurmbekämpfung, Zahnuntersuchung					Schmied		Ganz- unter- suchung
	Wurmkuren (Datum), Medikamentenname, Menge, Art der Verabreichung (Fohlen öfters; siehe S. 207)				alle 6–8 Wochen Fohlen alle 4 Wochen		
	März-April	Juli-August	Oktober	Dezember			
	Zähne		Zähne				Befund
	1. Wurmkur	2. Wurmkur	3. Wurmkur	4. Wurmkur	Datum		April

Das kranke Pferd

Wer täglich mit seinen Pferden zusammen ist und sie beobachtet, wird es allmählich lernen, Störungen des Wohlbefindens und der Gesundheit beizeiten zu erkennen und nicht erst, wenn die Krankheit ihren Höhepunkt erreicht hat.

Zeichen des gesunden Pferdes:

Aufmerksam, interessiert	Mäßig warme Ohren, Hals, Rumpf
Lebendiges Ohrenspiel	
Klare, glänzende Augen	Normales Trinken
Trockene, blaßrosa Nasenlöcher	Guter Appetit, lebhaftes Kauen
Geräuschlose Atmung	Hellgelber, trüber Urin
Glänzendes, glattes Fell	Alle 30–90 Minuten Misten
Weiche, elastische Haut	Mäßig feste, bräunliche Kotballen
Kühle, klare, trockene Beine	

Futtergewohnheiten, Urin- und Kotbeschaffenheit sind regelmäßig zu kontrollieren, da sie dem Kundigen viel verraten.

Zeichen des kranken Pferdes: / *Bedeutung:*

Aussetzen beim Kauen ohne Störung durch die Umgebung	Kranke Zähne, Schmerzen in der Maulhöhle oder Gehirnstörungen
Sehr vorsichtiges Kauen, Herausfallenlassen gekauten Futters	Zahnkrankheiten, Zahnhaken
Fressen von Gras, Heu, Stroh und Liegenlassen des Hafers	Zahnkrankheiten oder Verdauungsstörungen
Verschmähen des Futters und Fressen verschmutzter Einstreu	Mineralstoffmangel oder Magen-Darmkatarrh
Rot- oder schwarzbrauner Urin	Fieberhafte Erkrankung, Kreuzverschlag
Hell gefärbte Kotballen	Leberleiden, Darmkatarrh
Kleine, harte Kotballen	Gestörte Darmbewegung
Weicher Kot mit viel unverdauten Körnern	Zu hastiges Fressen, kein gründliches Kauen
Breiiger Kot	Erkältung, Durchfall, Vergiftung
Schleimiger Kot	Magen-Darmkatarrh
Rötlicher, blutiger Kot	Darmblutungen

Bei allen Krankheitssymptomen, auch Lahmheiten, Wunden und Verletzungen wird man nicht herumexperimentieren oder warten, daß alles von selbst vorübergeht, sondern sich umgehend mit dem Tierarzt in Verbindung setzen und seine Anweisungen befolgen. Bis zu seinem Eintreffen mißt man die Temperatur (was man am gesunden Pferd geübt haben sollte), schreibt sie auf und stellt zur Untersuchung kaltes, warmes und heißes Wasser, Seife, 3 bis 4 Handtücher, einen leeren Eimer, eine Nasenbremse und einen kleinen Tisch zum Ablegen der Instrumente bereit. Ferner sollte eine ruhige, kräftige, furchtlose Hilfsperson zur Stelle sein, die anpacken kann. Daß genügend Licht vorhanden und die Einstreu sauber ist, versteht sich von selbst. Der Patient bleibt nach Möglichkeit an seinem gewohnten Platz. Im übrigen sollte jeder Pferdehalter ein gutes Buch über Pferdekrankheiten zur Information und zum Nachschlagen besitzen und an einem Erste-Hilfe-Kurs für Pferde teilgenommen haben.

Da die *Körpertemperatur* der einzelnen Altersgruppen verschieden ist, lassen wir hier eine Aufstellung der Werte folgen.*

Körpertemperatur

Altersgruppen	morgens	abends	Mittelwert
Saugfohlen erste 5 Lebenstage	29,0° C	39,5° C	39,3° C
Saugfohlen bis zum Absetzen (5–6 Monate)	38,5° C	38,8° C	38,7° C
Absatzfohlen bis zu einem Jahr	38,2° C	38,7° C	38,5° C
Wachsende und ausgewachsene Pferde	37,5° C bis 38,0° C	37,8° C 38,3° C	37,5° C 38,3° C

Nach schwerer Arbeit kann die Temperatur auf 40–41° C ansteigen. Sie fällt beim gesunden Pferd in 30 min um ca. 1,0° C und in 1 Stunde auf den Normalwert. Bei Futterverweigerung: Fieberverdacht. Sofort den Tierarzt anrufen, da auch bei niedrigem Fieber ernste Erkrankung möglich.

* nach Fa. Pfizer, Karlsruhe

Unterwegs

So schön das Reiten in den heimatlichen Gefilden auch sein mag, richtig Spaß macht es auf die Dauer erst, wenn man den engeren Umkreis durchbricht, an Wanderungen, Turnieren und Jagden teilnimmt oder mit den Pferden in Urlaub geht. Wander- und Urlaubsritte bedürfen sorgfältiger Vorbereitung, soll der Genuß nicht getrübt werden. Aber: reiten Sie niemals allein!

Voraussetzungen

Die Pferde müssen gesund, ruhig, verkehrssicher, mindestens sechs Jahre alt und ausreichend trainiert sein.
Der Reiter muß sein Pferd im Schritt, Trab und Galopp so sicher beherrschen, daß er weder sich, sein Pferd, noch Dritte gefährdet.
Der Reiter muß Karten im Maßstab 1 : 25 000, 1 : 50 000 und 1 : 100 000 lesen können sowie die Verkehrsregeln, vor allem §§ 31, 38–40 StVO kennen; danach gelten Pferde als Fahrzeuge; auf Wegen, die für Fahrzeuge gesperrt sind, darf der Reiter absitzen und sein Pferd führen; auf Reitwegen muß er reiten. (Empfehlenswert: *Reiterpaß* erwerben.)
Pferd und Reiter müssen ½ bis 1 Tag reiten können, ohne an Muskelkater, Lahmheiten oder Erschöpfung zu leiden: Wer nur reitet stundenweis, der kriegt einen wunden Steiß!

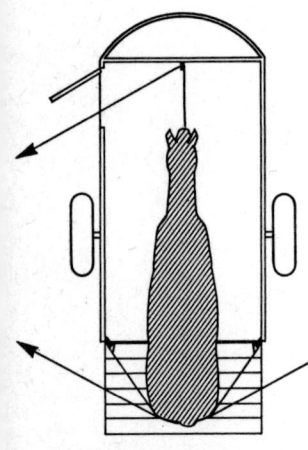

Vorbereitungen

Den Ritt Wochen oder Monate vorher planen; Wege aussuchen und mit Hilfe der örtlichen Reitervereine klären, ob sie für Reiter erlaubt sind. Adressen von Ärzten, Tierärzten und Schmieden notieren.
Marschrouten festlegen, 30–35 km täglich bei einer Marschgeschwindigkeit von 7–10 km und 3 h Mittagspause genügen. Nach 2–3 Tagen 1–2 Ruhetage einlegen.
Unterkünfte für Pferde und Reiter bestellen.
Futter für unterwegs planen; am besten gewohntes Futter bei den Unterkünften vorher deponieren.
Den Transport des großen Gepäcks während des Ritts organisieren.

Verladen schwieriger Pferde

Verladen und Entladen mit Geduld und Ruhe üben. Stroh oder eine Matte auf die Anhängerrampe legen. Bei Bahntransport mit dem Güterbahnhof alles rechtzeitig besprechen und bestellen.
Transport-Anhänger auf Verkehrstauglichkeit überprüfen lassen.
Pferde einige Tage vorher vom Tierarzt untersuchen, dann vom Schmied beschlagen und Hartkornstollen anbringen lassen.
1–2 Tage vorher Proberitt mit allem Gepäck unternehmen und sehen, ob richtig gepackt ist und die Eisen halten.

Ausrüstung

des Pferdes: Zaumzeug, darunter Halfter zum Anbinden unterwegs, Anbindestrick, Sattel, Woilach (keine Satteldecke), fest verschnallte Satteltaschen, bei Ponys Schweifriemen.

des Reiters: zweckmäßige, bequeme Reitkleidung, Reitkappe zum Festzurren, Regenschutz, Ersatzwäsche, Karten, Kompaß, Ahle, Bindfaden, Nähzeug, Taschenapotheke, -lampe, -messer, Schere, Feuerzeug, Rückstrahler oder Leuchtgamaschen, Hufkratzer, Geld, Euroschecks.

Gepäck: persönliche Kleidung, Pferde-Putzzeug, Huf-Nägel, gebrauchte Eisen als Reserve, Sicherheitsnadeln, wollene und elastische Binden, Jodstift, Wundspray, Essigsaure-Tonerde-Tabletten, Kühlsalbe, Eisenchloridwatte, Rivanol, Leinenlappen, Isolierband, Penicillinpuder.

Bekleidung des Pferdes auf dem Transport

Bei ruhigen Pferden und gut gepolsterten Transportern mit rutschfestem Boden ist die Bekleidung unnötig

Beim Transport auf der Straße ist darauf zu achten, daß die Pferde im Hänger genügend Frischluft, aber keinen Zug erhalten.

Versicherungen

Nach § 833 BGB haftet der Pferdehalter in unbeschränkter Höhe für alle Schäden, die sein Pferd einem Fremden zufügt. Keine Haftpflichtversicherung abzuschließen kann den finanziellen Ruin bedeuten und auch noch Bestrafung nach sich ziehen. Das Herunterfallen vom Pferd ist zwar keine Schande, verläuft aber nicht immer glimpflich. Mitglieder von Reitervereinen sind generell gegen Reitunfälle versichert, wenn sie an Vereinsveranstaltungen teilnehmen, nicht aber, wenn sie privat ausreiten. Seit dem 1. 1. 1976 können sie durch eine billige Zusatzversicherung auch hierfür Schutz erwerben. Für Nichtmitglieder ist eine Privat-Unfallversicherung ratsam. Schäden, die für das Pferd tödlich enden, können durch eine Tier-Lebensversicherung gedeckt werden, Invalidität hingegen nicht, außer bei Unfruchtbarkeitsversicherungen von Deckhengsten. Darüber hinaus kann man noch Ställe, dazugehörende Gebäude und das Inventar versichern. Wir haben also die:

▷ *Tier-Lebensversicherung* für Schäden, die das Pferd erleidet.
▷ *Unfallversicherung* für Schäden, die dem Versicherten widerfahren.
▷ *Haftpflichtversicherung* für Schäden, die durch die Pferde Dritten gegenüber verursacht werden.
▷ *Gebäude-* und *Inventarversicherung*.

Eine Unfall- und Haftpflichtversicherung sollte jeder Pferdehalter unbedingt abschließen, sich aber über die Gewahrsamsklausel der Haftpflichtversicherung genau erkundigen. Die beiden anderen Versicherungen sind eine Geld- und Ermessensfrage. Vor Abschluß vergleiche man die Prämien der einzelnen Gesellschaften: Sie sind nicht gleich bei gleicher Deckung.

Pferdeverstand

Schläger und Beißer, störrische und widersetzliche Pferde wurden nicht geboren, sondern durch den Menschen verdorben. Alle »Untugenden« sind Folgen falscher Haltung oder Behandlung. Die Lebensweise der wilden Pferde gibt uns den Schlüssel zur Behandlung der domestizierten.

Merkmale der Pferde:	*Folgerungen daraus:*
Ängstliche Pflanzenfresser, stets auf der Hut.	Durch Güte, Geduld und Ruhe ihr Vertrauen erwerben.
Schreckhaft, können blitzschnell gegen überraschenden »Feind« ausschlagen.	Niemals erschrecken, nicht schreien, fuchteln, immer anrufen, bevor man zu ihnen tritt.
Flüchten vor fremden, sich bewegenden Dingen; Pflanzen fliegen nicht in der Luft herum.	Scheuende Pferde nie strafen, sondern ihnen die Angst vor dem Gegenstand nehmen.
Greifen nur an, wenn sie keinen Ausweg sehen.	Nie ein Pferd in die Enge treiben oder ein angebundenes strafen.
Nasentiere, die alles beriechen.	An allem schnuppern lassen.
Die Oberlippe ist ihr Finger.	Alles damit befühlen lassen.
Herdentiere, die Geselligkeit lieben.	Niemals ein Pferd ganz allein ohne Gefährten halten.
Leben in einer sozialen Rangordnung, respektieren den Stärkeren, aber nicht den Schwächeren. Sind gute Diener, doch schlechte Herren.	Durch Sicherheit und Bestimmtheit die Überlegenheit des Ranghöheren gewinnen und behalten.
Pferde stellen keine menschlichen Überlegungen an.	Klare Befehle erteilen, nicht dauernd schwanken.
Haben feste Lebensgewohnheiten, die nicht schnell wechseln.	Keine plötzlichen Umstellungen und Veränderungen.
Signalisieren ihr Vorhaben	Pferde»sprache« der Augen, Ohren, der Beine und des Schweifes lernen.

Erwarten Sie niemals, daß Ihr Pferd so reagiert, wie Sie Ihrer Meinung nach reagieren würden, wenn Sie ein Pferd wären. Glauben Sie mir: Sie sind keins. Und vergessen Sie niemals bei allem, was Sie von ihm verlangen, daß es nicht geschaffen wurde, um dem Menschen zu dienen, und daß ihm daher die von uns geforderten Leistungen herzlich gleichgültig, wenn nicht gar zuwider sind.

Gewiß kann man Pferde auch mit roher Gewalt zum Gehorsam zwingen; ihr Wille ist dann zwar gebrochen, aber ihr »Herz« auch, sie gehorchen nur noch aus Angst. Die höchsten Leistungen, die Pferde je vollbrachten, entsprangen aus der inneren Harmonie zwischen Beduinen und ihren arabischen Pferden: ohne Gebiß, ohne Sporen, ohne Peitsche. Sie sagten:

> Das Pferd ist neben dem Menschen das herrlichste Geschöpf. Es besteht aus Herz, Hirn, Nerven, Fleisch und Blut – wie Du. Wisse es und bedenke es!

Quellenverzeichnis

ALB: Klima im geschlossenen Stall, Klima und Wärmehaushalt im Winter, DIN 18910, Blatt 1. Frankfurt/M. 1963
ALB, STIETENROTH: Klima im geschlossenen Stall, Lüftung, DIN 18910 Blatt 2. Frankfurt/M. 1964
ALB, STIETENROTH: Lüftung in geschlossenen Ställen, Allgemeine Grundsätze, F./21. Frankfurt/M. 1968
ALB, STIETENROTH: Zwangslüftung – Ventilatorenlüftung, F. 2.32. Frankfurt/M. 1968
ALBER, J.: Schriftliche Mitteilungen. Stockach 1970
ALBRECHT, H.: Der klimatisch gesunde Stall. RRi, Mönchengladbach Okt. 1963
–: Schriftliche Mitteilungen
ARBEITSGEMEINSCHAFT FÜR WIRKSTOFFE IN DER TIERERNÄHRUNG (Hrsg.): Vitamine in der Tierernährung. Bonn 1972
BOHLKEN, T.: Futtermittelrechtliche Vorschriften. Hannover 1975
BRÜNNER, F.: Bewirtschaftung von Wiesen und Weiden. Stuttgart 1962

BRUNS, U.: Reiten auf Kleinpferden, der Sattel. Bonn, PP 1966 u. 1967
COHRS, E. O.: Biologische Düngung. Rotenburg 1970
–: Mündliche Mitteilungen
CUNHA, T. J.: Horse Feeding and Nutrition. Feedstuffs, Juli 1969
–: Schriftliche Mitteilungen
»DER STEIGBÜGEL«, Salvana-Information für Pferdefreunde, Abt. Rund ums Pferd. Elmshorn 1966–76
DLG: Futterwerttabelle für Pferde. Frankfurt/M. 1974
DLG: Futterwerttabellen, Mineralstoffe. Frankfurt/M. 1960
DLG: Futterwerttabellen, Vitamine und Aminosäuren. Frankfurt/M. 1962
DEUTSCHE REITERLICHE VEREINIGUNG e. V. (Hrsg.): Orientierungshilfen für die Planung und den Bau von Reitanlagen. Warendorf 1974
DRAWER, SCHILLER: Taschenbuch des Turnierreiters. 2. Aufl., Berlin 1960
DREPPER, K.: Schriftliche Mitteilungen. Berlin 1970
EHRENBERG, P.: Die Fütterung des Pferdes. Radebeul 1954
EIKMEYER, H.: Mündliche Mitteilungen. Gießen 1970
ENDE, H.: Mündliche Mitteilungen. Isernhagen 1976
ENSMINGER, M. E.: Horses and Horsemanship. Danville, USA 1963
FRANKE, H.: Neuzeitliche Tierzucht, Frankfurt/M. 1965
–: Pferdeställe. Kassel 1969
–: Schriftliche Mitteilungen
FREIZEIT IM SATTEL. Bonn, verschiedene Jahrgänge
GEYER, F.: Mündliche Mitteilungen. Köln 1975, 1976
GRAMATZKI, F.: Fragen moderner Pferdefütterung. Lohmann-Mitteilungen, Januar 1970
–: Mündliche Mitteilungen. Januar 1970
GRONE, V., J.: Mündliche und schriftliche Mittlg. Neuenkirchen 1970
JACOBS, D. E.: Efficacy palatability and tolerance tests with »Equigard« Shell 1970
KLAPP, AHRENS: Grundregeln der Weidebewirtschaftung in Vollblutgestüten. Vollblut, Juni 1966
LINDAU, F.: Leistungsgerechte Fütterung der Sportpferde. Der Futtermeister. Sept./Okt. 1969
–: Zusätzliche Vitamin- und Mineralstoffversorgung des Zucht- und Sportpferdes über den Tierarzt. Tierärztliche Umschau 1969, Nr. 1
–: Schriftliche Mitteilungen. Karlsruhe 1970
–: Das Pferd soll leben (Artikelserie). Reiter-Revue international 1963
LÖHRER, J.: Pferdepflege. Pfäffikon 1962
LÖWE, H. / MEYER, H.: Pferdezucht und Pferdefütterung. 4. Aufl. Stuttgart 1974
MEYER, H.: Ernährung, Schriftliche Mitteilungen. Hannover 1970

Mohr, E.: Das Urwildpferd. Wittenberg 1959
Müller, E.: Das kranke Reitpferd, 2. Aufl. München 1969
National Academy of Sciences: Nutriment Requirements of Horses (Publication 1401). Washington, DC 1963
Neuschulz, H.: Pferdezucht, Haltung und Sport. Berlin 1956
Nissen, J.: Das Sportpferd. Stuttgart 1964
Nusshag, W.: Hygiene der Haustiere. Leipzig 1957
Ober, J.: Das Stallklima für Vollblutpferde. Vollblut, Juni 1966
Pape, I.: Die Ernährung des Vollblutpferdes in Gestüt und Rennstall. Köln, Vollblut 1961
Papendieck, L.: Das Kleinpferd. Berlin 1958
Pinter v. d. Au, J. Chr.: Neuer, vollkommener, verbesserter und ergänzter Pferd-Schatz. Frankfurt/M. 1588
Reiter Revue International. Mönchengladbach, verschiedene Jahrgänge
Ruhr-Stickstoff AG: Faustzahlen für die Landwirtschaft. Hiltrup-München 1969
Ruthe, H.: Der Huf. Jena 1969
Schaumann, W.: Schriftliche Mitteilungen. Bad Vilbel 1970
Schneider, R.: Mündliche und schriftliche Mitteilungen. Bonn 1970
Schnitzer, U.: Reitanlagen (KTBL-Schrift 6). Frankfurt/M. 1970
Schnitzer, U.: Reitanlagen und Beispielentwürfe (KTBL-Schrift 162). Frankfurt/M. 1973
–: Mündliche und schriftliche Mitteilungen. Karlsruhe 1970, 1976
Schreiber, R.: Die wichtigsten wissenschaftlichen Grundlagen einer rationellen Pferdefütterung. Tierärztliche Umschau 1965
Schwarz, J.: Schriftliche Mitteilungen. Verden 1970
Seifert, A.: Gärtnern, Ackern ohne Gift. 6. Aufl. München 1974
Stietenroth, K.: Grundlagen der Stallüftung (ALB). Düsseldorf 1965
Stoye, M.: Die parasitischen Würmer des Pferdes und ihre Bekämpfung. Westfalens Roß und Reiter, Dez. 1969
–: Mündliche Mitteilungen. Hannover 1970
Thiews, J.: Schriftliche Mitteilungen. München 1970
Uppenborn, W.: Ponys. Berlin 1968
–: Pferdezucht und Pferdehaltung. 4. Aufl. Offenbach/M. 1972
–: Mündliche Mitteilungen. Bad Harzburg 1970
Witte, F.: Mündliche Mitteilungen. Langenfeld 1975, 1976
Wrangel, Graf C. G.: Das Buch vom Pferde, 6. Aufl. Stuttgart 1927
Zell, Th.: Das Pferd als Steppentier. Stuttgart 1919

Jahrelange eigene Erfahrung.

Stichwörter

Abfluß 46
Abfohlbox 47, 92
Abfohlen 72
Abfohlmeldung 72
Abort 72, 91
Abprobieren 72
Abschlagen 72, 89
Absetzen 72, 100, 101
Abstammungsnachweis 72
Abwurfluken 61
Abwurfschächte 61
Alleinfutter 145–147
Aminosäuren 108, 109, 126
Ammoniak 23, 24
Amnion 72
Anbindeknoten 180
Anbindemöglichkeiten 53
Anbindestall 43
Ansatztypen 118
Antikörper 72, 96
Äpfel 140
Arzneimittel 57, 58
Askariden 198, 200
Atmungstypen 118
Aufhalten 187
Aufhängevorrichtung 54, 55
Aufnehmen 72
Aufzüchter 72, 101
Ausatmungsluft 23
Austreibungsphase 94
Autobahnheu 135

Ballast 91, 127, 137, 147
Bandagen 179, 192, 194
Bandagieren 192, 194
Bedecken 72
Beschlag 183
Beschlagzeug 56, 186
Biestmilch 73
Biologische Düngung 174

Blitzen 73, 81
Blubbern 73
Bluttest 90
Bodenanalyse 173
Bodenbelag 45
Bodenproben 173
Borna'sche Krankheit 205
Botanische Prüfung 134, 135
Boxenstall 41, 44
Boxengröße 44
Brennordnung 73
Bronchitis 203, 204

Ca:P-Verhältnis 115, 136, 143
Carbolineum 37
Chemische Analyse 135

Dampfdurchlässig 34, 35
Dämpfigkeit 203
Darm 107
Darmpech 73, 96, 97
Dauerrosse 81, 82
Dauerweiden 170
Deckblock 73
Deckerlaubnis 70, 73
Deckgeld 73
Deckhengst 73
Deckliste 73
Deckregister 73
Deckschein 73
Deckschuppen 87
Deckstand 74
Deckwand 74
Düngerbahn 66
Durchfall 98, 109, 146, 157

Eiblase 74
Eigenleistungsprüfung 74
Eihaut 74, 95

Eimertränkung 51, 52, 158, 159
Einstreumaterial 48
Eisen abnehmen 186, 187
Eisprung 74
Elektroinstallation 33
Elektrostriegel 178
Elektrozaun 176
Ergänzungsfutter 143–145
Eröffnungswehen 93, 94
Erstmilch 74
Erwachsene Sportpferde 123, 127, 128, 130, 154–156, 208, 209

Fehlende Rosse 81, 82
Fehlgeburt 74
Fenster 30–32
Fernwanderwild 146
Fesselhaare 196
Fesselstand 184, 185
Fettsäuren 110
Fliegenmittel 62, 63, 197
Fohlen 74, 95–100, 124–125, 130, 153
Fohlenaufzuchtfutter 143, 148
Fohlenentwurmung 207
Fohlenhaar 74
Fohlenhuf 186
Fohlenkrippe 99
Fohlenmeldung 74
Fohlennahrung 126–128
Fohlenpech 74, 96, 97
Fohlenrosse 74, 83
Fohlenschein 74
Fohlenstute 74, 88
Fohlenwürmer 198
Follikel 74
Follikelkontrolle 74, 86

219

Follikelsprung 74
Foetus 74
Freie Lüftung 27, 28
Freßzeit 146, 147, 155
Frischluftbedarf 27
Fruchthülle 74
Fruchtresorption 75, 90
Fruchtwasser 94
Frühgeburt 75
Frühlähme 95
Futteransprüche 118–120
Futterkiste 59
Futterluken 52
Futterstellen 52, 53
Futterverweigerung 163
Futterwagen 59

Garantie 150
Gartenrasen 175
Gastrophilus 198, 200, 202, 207
Geburtshygiene 93
Gerstenstroh 47, 137
Geschirrpflege 180, 191, 195
Geschlechtsreife 75
Gesundes Fohlen 98
Gesundes Pferd 210
Gesundheitsplan 208, 209
Gewichtszunahme 125
Gifte 36–38, 63, 135, 163–165, 175, 197
Gitterhecke 176
Gräser 134, 168, 169
Grassamen 170
Gravide Stute 75
Gruel 163
Grummet 134
Grünfutter, gemähtes 160
Gummimehl 66
Güste Stute 75, 129, 153

Haferstroh 47, 31, 132, 137
Haemolytischer Ikterus 75, 97
Harzen, Harztropfen 75, 92
Heckenzäune 176
Heizbare Tränke 51
Hengstleistungsprüfung 75

Heubewertungsschlüssel 134, 135
Heubriketts 137
Heulagerung 60, 61
Holzschutzmittel 36–38
Hufeauskratzen 188
Hufeausschneiden 185
Hufpflegemittel 179, 188
Hufrehe 146, 157, 160

Idealfall 89
Immunität 198, 203
Impfausschluß 206
Impfpaß 206
Impfplan 205, 208
Impfübersicht 205
Infektionskrankheiten 203–205, 208–209
Isolierbox 196

Kali 174
Kalk 174
Kastenstand 43
Kauschläge 146, 147
Klärschlamm 174
Kleeheu 136
Kochsalzbedarf 128, 129, 143
Kohlendioxyd 23, 24
Kolostralmilch 75, 96, 97, 148
Kompost 62, 172, 174
Koppelweiden 170
Köramt 75
Körbuch 75
Körkommission 75
Körordnung 75
Körpertemperatur 211
Körung 75
Körzwang 70, 75
Kosten 17
Kotablesen 171–173
Kotfressen 153
Kotkontrolle 210
Kotproben 201, 202
Kraftfutter 140, 146, 151, 160
Krankes Fohlen 98, 99
Kühlstand 46

Künstliches Licht 32, 33
Kunststoffhüllen 165

Laktierende Stute 76, 156
Laufstall 29, 41, 53
Läuse 197, 198
Lecksteine 142, 143
Leguminosenstroh 137
Low-level-Methode 203
Luftfeuchtigkeit 25, 26
Luzerneheu 136

Magen 107
Magenbremse 198, 200, 202, 207
Magenfadenwürmer 198, 202
Magnesiumchlorid 65
Mähnenpflege 182, 189
Mähweide 172
Maidenstute 76, 84
Markenfutter 149, 162
Mash 138
Matratzenstreu 48, 199
Meeralgenkalk 174
Melasse 145
Milchaustauscher 143, 147, 148
Mindestlauffläche 41
Mineralfutter 142, 143, 149, 152, 153, 161, 162
MIP-Test 76, 90
Mischfutter 144, 145
Mohrrüben 139, 140
Monats-Terminkalender 207
Müllkompost 175

Nabelschnur 95
Nachgeburt 95
Nachprobieren 89
Nährstoffkonzentration 126
Nasenbremse 87, 88, 211
Natürliches Licht 30, 31
Nissen 198
Normallage (Fohlen) 94
Notpackung 148

220

Obergräser 169
Obstbaumweiden 162
Offenstall 28, 29, 32
Ohrenkappen 197
Ovulation 76
Oxyuren 198, 199

Palpation 76, 78
Panikhaken 180
Parasiten, äußere 197, 198
Parasiten innere 198–201
Parasitenbekämpfung 201–203, 207–209
Pedigree 72
Pellets 143, 144
Pferdegesundheitsdienst 79, 81, 155, 207
Pferdegesundheitsgarten 156
Pferdegesundheitsplan 206–209
Pferdegruppen 9, 10
Pferdeinfluenza 203–205, 208
Pfriemenschwänze 198, 199
Phosphorsäure 174
Pick me up 163
Plazenta 76, 95
Ponysattel 191
Portionsweiden 170, 172
Post der Pferde 107
Prägung 96
Primitivstall 20, 29
Probesprung 76
Probieren 76, 84–86
Probierhengst 76, 85, 103
Probierstand 76, 85
Putzkontrolle 182
Putzrichtung 181

Rauhfutter 140, 146, 151, 159
Rauhfutterfresser 106
Räudemilben 197
Reformhafer 145
Reinigungsschnitt 173
Robustheit 9, 10
Roggenstroh 47, 137
Rohfaser 109, 110, 127, 149

Rohprotein 123, 124, 126, 149
Rosse 76, 80–83
Rote Beete 140

Saftfutter 140, 160, 161
Sägemehl 47, 48
Sägespäne 47, 48
Sattelpflege 195
Scheinrosse 81, 82
Scheren 190
Schmiedefromm 188
Schutzhaare 189
Schwefelwasserstoff 25
Schweifpflege 182, 189
Schweißmesser 178
Schwemme 195
Selbsttränken 50, 51, 158, 175
Seuchenhaftes Verfohlen 91
Silage 139
Sinnenprüfung 134, 135
Spannen 76, 86, 87
Spezialfutter für Island- und Robustpferde 145
Sprung 76
Spulwürmer 198–200
Stacheldraht 176
Stallbeleuchtung 30–33
Stallbuch 76
Stallhygiene 55, 56, 196, 197
Stalltemperatur 26, 27
Stalluntugenden 20, 154
Stallwände 38, 39
Standweiden 170, 171
StE 122
Steppenflora 141, 164
Sterilität 76
Stickstoff 173, 174
Stille Rosse 81, 82
Stollen 192, 193, 213
Strongyliden 198, 199, 201
Strongyloides 198, 199, 201
Sumpfige Weiden 166
Swimming Pool 195

Tagesbedarf 123, 124, 128, 130

Tagesration 151, 152
Tetanus 203–205, 208
Timotheeheu 136
Todesursachen 8
Tollwut 203–205, 208
Topinambur 140
Torfmull 47
Trachtensattel 191
Tragezeit 76
Tränken 50, 51, 158, 159
Trichostrongylus 198, 200, 202
Trockengrün 136, 137
Trockenhefe 163
Trockenmöhren 139, 140
Tupferprobe 77, 78
Turnierkiste 59
Typenliste 148

Umrossen 77
Umsatztypen 118
Umtriebsweiden 170
Unkrautbekämpfung 175
Unkräuter 168, 169
Unregelmäßiger Zyklus 81, 82
Untergräser 169
Uterus 77

Vagina 77
Verfohlen, Verwerfen 77, 91
Verladen 212
Verlängerte Rosse 81, 82
Virusabort 77, 91, 203–205, 208
Virushusten 203–205, 208
Vitaminkonzentrate 142, 143
Vorsekretprobe 77

Waisenfohlen 97
Wandstärke 38
Wärmedämmend 34, 35
Wärmehaushalt 39
Wärmespeichernd 34, 35
Wasserbedarf 130
Wasserdampf 24
Wasserqualität 129

Wechselstreu 48
Wechselweide 170
Weidegras 131–133, 168–169
Weidegröße 175
Weidetagebuch 175
Weidetore 176
Weizenstroh 47, 137
Whisp 178
Wiegen 162
Winterreiten 192, 193
Wirkstoffe 105, 111–115, 128, 129, 143
Wundstarrkrampf 203, 208
Wurmbekämpfung 91, 201–203, 207–209

Xylamon 37, 38

Zaumzeug 191
Zellulose 109, 110
Züchter 77
Zuchtfähigkeit 77
Zuchthengstqualität 103
Zuchtpferde 70, 71, 124, 126, 128, 130
Zuchtreife 77
Zuchtstute 77
Zuchtwertklasse 77
Zuchtziel 18, 71, 77
Zuckerrübenschnitzel 140
Zwangslüftung 28
Zweige 161
Zwergfadenwürmer 198, 199
Zwillingsträchtigkeit 77
Zyklus 77, 81

BLV Pferdebücher

Erika Schiele
Araber in Europa
Geschichte und Zucht des edlen arabischen Pferdes

Packend und faszinierend schildert Erika Schiele Ursprung, Entwicklung und heutigen Stand der Araberzucht in Europa. Sie teilt interessante Einzelheiten über Bestände, Familien und Blutlinien bedeutender Araber mit und informiert über Leistungsprüfungen und Zuchtauslese.

2. Auflage, 307 Seiten, 215 Schwarzweißfotos, 65 Zeichnungen.

Erika Schiele
Arabiens Pferde
Allahs liebste Kinder

Die Autorin ist während vieler Reisen alten Berichten nachgegangen und beschreibt mit bekannter Gründlichkeit Ursprung, Entwicklung und Zucht des arabischen Pferdes nach neuesten Forschungen und eigenen Erfahrungen. Viele Fotos, Reproduktionen und Zeichnungen vervollständigen den Band dokumentarisch.

2., neubearb. Auflage, 222 Seiten, 50 Fotos, 15 Zeichnungen, 13 Illustrationen, 5 Karten

Erika Schiele
Pferde der Puszta

Erika Schiele hat auf vielen Reisen das Leben der Pferde in der Puszta und die typischen Sitten und Gebräuche der Menschen dort studiert und in Text und Bild festgehalten. Sie zeigt in vielen schönen Fotos das Leben der Puszta-Pferde und ihrer Csikós — den berittenen Pferdehirten — ihre Reitweise, den Alltag und ihre Feste. Sie berichtet mit bekannter Gründlichkeit über Zucht, Aufzucht, Pferdehaltung und das Leben der Pferdehirten in der Puszta, einer einmaligen Landschaft im Osten Ungarns.

119 Seiten, 111 Schwarzweißfotos, 1 Übersichtskarte

Erika Schiele / Marian Gadzalski
Aus Fohlen werden Pferde

Die lebendigen Fotos dieses Bandes stammen von einem international bekannten Pferdefotografen. Erika Schiele schrieb den Text dazu. Mit dem ihr eigenen Charme und der geschätzten Gründlichkeit schildert sie die Entwicklung des Pferdes »vom Fohlen bis zum Gebrauchspferd«. Jeder Pferdeliebhaber lernt durch dieses Buch die Pferde besser beobachten, zu verstehen und mit ihnen umzugehen.

119 Seiten, 107 Schwarzweißfotos

BLV Verlagsgesellschaft München

BLV Pferdebücher

Elwyn Hartley Edwards
Pferdeausbildung
Von der Weide zum Turnier

Grundkenntnisse über Anatomie und Psychologie des Pferdes, die Voraussetzung für eine »pferdegerechte« Ausbildung sind. Danach folgen Kapitel über Pferdekauf und Ausrüstung des Pferdes. Das Ausbildungsprogramm ist in 12 Teile gegliedert — vom Longieren und ersten Anreiten des jungen Reitpferdes bis zum Dressur- und Springtraining.
238 Seiten, 56 Schwarzweißfotos, 4 Bildserien, 60 Zeichnungen

Freizeitreiten und Pferdehaltung
Tips für Freizeitreiter
Herausgegeben von der Deutschen Reiterlichen Vereinigung

Dieses Buch vermittelt in verständlicher Form alles, was Anfänger und passionierte Freizeitreiter wissen müssen. Dabei geht es ebenso um die Darstellung charakterlicher Eigenschaften des Reiters — Rücksichtnahme, Höflichkeit und Hilfsbereitschaft gegenüber Mensch und Tier — und um fachliche Probleme wie Spazierenreiten, Satteln, Auftrensen, Führen und Longieren, Reiten im Gelände und der Vorbereitung für Wettkämpfe.
96 Seiten, 50 Schwarzweißfotos, 43 Zeichnungen

blv sport
Albert Brandl
Modernes Reiten: Schritt, Trab, Galopp

»Modernes Reiten« beschäftigt sich mit der Grundausbildung des Reiters und der Ausbildung junger Pferde. Man erfährt alles über das Reiten auf dem Viereck, beim Springen und im Gelände. Ausbildungsziel ist Klasse L. Dazu gibt der Band eine Einführung in die Lektionen der Dressurklasse A.
4. Auflage, 142 Seiten, 68 Fotos, 8 Bildserien, 48 Zeichnungen

E. C. Straiton
Pferdekrankheiten - erkennen und behandeln
Das Praxisbuch mit über 300 Fotos

Dieser Ratgeber gibt klare Auskunft über: Zucht — Abfohlen — Kastration — Stallapotheke — Wunden — Blutungen — Gebäudefehler — Stalluntugenden — Sattel- und Gurtendruck — Fütterung. Dem Erkennen und Behandeln allgemeiner Pferdekrankheiten folgen Kapitel über besondere Verletzungen und Erkrankungen der Kopfregion, des Brustbereichs, des Verdauungsapparates sowie der Beine und Hufe.
2. Auflage, 160 Seiten, 301 Fotos, 7 Zeichnungen

BLV Verlagsgesellschaft München